活学活用思移力

瓦季姆·泽兰德　著
伊莲　译

在这个奇怪、还要奇怪千倍的世界中迈出
的最初步伐，有意识的步伐

求真出版社

图书在版编目（CIP）数据

活学活用思移力／（俄罗斯）泽兰德著；伊莲译. —北京：求真出版社，2013. 11

ISBN 978－7－80258－209－5

Ⅰ. ①活… Ⅱ. ①泽… ②伊… Ⅲ. ①人生哲学—通俗读物
Ⅳ. ①B821－49

中国版本图书馆 CIP 数据核字（2013）第 253801 号

Живой Трансерфинг: подарочное издание книги《Апокрифический Трансерфинг》с авторскими дополнениями/Вадим Зеланд. —М.: Эксмо, 2011. —640с.

著作权合同登记号 图字：01－2011－1660

活学活用思移力

著　　者：（俄罗斯）泽兰德
译　　者：伊　莲
责任编辑：包国红
出版发行：求真出版社
社　　址：北京市西城区太平街甲 6 号
邮政编码：100050
印　　刷：北京汇林印务有限公司
经　　销：新华书店
开　　本：700×1000　1/16
字　　数：310 千字
印　　张：18.75
版　　次：2014 年 1 月第 1 版　2014 年 1 月第 1 次印刷
书　　号：ISBN 978－7－80258－209－5/B·23
定　　价：36.00 元
编辑热线：（010）83190265
销售服务热线：（010）83190297　83190289　83190292

目 录
Contents

前　言

我们在另一种现实中醒来

这本书会让您觉得有些不同寻常，因为在此您既可以看到灵修秘术和烹饪术，也可以看到赤裸裸的性和微妙的情感世界，还有神性与技术、神秘主义与日常生活。常见医学问题是否可以与精神探索和精神发展问题交集？

我们存在其中的现实已经不是几十年前的那种现实了。变化之快，如暴风骤雨。众所周知，生物圈是指生物居住的环境。可很少有人知道并思考过，还有技术圈这个概念。技术圈是指技术文明的所有成果，从家用电器到食品全都是。与技术圈有关的一切，包括人，都在发生变形，这种变形并非总是肉眼可见，但却是本质性的改变。

当文明踏上发展的技术之路以后，之前从未显现过的法则开始发挥作用。如今这些法则的作用导致技术圈不可逆转地变成矩阵。矩阵是某种向量、系统，人在这里发挥的是滋养该系统的电池的作用。像《矩阵》（即《黑客帝国》）和《代理人》（即《未来战警》）这样的电影完全不是科幻，而是我们不远的将来。而且问题甚至不在于人把自己包围起来的技术。当人们进入共同的、由大众传媒的各种可能的手段建立起来的信息场，他们也就受制于系统了。不是人在操纵系统，而是系统在完全彻底地控制人，让人服从它们。在普遍的信息网中做这件事轻而易举。

谁会从中受益？没人。人只是习惯了这样的想法：周围发生的一切似乎受控于别的意志。实际上，系统是独立发展的。有谁在操控热带雨林？没人。热带雨林按照应有的方式生长，生存，从各种植物组成一个大家庭、开始寻找某种方式共存的时候起就是如此。您明白吗？

从中受益的是系统。它必须进入稳定平衡点，扭转成优化的结构，人在其中会如同赛博格[①]一样维持它的存在。为此需要什么呢？矩阵的小格

---

① 赛博格是英文 cyborg 的音译，概言之，是人机混合体，即用精密机械改造过的人。——译者注

子应填满听话的组件。这些组件首先不应该十分健康，相应地就没有自由能量；其次是略有些弱智，不明白自己身在何处。能量和自觉意志不要多也不要少，足够履行功能义务就好。

为什么许多人下班后除了歪倒在沙发上看电视以外什么都不想做，您想过这个问题吗？这种疲惫是寻常事，人们习惯了。可是这样正常吗？不正常。习惯并非意味着正常。您是否想过，为什么当代人以20和40岁为界，自两端被人用剪刀齐刷刷地剪掉？年轻的专业工作者没人需要，因为没有经验，而40岁之后没人需要是因为可以榨出的东西都被榨干了。同样的道理，40岁之后甚至连异性都对您失去兴趣。再问一句：这样正常吗？习惯了，对，是习惯了，可是从本质上说这里有什么东西不对头，不是吗？不应该这样！

还有一种东西对系统有好处，那就是缩减人口。减少用户数量似乎会导致偿还量降低，系统是要从用户那里得到偿还的。但实际上，当系统扭转变成矩阵以后，活下来的用户会变成完全受控的供应者，他们的偿还量会受到总体调度，就是说，会更有质量、更有组织，而不像现在这样，如果还没有被完全剥夺意志的话，就会想选什么就选什么（在暂时还有东西可选的时候），想干什么就干什么。扭转的目的和意义就在于此。

问题又来了：是否有人在操控这一切？如今讨论某世界政府的云山雾罩的传言是一种时髦，这个世界政府叫“彼尔德伯格俱乐部”①，其成员都是地球上最富有、最有影响力的人物。可这只不过是系统转移人们注意力的陷阱而已。许多人天真地以为，一旦清除这一小撮密谋征服地球全部人口的高层人物，问题就会迎刃而解。如果只是揪掉菜园中杂草的草尖，杂草就会消失不见了？

与系统中的普通成员相比，掌握权力的人是其更高级的木偶。系统直接牵着掌权者的线，而牵扯普通人已经是间接的了，通过广告、骗人的目标、虚假信息和掌权者放给他们的其他如面条一样的线。在当代社会中通常不会有某个人谋划滔天大计，如发动战争，然后按照个人的计划付诸实现。如果没有一个合适的集团掌控权力，银行家是不可能为这种昂贵的“粮食”融资的，同样，如果为此没有合适和成熟的条件，这

---

① 彼尔德伯格俱乐部的名字取自荷兰一家旅馆，1954年创立，其成员以私人身份加入，由美国和欧洲的银行家、政治家、商业领袖、媒体巨擘和著名学者组成。据称，每届彼尔德伯格会议达成的一致意见是“制定世界政策的前奏”，会议做出的决定会成为“8国峰会、国际货币基金组织和世界银行的既定方针”。——译者注

个集团也不会掌控权力。系统中的一切都是相互关联交织在一起的。但原因不该在条件本身中寻找，而应该到更深层——到条件产生的地方——去寻找。

系统计划究竟是以何种方式实施的呢？很简单：**首先，通过操纵主体人群的注意力；第二种更简单，即通过主体人群食用的食物。**

控制注意力是最为有效的控制方法。根本不需要做意识形态的宣传，只需在驴的鼻子前面吊一根胡萝卜，让它想着这根胡萝卜就足够了，它会听话地跟着胡萝卜走，让去哪儿就去哪儿。关键就在于，让注意力聚焦于对系统有利的那种信息，要千方百计地把注意力从性命攸关的问题上引开，引向无足轻重的事物。如何做到？例子不胜枚举。

比如，杜撰出一些大家应该赶快接种治疗的疾病，而日渐严重的癌症问题的根本解决办法却被远远搁置一边。如今新闻中会隔三差五传出终于找到治疗癌症药物的消息，听起来让人哭笑不得。瞧瞧，有多少“奇妙的发现”！可人们却依旧在不断死去。顺便说一句，奥托·瓦伯格[①]早在上世纪初就发现了癌症的主要原发病因。但人们很快就忘记了这一点。

至于生物圈已经变成了技术圈，会产生什么后果，谁都不关心。注意力完全被转移到尚未来到、而且不知道究竟会不会来到的领域，如，全球变暖、变冷、水灾，等等。

人们讨论《阿凡达》时，注意力集中在视觉效果上，而社会被分为技术圈追随者和生物圈追随者的问题被千方百计地回避了，而这个问题我们在不久的将来就会面临。正因为此奥斯卡奖没有授予《阿凡达》，而是授予了迫使人们在“正确”方向上进行思考的那部电影，其思考方向的正确性就表现在：该担心的不是系统，而是那些“进攻性的阿拉伯人”，他们才是现实的威胁。

这同样并不意味着是某个人在暗中扭转大众传媒的方向为己所用。一切就像发生在热带雨林中的情形一样自然而然。一个人如果被泛滥的信息喂饱，再吸引他的注意力就没那么容易。怎么办？让他不安、担心、害怕的东西更容易引起他的注意。大众传媒就是这样做的，但不是有意为之，而是记者凭直觉行事。

控制实现起来神不知鬼不觉，循序渐进，“自然而然”，谁都不会对此

---

① 德国生物学家、生理学家、医学家，1931 年诺贝尔生理学与医学奖得主。——译者注

产生怀疑。系统的组件还没来得及醒悟，就被电子芯片箍住了，像笼中的兔子一样被完全控制住了。只是芯片不会被嵌入脑袋，当然，这又是转移注意力的一个陷阱。平民百姓为了反抗这种非人道的、剥夺个体权利的行动，会做出发狂的举止，随他们的便。对付他的办法应有尽有，而且都做得彬彬有礼，比如通过驾驶执照或银行卡来实现控制，没有它们“兔子们”是没法生存的。“兔子们”会得到巧舌如簧的解释，说这都是为了他们幸福、便利和安全。于是绝大多数的“兔子”就会一如既往地相信这些信口雌黄的解释，顺从地表示认同，而那些该行动的反对者事后会全部被泼上污水，被称为丑八怪、异类。

如果说通过信息实现控制尚可以理解，借助食物实现控制就令人费解了，可能吗？

容易得很。直接进入人体的东西就是事后可以把人像布偶一样挂上去的钩子，想怎么挂就怎么挂。而这样的控制方法如此“自然”，如此隐蔽，“布偶”竟一无所知，还以为一切正常，理应如此。

英国哲学家、和平主义者罗素早就说过，借助食物和药物“治疗”完全可以将人类改造得像羊群一样听话。

举一个具体的例子。美国政府1974年将减少第三世界人口的任务宣布为国家安全问题。如何实现这一国策？国务卿基辛格在美国国家安全备忘录中直接建议，在挑起战争的同时利用食品作为减少人口的工具。

作为世界百位重要智囊的领军人物，基辛格曾经着实不蠢。干吗说曾经呢，他到今天还健在呢，86岁高龄了，他食用的东西与他建议“多余人”食用的东西可不一样。像现任美国总统一样，他也是诺贝尔和平奖得主。（系统知道，这样的奖该给谁。）他还是彼尔德伯格俱乐部的会员。

他清楚地知道，把僵尸电池社会引向矩阵饲料广告是轻而易举的事；对于那些会苏醒、会想明白自己被诱入怎样的捕鼠器中的少数人，这个僵尸电池社会会嘲笑，会千方百计地“打压”。

在这份备忘录出台前不久，系统就已经顺理成章地推出了优生学这样的流派（“种族卫生学”和缩减人口数量的理论）。优生学拥护者最初的试验是野蛮的、不人道的，按照当今的说法，是“不民主的”，这些试验早就出现在纳粹主义和斯大林主义的意识形态中，而在当下则做得更精致（差不多是优雅），更为隐蔽，通过化学品和转基因有机物来完成。

转基因技术是系统天才的发明，它一石二鸟：既是减少人口的手段，又是瓦解个别国家粮食安全的手段，因为转基因植物的种子已经不能发芽，相应地，种子银行就会一直控制在各大集团手里。这是理想的操纵方法。连发动战争都不需要了。在需要的时候干脆拒绝给不听话者供应种子就好，想怎么收拾他们就怎么收拾。

系统一直在完善自己的方法。要知道，像优生学拥护者的野蛮策略——强制绝育——自然会掀起社会的反抗浪潮。而这依然还是转移注意力的陷阱，是丢给大众去啃的一块骨头，仅此而已。种种现实的方法因为迎合社会舆论、被看似人道的目的掩盖起来，故而其作用是不知不觉地发挥、逐渐实现的。这样的伪装从表面上看从来都是可取的，比如：对植物进行基因转变是必需的、有利的，因为这样会提高产量，不必使用农药。你们自己来判断一下，这难道不好吗？

实际上这是各大集团人为创造的神话。事实表明，转基因植物的产量要低得多，从前的害虫和杂草是没有了，但取而代之的是什么都不怕、需要发明新农药去消灭的其他害虫和杂草。转基因大豆田里是死一般的沉寂：听不到鸟啼虫鸣，看不到任何生命运动，这些植物仿佛是塑料制成的。而没看到这一切的人吃起香肠来毫不担心，他们甚至连想都想不到，转基因有机物的成分实际上已经被添加到各种食物之中了：半成品、香肠、糕点、奶制品、麦片、巧克力、蛋黄酱、调味汁、饮料……超市中可以找到的所有矩阵食物中都有。甚至丧尽天良地连儿童食品中都不放过。可这种的事却鲜为人知，因为全部信息都被小心翼翼地掩盖起来了。

这让您吃惊吗？早就该不吃惊了。与电视屏幕上淌出的甜蜜糖浆相比，事物的现实状况就是下流、无耻的垃圾。

您可能会问：怎么，没做任何研究吗？怎么没有，做着呢，根据生产转基因有机物集团的订单在进行研究。显然，这种研究的结果是鼓舞人心、令人快慰的："转基因产品绝对无害。"雇佣学者现在肯定正在努力证明它们不仅无害，还十分有益呢。唯一一位做独立研究的人是生物学博士伊琳娜·叶尔玛科娃，但她的研究很快就被急三火四地叫停，因为研究结论是振聋发聩的。

美国甚至颁布了法律，其中一部法律禁止自己在自己的房前屋后培育水果和蔬菜，另一部禁止供应标示"转基因"的食品。也就是说，人们实际上已经丧失了选择的可能性。给你什么你就吃什么，然后把嘴闭上。听起来够野蛮的，不是吗？欧盟各国在这方面暂时还落后很多。别急，我们很快就会赶上美国的。欧洲不吃的东西倾倒给我们，就像倒进垃圾场一样。在我们的超市里您无论如何都确定不了食品是否含有转基因有机物，因为议员们（他们是系统最听话、最忠诚的组件）不仅坚决拒绝考察这个问题，而且连产品说明书都取消了。

最有趣的是，美国政府（或是“世界政府”，您愿意怎么称呼就怎么称呼）反对第三世界国家的政策产生了美国本身都没有预见到的后果。美国有三分之一的人已经患有不孕症了。您以为，当美国家庭收养俄国儿童的程序被中止的时候，他们干吗如此不安？还有三分之一的美国人承受着肥胖之苦。要知道，三十几年前这是个因为食用有机食品（天然食品）而激情四溢的飞奔国家。还有三分之一的人依靠抗抑郁药物维持生存。统计数字就是这样简单、一目了然。而周围的人却都天真、没心没肺地认为这很正常。亚健康和压力综合征变成了当代人的生活常态，没人会为此惊奇。这也正常。什么都没发生，不是吗？

这些巨大的变化由何而来？怎么，已经没人对生物制品感兴趣了？原因很简单：死的合成食物，尤其是在美国最为普及的快餐食品，引发的是原则上与吸毒习惯没有任何区别的习惯。地球上的所有居民都已经是积习难改的暴饮暴食者了。

您记得有关航海家辛巴达的童话吗？旅行家们来到了一个国家，当地居民非常热情地迎接他们，招待他们享用美味佳肴。这样的饮食旅行家们吃了很多天，渐渐地，他们的躯体变成了肥厚的肉膘，意识开始混沌。他们不再客观地评价现实。原来，当地人喂养他们是为了送去屠宰。我一直在反反复复地强调，童话和科幻是不存在的，这都是现实，它们已经付诸现实或将要付诸现实。

还有一个简单的统计：最近几年美国三分之一的蜜蜂死了。为什么会发生这样的事，没人知道准确的原因。大致的原因是：移动通讯形成的电磁网、转基因植物、化学品，也可能是这些因素共同造成的。这意味着什么？蜂蜜会没有了？不，糟糕得多，靠蜜蜂传授花粉的植物会没有了。而这样的植物您知道有多少吗？至少有四分之三。在中国的某些省份蜜蜂被农药清除殆尽，如今那里的农作物由人来授粉，亦即手工授粉。可谁都不因这个问题感到不安，大家全都因很久很久以前玛雅人杜撰的2012年的神话而焦虑。

这一切让人痛心。以为自己是自然之王的人瞎折腾，傲慢地改造在数亿年内形成的独特生物圈，对其造成了毁灭性的破坏。您明白发生的是什么情形吗？这与把一只猴子放进化学实验室无异。不管这只猴子在里面怎样折腾，哪怕从科学的立场出发，哪怕从超级科学的立场出发，哪怕有超级科学的动机，结果都是灾难。

我想传达的主要思想是：控制我们的不是具体的个人，是我们在步调一致地、无意识地迈入将由系统担任总调度的矩阵。所有这一切都是在民主主义、人道主义改革的庇护下发生的，这些改革在合作、和平、拯救人类等框架内进行。受系统奴役的人丧失的不仅是选择的自由，而且他开始想往的正是对系统有好处的东西。这个过程的开始和行进方向没有预谋，而是自然而然发生的，它所依据的是寄生系统的自我组织规律，即协同原则。为数不多的人看到并且明白这一点。

彼尔德伯格俱乐部的先生们可能以为他们有能力控制什么，但这是个错误，系统会连他们一起吞噬掉，而且他们首当其冲。局面早已经失控。尽管他们可能明白这一点，因为那里聚集的人当然着实不蠢。

所以说，新的现实已经完全不是从前的样子，其中的活命法则已经不是原来的法则。文明做了一个急转弯，从人的天然本性转向技术社会的方向。这一点对人有强烈影响，人已经不是自由个体，而是系统的组件，这些组件大部分的能量和意识受控于这个系统。我们要说的是，思移力作为控制现实的技术，如果不考虑所有这些变化，它就不会完全有效地发挥作用。读者们给我写信，说是一切好像做得都正确，但现实却不为所动，缺少某种东西。缺少的究竟是什么呢?

整本书讲述的正是这方面的内容。解决办法处于另外的、让人不习惯的层面，形而上学和日常生活交叉的层面。为了发现并且弄懂往往滑离逻辑解释的东西，首先必须做的就是在物理意义上清洗意识和观念，还要摆脱社会强加于我们的心理定式。从前，为了转移意识的聚合点①，巫师会诉诸迷幻药。与其相反，在此建议的是彻底清醒。据我所知，在灵修秘术领域还从未有人从如此出人意料的角度考察感知周围现实这个问题。这样做达成的目标与巫师达成的目标是一样的，但方式却如此简单、自然，让人似乎觉得这无论如何都不可能是开启彻悟之门的那把钥匙。

而实际上，钥匙已经被实践检验过了。意识中的确在发生看得见的变化。感觉是非同寻常的，难以转述，不过我愿意把这些感觉定性为澄澈。事物的本质显现出来，现实呈现出陌生的面貌，它开始露出自己的本来面

---

① “聚合点”是灵修秘术领域的概念：灵修者认为，宇宙中有一股巨大、永恒持续的力量，所有的生命都连接到这股力量上，连接的点即“聚合点”。——译者注

目。一切都变得明明白白，仿佛蒙住眼珠的白膜脱落了。就能量来说，感受到的是它的轻盈、力量和高度的警醒。我的许多读者已经亲身体验了建议的方法，他们众口一词地印证说，他们身上发生了同样的事。无需任何冥想、训练和对灵魂与身体的其他操控。

不久以前我本人实际上都无法搞清楚这是为什么，写过那么多书了，而且这种知识是公开的，似乎头脑明白，但却意识不到。要知道，明白和意识到，这是完全不同的两码事。原来，一切都十分简单：为了脱离束缚，只需停止吞咽塞给你的药片即可。到那时候就会真的发生某种不同寻常的事：您似乎在摆脱魔障，在白日梦中苏醒，开始弄清楚你是谁，您身处何地，周围在发生什么。“药片”是什么东西，您很快就会了解，现在我们试着去看一看已经熟悉的问题，从另一个角度去看，不平凡的角度。

第 1 章　什么是思移力?

世界是一面镜子。世界的表现实际上就是您各种想法的折射。您如何想世界和自己，世界和自己就会是什么样子。

(根据媒体对作者的采访编辑而成)

思移力从何而来

谁是您的老师?

思移力的知识是以先验的途径传递给我的，并且在继续传递着。没有任何人教我，我也没在任何地方读到过。信息自己进入我的头脑。这是如何发生的，我无法解释清楚。我是一个寻常的人，与外星人和神灵没有交往。我可以称之为老师的唯一一个人是天眼师，古代知识守护人中的一个。有一天他在我的梦中出现，之后信息流就通了。《现实的思移力》一书的开头描述过与天眼师的相遇，这不像是一个寻常的梦。况且在那次相遇之后我的整个生活发生了剧变：突然之间，没有任何缘由，一个没有什么特殊能力的物理学家开始写起书来。如果有谁认为我是在故弄玄虚，那就让他继续怀疑好了。我本人坚信古代知识的守护者是存在的，即使我无法证明。根据种种迹象判断，他们处身另一种现实之中，试图帮助我们在这个飞速变成矩阵的世界里活下去。难怪在地球的不同角落不时出现对古代知识的各种阐释，思移力就是其中之一。

什么是思移力的“引爆拉环”?

肯定是我在生命中劈下的柴堆积得越来越多，积累到了危机点，柴堆就轰然倒塌。要是 25 年前我能读到自己的书《现实的思移力》，那该多好！要是那样的话，我的生活就会完全是另外一种样子，要轻松得多，正确得多。不过假如真的如此，我也就写不出这本书了……在我经历过种种艰难困苦之后，某个渠道被打通了，信息汹涌而来。我可以公开一个简单的、如何连通信息的秘密。为此必须做到的仅仅是停止在别人的书中寻找真理，换句话说，就是转变意图的向量。在您的意图依然指向学习的时候，您的身份将始终是一个永远毕不了业的学生，一生都会跟在一个您觉得比自己聪明的大叔身后。可是一旦您摈弃公认的权威，勇敢地承担起从今以后自己的问题自己回答的任务，问题的答案用不了多久就会出现。遇到复杂的情况需要提问，给自己解决问题的时间。您会发现，问题的答案自己会出现，因为它已经存在于方案空间了，您的任务就是有去独立得到这个答案的意图。理性形成问题，而灵魂找到答案，因为灵魂拥有抵达方案空间的通道。需要做的只是聆听心的声音，它在用本能的语言说话。因此，与方案空间的相应扇面接通关系之后，就可以有所发现，创造新东西，创造杰作。唯一的要求是：为了“顺应”需要的扇面，必须获得该领域的基础知识和习惯。我也有一段时间沉醉于灵修秘术，但只有当我停止在别人的书中寻找真理以后我才开始写作。顺便说一句，我读过的书十分有限。我的许多读者的视野比我宽广得多。

为什么天眼师恰恰选择您来传播知识，您对此是怎么看的？

大概是因为在此之前我一直都在做反思移力的事，也就是说，我所做的一切都正好相反。聪明人通过别人的错误学习，而傻瓜是通过自己的错误长进。在这个意义上我是表现特征非常鲜明的傻瓜。不过您怎么看呢，吸取谁的教训更好，自己的还是别人的？聪明人只是知道了什么对、什么不对。换句话说，他有信息，但却没有意识。而傻瓜与聪明人不同，他用头上撞出来的每一个包去感受、理解所犯错误的本质，那就是说，他拥有真正的知识。显然，只有傻瓜才能够成为护送知识的人。

思移力的理念是什么时候、在什么地方冒出来的？

思移力不是理念，也不是冒出来的，从前面的叙述中应该明白这一点。我是在 2002 年 1 月开始写《现实的思移力》这本书的，在与天眼师相遇之后立刻着手写的。当时我在什么地方，这个我不会说的。

成为百万富翁的人是因为掌握了思移力的知识，还是盲目相信存在这样的知识？对此您怎么看？

思移力是非常古老的知识。人是非常古老的灵魂。我们无所不知。可掌握了这些知识很难冲破社会强加的心理模板和虚假模型的强大屏障。信任心声超过信任理性的人取得的成就振聋发聩。《现实的思移力》一书对此有更详细的描写。

很长时间我都没搞明白，这本书成功的秘密何在。但最后我终于明白了。关键就在我收到的好几百封来信，它们都包含着一个同样的想法。人们在信中说，思移力就是他们朦朦胧胧猜到、但却无法清楚表达出来的那种东西。而现在他们得到了对自己朦胧的猜测、没有意识到的预感所做的清楚的阐释。一切都被归档摆列。这就是人们喜欢的东西。他们把这种知识当成自己的知识去感知。

成为百万富翁的是那些有勇气去知道的人，亦即有勇气聆听自己心声、而非听从别人建议的人；走自己的路、而非复制他人之路的人。

思移力中有什么不够完美？

思移力这一知识本身是完美的。这是适用于没有任何独特才能的普通人支配现实最简单、最有效的技艺。如果一定要说出不够完美的地方，那就是对这一知识的阐释。我已尽我所能。

请说说思移力的主要纲领吧，就是要领，让那些读完书却因为信息太丰富而摸不着头脑的人抓住要领。要想按照思移力改变生活，需要从哪里开始？

最好的起点是汞齐技术。其原理如下：**世界是一面镜子。世界的表现实际上就是您各种想法的折射。您如何想世界和自己，世界和自己就会是什么样子。**世界和普通镜子之间的区别仅仅在于镜子立刻把变化折射出来，而世界的反应滞后，有时滞后几天，有时在数月之后。

您用自己的态度创造自己的现实。那您就玩玩“世界之镜”的游戏吧。试着为自己形成一个观点，比如：“我的世界关心我。”遇到任何情况，哪怕是最不起眼的情况，请您都对自己重复这个公式，在任何情况下都如此，不管发生什么事，无论是坏事还是好事。

如果碰上顺心事，别忘了对自己肯定地说，世界真的在关心您。肯定时要强调每一个细节。若是碰上沮丧的情形，请您依然肯定地说，一切都在按照该有的样子进行。您的世界更知道该如何关心您。

汞齐技术虽然无比简单，但其力量之强大却毋庸置疑。如果您有足够的耐心把这种练习技术变成习惯，过一段时间之后，意念（想法）对周围现实的实际作用之大会让您震撼的。值得一试。

如何确定唯一正确的目标？很多时候灵魂在冲动中燃烧，可过后就熄灭了。如何辨认出真正的目标呢？

真正的目标是那种“不会熄灭”的目标。灵魂的固有特点是迷恋并陷入沉醉状态。不过，难道可以对转瞬即逝的目标当真吗？真正的目标在没有达到之前您不会善罢甘休。这个目标是在灵魂与理性统一中得以确定的。这种状态是：想到目标的时候灵魂在歌唱，而理性在兴奋地摩拳擦掌。对于自己的目标您的心和头脑都在追求。

如何终止思移力的主要障碍——内心的对话？

我认为内心的对话不是修习思移力的障碍。无需终止。只需监督，使其往需要的方向走就可以了。做法如下：每当脑子里产生负面的想法和反应时，掐自己一下；别忘了提醒自己，世界在关心着您；不要做白日梦，要保持自觉性，别让摆锤把其游戏强加于您；记着遵守思移力的主要原则(协调意图，顺着各种变体方案行动，镜子原则)；最后，要在脑海中系统地转动目标幻灯片。在控制自己念头的过程时您就在控制现实。

您第一次出书容易吗？是怎样的情形？

《现实的思移力》一书的出版经过是对该书主题的最好阐释。2003 年 7 月书稿完成。我向 20 家莫斯科和圣彼得堡的知名出版社表明了出书意向，但不出我所料，所有建议都石沉大海。几个月过去了，仍是音信皆无，令人失望。

根据思移力原则，我没像初出茅庐的作者们那样痛苦：他们通常等上数年，自己花钱出书，一想到自己没市场、没需求、没人理解便备受折磨……而我坦然唾弃这一切。我绝对相信古代知识的力量，因此给自己立下最高目标：让自己的书成为世界畅销书。

很简单：脑子里想什么，现实就是什么。面对目前竞争激烈的图书市场，如果一个作者垂头丧气，现实就会如此——他肯定成不了畅销书作家。可如果他意图成为领导人物，不管发生什么事都坚定不移地保持这个意图，他的目标就会实现。这个原则在任何领域都发挥作用。

就这样，我不再指望出版商会回心转意，而是在订阅网站 subscribe.ru 组织了订阅，开始把书一章一章慢慢挂到网上。这种订阅引起了浓厚的兴趣。读上瘾的读者失去了耐心，劝我把整本书全都挂上去。实际上我是全然反对电子书的，但来自读者的压力如此之大，我不得不妥协。

一个月之内我把电子书发给所有申请者，价格不高，俄国人 100 卢布，境外读者 5 美元。我没算过发出去多少份，只能说：很多，多到能让我放弃之前的工作，全身心投入新书的写作。

可能有人会觉得奇怪：难道人们会为电子文本付这么多钱吗？要知道，大家早已习惯免费网上阅读了。更何况还得去银行排队，填写长长的汇款单……对于境外读者来说，翻译的价格比文本本身要高出好几倍呢。

秘密就在于我运用了思移力的原则：放弃获取意图，代之以给予意图，最后您会获取之前放弃的，先舍后得。当时的条件是这样的：您把订单寄给我，我马上把书发给您，等您方便时再付款。这样做是不需要确认支付的。要知道，您尊敬自己吧？那我也一样尊敬您。

您想象不到，这样做引起了多么大的反响！人们依然会汇款给我。他们想不到作者会如此信任自己。许多人后来对我说：假如条件不是这样，我都不想去付款。

当时思移力在灵修秘术圈已经拥有了足够的知名度，成为网络热议的话题。出版社终于发现了商机。现在轮到他们竞相“拉拢”我了。

思移力就是这样发挥作用的。**世界是一面镜子。如果你站在镜子面前，期待着某种东西，镜子就会如你所愿折射，期待会变成现实。但必须怀着某个确定的意图亲自迈出第一步，只有这样，世界才会随你而动。**思移力阐述的就是如何形成这样的意图。

您本人是否运用这套方法呢？您的“摆锤”如何，它们没要您的命吗？

毋庸置疑，假如我没有亲身检验过思移力，我是没法向别人解释清楚究竟怎么做的。思移力技术的作用无可挑剔，结果通常也是超出预期。经常会出现用寻常经验无法解释的情形。尽管这些奇迹从思移力角度都完全可以解释清楚，但迄今为止我对此依然无法适应，每一次都惊讶不已：难道这可能吗?！任何一个试过用自己的意图力支配现实的人体验到的都是同样的感受：惊奇和兴奋。惊奇是因为寻常的理性习惯于把现实看成是外在的、不依赖于我们的意志而存在的某种东西。兴奋是因为你不再感觉自己是个受制于种种情况的小人物，开始亲自造就自己的现实。

至于摆锤——这些从它们自身的角度出发尽力控制人们的能量信息体——对付它们远非那么简单。为了抵抗它们的影响，必须保持高度自觉性，即每时每刻都要让自己清楚：我在做什么，目的是什么，原因是什么。不然的话生命就会被控制，如同一个梦，在梦里你再次变成一只纸船，处于种种外部情况的掌控之中。

我也有丧失自觉性的时候，在这种情况下，摆锤就非常快乐地“让我荡秋千”。忽上忽下，许多正常人都是如此。于是我继续犯错误。不犯错误的人是不存在的。难怪会有这样的谚语：别去看师傅做什么，要去听他说什么（心口不一）。当然，只是到了现在，错误和麻烦才少多了。

为了“进入”另一种现实您是否使用毒品？之前用过吗？看样子，您显然和卡洛斯·卡斯塔涅达很“熟悉”。

我不使用毒品，尽管机缘巧合试过。现实中最强烈的致幻剂就是完全摆脱能够让人产生依赖性的一切手段和物质，摆锤生产的所有食品实际就是这样的物质。以汉堡包为例。说实话，除了我们送入口中的物质形式以外，还存在思想形式，即生产它所消耗的能量。（指的不是让机械运行的力量，而是摆锤吞噬的生物的自由能量。）请您想象一下，有多少人和机器参与到生产汉堡包的过程中了：生产化肥的化工厂所用的塑料管道和储藏罐；组装拖拉机和联合收割机的铿锵作响的钢铁怪兽；许多把钢铁怪兽本身组合在一起的中间产品，从螺丝帽到油漆；还有需要翻耕、播种、收割的农田和牧场；圈养动物的肉奶农场；骇人听闻的屠宰场，崇拜美味香肠的温柔小嘴对此只管吃不管想；食物加工厂；最后是铺天盖地的销售网络、广告，等等。制造一个不起眼的汉堡包有多少利益集团参与其中，您看到了吧？而且在每一个生产单位头上都有一个作为能量上层建筑的摆锤。在物理层面我们观察到的是物质材料的运动，而在形而上层面进行的是隐形的能量交换过程。您以为生产汉堡包消耗的摆锤能量会不留痕迹地消失？我们为物理形式支付的是金钱，而为能量消耗付出的代价则是我们的自由能量。吃着合成的、死的食物，人丧失能量和健康；人与生俱来的生命力像电池一样在损耗。与死的食物不同，没有经过化学热处理的天然的、活的食品“不耗电”。死食品的消费者变成食物瘾君子，被编入自我毁灭的程序链。任何人造食品都让人产生依赖性。请您比较一下袋装合成汤和用天然食品制作的传统红菜汤。戒烟或戒酒乃举手之劳。可身为矩阵中的一员，您试试不再吃已经吃惯了的食物！

我不是号召大家放弃文明的全部福祉，回归天然的生存状态。不过，在享用飞速变成真正矩阵的技术社会的服务时，必须头脑清楚，明白这是在吸你的血，陷你于依赖状态，让你沉入梦境，在梦境中你不是自己命运的主人，而是矩阵小格子中的一个玩偶，一个糊里糊涂被利用的玩偶。

我本人尽量少用非天然食品。问题不在于它们“有害健康”，而是关涉自由能量，因而关涉个性自由。如果减少食谱中的合成品数量（更别说毒品了），那就会扩大自己的能量储备，这就意味着提高生命张力，开发创造才能，显著改善生命质量，重要的是，把自己从一个筹码变成那个掷骰子的人，因而获得《星球大战》中绝地武士暗示过的那种原力。

您有一个观点："勇士永远造不出与世人连接起来的桥梁。可如果世人想要与勇士连通，他们就得亲自动手建桥。"既然如此，为什么还写书呢？

我不清楚引用的是谁的话，不过我认为，它的意思是：勇士的任务是让人们明白隧道的尽头有光。不过只是看到光还不够，为了走出隧道，必需自己迈开大步向前走。有一类人，他们翻遍书山寻找隐藏起来的真理，但却不采取具体行动。另一类人，对了，这类人占多数，他们根本就不需要任何光，他们习惯于在黑暗中生活。不过还有少数人，他们需要的只是助推，然后就踏上勇士之路了。书就是为他们写的。

顺便说一句，"勇士之路"远非思移力，而是与之根本对立的托尔特克人的学说，从卡洛斯·卡斯塔涅达和泰温·马列斯的书中可以了解到。如果有谁试图比较这两种学说，那就意味着他对哪一种都不够了解。虽说二者的目的相同，即自由——达到目的时不是你服从世界，而是世界服从你——但达到目的的途径不同：托尔特克人的追随者想办法迫使世界服从，而修炼思移力的人则努力让世界自愿服从。显然，达到目的的方法存在原则性差异。

您是否有追随者？您显然已经感觉自己是古鲁（大师）了吧？您如何与他们修习？是定期修习，还是训导之后赶他们走，让他们随波逐流、控制自己的冲浪板？

唉，说实话，我绝对没有感觉自己是古鲁，因为我确实认为自己充其量只是古代知识的中继器。的确，曾经有一段时间，读者们满是溢美之词的信件雪片般飞来，我确实有一些膨胀。不过我很快调整好自己的心态。如今我自己很清楚，即使读者不把我当作导师，也会当作思移力领域一个公认的专家。这无论如何都不会引起我骄傲自满的。说责任感倒是没错。如果有人有问题问我或是向我求助，我的回答只是：上帝保佑，千万别伤害人。尽管我还一次都没听说过思移力伤过什么人。

您需要 PR（网页级别）吗？为什么？

思移力还没有广为人知。这还只是开始。一切都在未来。遗憾的是，大部分读者甚至都不会靠近摆放灵修秘术书的书架，因为这不是他们感兴趣的领域。也许，思移力适合许多人，但他们不明白，世上存在一种秘密知识，可以大大减轻生存压力，解决一系列麻烦。如果广告（任何形式的广告）有助于普及思移力的概念，为什么不利用呢？

我收到许多读者来信，他们一致肯定，思移力在切实有效地提高他们的生活质量。结果因需求不同而不同：工作，高工资，汽车，房子，找到自己的另一半，摆脱综合征、各种麻烦，等等。非常遗憾的是，许多人想都没想过，他们的愿望本可以非常容易地付诸实现。他们压根儿就不知道，实现目标除了常规方法，还有其他更有效的途径。应该想方设法让他们知道。

您怎样对待“粉丝”？所有的信件都回吗？网页上怎么没有个人信息……

我非常希望自己没有崇拜者，而是有追随者，不是追随我，是追随思移力。如果时间允许，信件我尽量回。有时人们会向我提出一些涉及隐私的问题，好奇呗！不过通常说来，人们的表现还是得体的。众所周知，广泛的知名度没带来任何好东西。当个人生活被摆到公众眼前时，也就不再是个人生活了。

在您的书中，除了感知世界的新模式以外，您还涉及许多心理问题，尽管您所学专业并非心理学。让许多人心神不宁的东西您感同身受，做到这一点不容易吧？

我把自己的人生经验以及各种心理分析法抽象总结，在此基础上回答求助者提出的问题。换言之，我运用的不是具体的心理学手段或某些智慧格言，而是针对各种生活情景的思移力原则。这些原则是万能的，是解决实际问题的独特的“数学工具”。

个人生活

体验思移力之后您的生活中发生了什么变化？您肯定可以成为一个百万富翁，有影响力的人物。您对此有兴趣吗？政客知道思移力的力量吗？知道摆锤吗？

我的生活质量大大改善了。我不再像一只苍蝇在玻璃上乱撞，而是从敞开的气窗飞了出去。**思移力是支配现实的技术，它让人变成自己命运的主人。这是一种震撼人心的感受：在白日梦中苏醒过来，意识到现在你的意图有多大，你的可能性就有多大。**

我的注意力聚焦在什么上，我的世界就会把它给我。如果我意图拥有什么，就会得到什么。不仅如此，我的世界在关心我，因为我是这样决定的。这可是一面镜子！思想的形象是什么，在现实中的折射就是什么。

据我所知，总统行政办公室里有人心仪思移力。具体是谁我不能说。

从前的生活有什么让您感到惋惜的？您想改变什么？

我什么都不想改变，把过去重新来过我也不愿意。生活中没有什么会白白过去。任何的经验，尤其是负面经验，都是未来成就的基石。总的来说，成功就如同是金字塔的塔尖，垒成金字塔的既有端正的、也有不端正的台阶。因此任何时候都不要对任何东西感到惋惜。一切都有益处，如果有针对性地看待这一切的话。

您在哪里用餐？吃什么？

我已经说过，我尽量避开引起依赖性的食品。整个人类都是由食物瘾君子构成的，这不是夸大其词。认为依赖性只是由于特殊物品作用（酒精、烟草、毒品）才会产生，这是一个大误区。摆锤制造的食品是能量贷款。人在消费它的时候体验到暂时的能量提升。提升的程度高低不一，从舒适感到迷醉，这取决于贷款额度的大小。提升之后必然是下降，而且偿付总是要加上利息的，利息的多少同样取决于借贷额度：腹部赘肉，迷迷糊糊，宿醉或上瘾。在偿付期间摆锤从人身上吸取自由能量。自由能量短缺引起强烈不适感，麻痹意志，因为意志实际上就是由能量滋养的。摆锤设定这样的条件：要么应该接着吸毒，要么继续承受拷打。这就是对贷款的沉重偿付，是引起毒品依赖性的主要因素。

近年来冒出大量新型依赖症：食物变成让人饱受肥胖之苦的饲料；虚拟的计算机现实衍生网瘾；人们如今没有移动电话会感到突发性忧郁和孤独。最可怕的是：受系统奴役的人不止丧失了选择的自由，而且他开始想要的正是对系统有利的东西。当然，我也享用文明的产品，这是无法避免的。但至少我摆脱掉了食品依赖。我食用的主要是天然的、没有遭受热加工的素食。这样做给我带来的是什么？是高水平的自由能量，而且无需做任何超负荷的运动、瑜伽、入定，等等。能量越多，生命张力越大，相应地，创造力和支配现实的能力越强。现在，挣脱依赖之后，我可以偶尔违背一下自己的原则，因为我是自己现实的主人。这就跟走进银行、获取贷款、无需支付便可离开是一样的。确实，需要把握尺度，别让自己欠债。

对世界的看法

在您看来，灵性与灵修秘术这两个概念是否存在区别？如果有区别，区别是什么？

灵性就定义来说是灵魂的性质，该性质在于精神利益高于物质利益。（尽管我个人解释不大清楚，灵性究竟是什么。）灵修秘术就定义来说是某种神秘知识，只有极少数信徒可以了解。我觉得，灵魂与理性一样，都对物质幸福感兴趣。区别在于：被系统（矩阵）奴役的理性对自己真正的需求没有意识。灵修秘术知识指明把灵魂与理性联合起来的途径，对如何寻找自己的路径、如何实现隐秘的（内心的）愿望提供具体的建议。可以说，灵修秘术（至少是其某些部分）让人睁开眼睛，看清事物的真正面目，引导人走向真正的灵性。

您出于什么目的需要思移力？

为了感到自己不是矩阵的一员；为了保持感受的能力；为了拥有独立支配自己命运的能力，而不像纸船一样随波逐流。

也许，有一份普通的、“人性的”工作，在家里与孩子们一起过日子要安心得多？

我就是和家人一起过日子的，因为我在家里工作。而且我认为这份工作是最人性的。您知道吗，收到感谢信、意识到自己让某人的生活哪怕更幸福了一点，那时的心里感觉有多棒？

思移力带来的就是真正的安心，它馈赠信心，对明天的信心。

您的一天是如何开始的：是您看世界，还是世界看您？世界提供给您的一切您都接受吗？

世界是一面镜子，不可能看，相反，是我们对它的看法在里面折射出来。人们看世界的时候通常会把注意力聚焦于折射（镜像），为此才会受制于幻觉，似乎现实是独立存在的，在这个物质世界中，除了用胳膊肘左冲右突，不可能以别的方式影响现实。**思移力教人的做法相反：把注意力从折射（镜像）上移开，投向自己的思想形象。比如，如果我穷，并且我的头脑中一直在强调这个事实，那我永远都成不了富人。形象是怎样的，镜像就是怎样的。不过，一旦我苏醒过来，让注意力脱离镜子，有意识地让思想的走向转移，现实就会开始相应地发生改变。这就是支配现实。因此，看世界的时候我是在看自己。**

命运与因果报应之间是否存在联系，您是怎么看的？您在自己的理论中实际上没有运用这些被广泛接受的概念。

人得到的从来都是他选择的东西。如果您把星象占卜师的预言当真，这些预言就会变成现实。如果您相信命运不可逆转，您的生活就会如同随波逐流的小船。可一旦您把命运的操纵杆抓进自己手里，环境就会立刻丧失天命难违的性质。可以把小船放到任何一个方向，以摆脱那种似乎是天定的命运。道理很简单：生活如同一条河。如果您亲自划桨，那您就有选择方向的可能性；可如果您放任自流，那就会被迫在您所处的航道内漂流。比如，您相信因果报应，那就会有因果报应。认为您的命运取决于某些残酷环境或是过往生命的错误，您就会因此实施相应的方案。这取决于您，要知道，您可是上帝之子啊。如果您愿意成为自己命运的主宰，那命运就会由您掌控。

您关注的是“实用”心理学。在自我认识的过程中，在人确定自己的真正目标和意图的过程中它的作用是什么？

思移力中恰好有一个部分讲述实用心理学，那就是换位法[①]。这是魅力无比的人际关系技术。为了取得成功，您想要学会影响别人吗？对别人施加影响是一种效果最差、十分可疑的方法。为了达成自己的目标不需要对周围的世界施加压力。如果您遵照换位法的原则行事，世界自己就会敞开怀抱欢迎您。

在您的理解中，何谓道德？

---

① 作者以英文构词法创造出 freiling 一词，主要用于处理人与人之间的关系。具体而言，在与他人交往时不要以自我为中心，强调自己的一己私利，而是强调谈话对方、合作伙伴等人的利益；不要在他人面前突出自己的成就、自己的立场，不要宣传自己，宣示自己的目的，而是相反，要真心实意地关心对方的意见、利益、爱好，等等。所以我们把它译成“换位法”。——译者注

在我看来，大家对道德的理解都是一样的。不管是好男孩好女孩还是坏男孩坏女孩都清楚地知道，什么是好，什么是不好。不过理解是一回事，行为完全是另外一回事。本质是一个：不要希望别人倒霉，不要对别人作恶。有关道德这个话题的任何判断都将是这个公式派生出来的，所以在此实际上没什么好说的。对此还可以补充的只有**思移力的首要原则：允许自己成为自己，允许别人成为别人。**人们通常都不允许如此，既不允许自己，也不允许别人，人际关系中的大多数麻烦都是由此而来的。如果遵循这个原则，麻烦自己就会烟消云散了。

谎言是什么？

在不直接伤害任何人的前提下，欺骗是解决某些问题十分正常的方式。利用欺骗和借口时，您是在潜猎，就是卡洛斯·卡斯塔涅达及其信徒所理解的那种潜猎。潜猎的基础是有意识。就是说，当您扮演一个旁观者的角色，即您清楚正在进行的是什么游戏时，您有意地、有意识地完成自己的行为。与您相比，那个被您成功欺骗的人此时此刻表现为无意识，也就是说，他处于无意识的白日梦里。有意识是重要的优势。

矩阵中的生活会是什么样子？矩阵是不是世界末日？末日又是什么？是否会有末日？

我们的世界实际上正在变成矩阵。我觉得矩阵是一种文明，在这种文明中人受到系统的奴役，丧失了按照自己的观念支配命运的能力。

世界的末日，更准确地说，文明的末日，谁都没有能力预见到。不能相信任何人，不管是学者还是未卜先知的巫师，都不能相信。科学暂时还处于萌芽状态。而未卜先知……在方案空间存在无限的未来变体方案。巫师与这个空间的某个扇面接通时看到的仅仅是许多变体方案中的一个方案。但这是否恰好就是那个将要实现的扇面，一点保障都没有。

梦的解析是同样道理。解析梦没有任何意义。即便有人相信别人对自己命运的预言，把梦当真，不由自主地发射思想形式，使其作为一个程序得以实现。预言之所以能实现只是因为人确实相信这一套鬼话。我们在现实中得到的从来都是我们相信的东西。不过，去找形形色色能够预知未来的大叔大婶们，而不是依靠自己的判断亲自去创造自己的命运，这终归还是够愚蠢、够幼稚的。

人们真正需要的东西是什么？您能作何建议？

要有勇气保持本色。只有那些有这种勇气的人才能获得真正的成功。要做自己命运的主人。不要变成矩阵小格子里不清楚自己在被利用的玩偶。别跌进对摆锤的依赖之中。

要想活得对、做得对，哪些事千万不能做，什么事一定要做？

很简单。必须关注您脑子里在想什么。控制自己思想的轨迹，您就是在支配现实。世界是一面镜子，什么不能做？不能把负面思想发送到世界中。这样做极不划算。由您发出的任何负值都会像回力镖一样返回您自身，让您自食其果。过后您会百思不得其解：种种麻烦是从哪儿来的？因此，每当您对周围的世界和人说坏话或心怀恶意时，就掐自己一下。

如果所有人全能掌握思移力技术，社会将会有何变化？

不可能所有人都掌握思移力。这门知识不是针对所有人的。这一点已得到验证，只有那些能够觉醒的人才会感知到思移力。大多数人依然沉睡不醒，尽管他们觉得自己没睡。

对批评的态度

在 www. ozon. ru 网站上评论员亚娜·索科洛娃说您的一本书是“样板斧子粥①”。您认为这是批评吗？这种对您创作的态度刺痛您吗？类似的文章让您高兴吗？

我对针对自己的批评持否定态度，任何一个正常人如果不装模作样都会如此。不过您所说的情况不是批评（至少背离批评的本质），而只是不负责任的发泄，外加对读者的鄙视。要知道，没有任何人操纵我的书，它们成为畅销书是因为得到读者本身认可，不仅俄国读者认可，境外读者也喜欢。

对于批评者的这种态度，我能推测出的原因有几个。第一，批评者，怎么说呢，对，“有点忘乎所以”。当你扮演一个法官的角色、尝到滋味并开始想象自己是终审法官时，通常都会这样。你会说，这些三流作家和他们写的破烂玩意儿我嚼得多了，牙都倒了。早就该让读者们睁开眼睛了。

---

① “斧子粥”是一则俄罗斯民间童话，意指“骗人的把戏”或“空手套白狼”。——译者注

瞧瞧他们，这些头脑简单的幼稚家伙，“不听智者言，吃亏在眼前”，在这个思移力上栽了跟头，到如今还因为相信生活会很快得到改善而欣喜若狂，沉醉不醒。要是他们早就知道自己喝的是斧子粥，就不会上这个巧舌如簧的故弄玄虚者的当，会像从前一样过自己严酷、但却现实的日常生活，按照“他们自有后来人，后来人也一样艰难”的原则生活。

第二，批评者属于“无所不知，甚至比无所不知还要无所不知”的人。对于这种人来说整个这个世界已经是一本读完的书了，而不是什么新出版物。“无所不知的人”戴上“这一切我早就知道”的过滤眼镜，走对角线捷径读书，不去深刻领会书的本质。我尽量避免与这种人交往，因为跟他们在一起无聊至极。我本人用瞪大的眼睛看世界，总会看到异彩纷呈。

第三，（我有些离题了，自己已经在扮演批评者的角色了。可总该有人为那些受到羞辱的可怜的书辩护一下吧！再说了，有人去反击一下批评者也不是坏事。否则，任由他们信口开河，没人罚也没人管，而手无寸铁的作家们只能被迫忍受他们的无法无天。）我想说的是，这种知识并不适合所有人，不是每个人都准备好接受它了，因为思移力不能纳入寻常世界观的框架。这种书通常会引起一些读者的热捧，同时引起另一些读者的恶评。不过，大量的感谢信证明后者是极少数。所以就让他们骂吧，只要别无动于衷就好。

您通过电子邮件保持与读者通信。您收到的措辞激烈的信恐怕不少吧？您对这样的信有什么反应？是什么让那些来信的人大发脾气？

批评信如果说有，也不是很多，而且措词也不激烈，而是表现出冷冰冰的敌视。这些信的作者不想改变他们定了型的世界观。说实话，让他们大发脾气的原因是他们不接受的学说取得了成功，所以他们才写下不友好的文字，旨在挑起辩论。这是在白费工夫。我不打算与人争论，捍卫自己的观点，我不想向别人证明什么，有什么用呢？我有许多更有意思的事要做。我说过，不是所有的人都准备好要接受这种知识了。因此我不会把任何东西强加给任何人，而且压根儿就没邀请任何人跟我走，我只是提供信息而已。予人好处是件出力不讨好的事。最好是把好处摆到明面上，然后悄悄地退到一边，谁需要，就让他自己去拿。或者换句话说，谁准备好了，书自己会找到他并向他解释清楚一切的。而对于没准备好的人，硬塞给他也没用。不过我根本不想说那些排斥思移力的人“不成熟”。这是他们的选择，自觉做出的任何选择都值得尊敬。

第 2 章　你应该掌握的术语

人可能达不到目的，他只是可能得到希望的东西，这一点人不知道。

（按照汉语拼音顺序排列）

摆锤

思想能量是物质性的，而且它不会不留痕迹地消失。当人群动脑筋的方向开始一致时，他们的“思想波”就会相互拍击，能量大海中会形成隐形但现实存在的能量信息结构——摆锤。这些结构开始独立发展并使人们服从自己的规律。落入破坏性摆锤影响下的人会丧失自由，只能成为巨大机器中的一颗螺丝。

摆锤摆动的幅度越大，其能量滋养者（追随者）就会越多。每个摆锤本身都有典型的摆动频率。比如，只有付出一定频率的努力，秋千才会摆动起来。这个频率叫做共振频率。如果摆锤追随者的数量减少，它摆动的幅度就会变小。当追随者完全没有了，摆锤就会停摆，作为一种本质的摆锤就会死亡。

为了榨取人身上的能量，摆锤勾住人的情感和反应：愤怒，不满，仇恨，暴躁，不安，激动，压抑，躁动，绝望，恐惧，惋惜，依恋，惊喜，动心，理想化，偏向，兴奋，失望，骄傲，自以为是，鄙视，厌恶，委屈，义务感，负疚感，等等。

受破坏性摆锤影响的人面临的主要危险在于：摆锤会让它的牺牲品偏离他获得自己幸福的那些生命线。人要设法摆脱强加给自己的目标，因为在为这些目标进行的斗争中人距离自己的路越来越远。

摆锤就其本质来说是事物之灵，但这远非全部。“事物之灵”这个概念没有反映人与能量信息本质之间相互关系的全部微妙意义。

标志

指示方案流下一个转弯的标志叫做路标。如果即将出现能够从本质上影响事件进程的某种东西，就会出现提醒这一点的信号标志。方案流转弯时，您会转向另一条生命线。每一条线就其性质来说都或多或少是单一性的。方案流可能会交叉穿过不同的线。生命线以各自不同的参数相互区别开来。参数的变化可能不大，但区别却依然感觉得到。您有意识或下意识地发现的就是这一性质上的差别：似乎有什么不对劲。

路标只有在开始转向另外的生命线时才会出现。个别的现象您可能发现不了。比如，一只乌鸦呱地叫了一声，而您没注意到。您没有感受到性质上的差别，这就说明您还依然处于原来的生命线上。可如果某种现象引起您的警觉，那就意味着这是标志。标志与普通现象的区别是：它总是在用信号提醒开始了的转向，从原来的生命线转向本质上不同的另一条线。

成功波

于您有利的生命线加在一起形成成功波。在方案空间中存在一切，其中也包括这样的金脉。如果您撞到最边上的一条线，抓住了成功，由于惯性您可能会滑到成功波的其他线上，那里紧跟着的是一个接一个新的幸运局面。可如果第一次成功之后重新出现的是黑色带，那就意味着破坏性的摆锤勾住了您，把您带离成功波了。

幻灯片

我们对自身和周围世界的认识常常远离真相，这是我们的幻灯片带来的。比如，您的缺点让您不安，您因此感到自卑，因为您觉得别人也不喜欢这一点，不欣赏这一点。于是，与人交往时您往自己的“放映机”中插入的是自卑综合征幻灯片，您看到的一切都是扭曲的。

幻灯片是您脑子里的画面，它（目前可能）不符合实际。负面幻灯片通常会引起灵魂与理性统一，因此它才会体现为现实——坏预期得到证实。可以把负面幻灯片变成正面幻灯片并让它们为我们服务。如果您有意创造正面幻灯片，幻灯片就有能力以惊人的方式转变您的世界层。目标幻灯片是对现实的想象画面，在这种现实中目标已经达到了。系统地把幻灯片视图化导致方案空间的相应扇面物质化。

方案空间

方案空间是信息结构。这是一个信息场，包含可能发生的一切事件的任何方案。可以说，在方案空间存在过去、现在和将来的一切。方案空间是模板，是物质在空间和时间中运动的协调板。不管是过去还是将来，都固定地保存在里面，如同保存在电影胶片上，只有移动其中清楚照出现在的个别胶片，时间效应才会表现出来。

世界同时以两种形式存在：可以用手触摸的物理现实和形而上的方案空间，后者的客观性不比前者小，但处于感知界限之外，尽管触及该信息场原则上是可能的。直觉知识和明察秋毫的洞见恰恰就是从那里得来的。理性没有能力创造任何本质上新颖的东西，它只是可能用旧积木组装新版本的房子。大脑保存的不是信息本身，而是某种类似方案空间中信息地址的东西。所有的科学发现和艺术杰作都是理性借助灵魂的中介从方案空间得来的。

梦不是寻常意义上的幻觉。理性弄不懂自己的梦，它实实在在地看到它们（梦）。我们在现实中观察到的东西是实现了的方案。在梦中我们能够看到没有实现的东西，即有着虚拟剧本和布景的戏剧。梦向我们展示过去或未来可能发生的事。做梦是灵魂在方案空间中的旅行。

方案空间的扇面

在空间的每一个点都存在这种或那种事件的方案。为了便于理解，我们这样来思考：方案是由剧本和布景构成的。布景是外观或表现形式，而剧本是物质运动的路径。为方便起见，可以把方案空间划分出扇面。每一个扇面都有自己的剧本和布景。扇面之间的距离越大，剧本和布景的差别就越大。人的命运也是由许多方案呈现出来。理论上不存在人的命运转弯次数的任何限制，因为方案空间是无限的。

方案流

信息以矩阵的形态固定地存在于方案空间。信息结构被组成相互关联的链条。因果关系生成方案流。

不安的理性总是感受到摆锤的推动，它着手解决所有麻烦，企图掌控局面。在大多数情况下，理性凭意志解决问题的做法是用手无谓地拍击水面。如果不干涉方案流，大多数麻烦、尤其是小麻烦会自然而然得到解决。

不应该积极对抗方案流的主要原因在于这样做会消耗大量能量，这种消耗徒劳无益或有害。方案流在阻力最小的路径上运行，因此它才包含着最有效、最合理的解决问题的办法。相反，对抗方案流衍生出大量新麻烦。

如果方案空间已经存在解决办法了，则理性的强大智力就没有用武之地。如果不往丛林里钻、不干涉方案流，解决办法就会自己找上门来，而且是最优化的解决办法。最佳方案在信息场中已经确立。方案空间中存在一切，但更可能实现的是能量消耗最小的方案。大自然不会白白浪费能量。

过剩潜能

过剩潜能就是均衡的能量场中出现紧张、局部波动。这样的不均匀性是由思想能量制造的，即赋予一个客体过大的意义（过大的值）时。比如，愿望就是过剩潜能，因为它企图将渴望的东西拉向它不存在的地方。极度渴望拥有您没有的那种东西会制造出能量“压差”，产生平衡力风。过剩潜能的其他例子有：不满，谴责，惊叹，崇拜，理想化，高估，鄙视，虚荣，优越感，负疚感，自卑感。

换位法

换位法是处理人际关系的有效技术，是思移力的组成部分。换位法的主要原则可以这样描述：放弃得到意图，代之以给予意图，这样，您放弃了什么就会得到什么。

该原则的作用原理是：您的外在意图利用合作伙伴的内在意图，同时不侵犯他的利益。最终的结果是您从一个人那里得到用内在意图的寻常方法不可能获取的东西。遵循该原则，您在个人和业务交往中会获得有声有色的成就。

极化

当某种品质被赋予过大的意义时，就会产生过剩的潜能。如果人们开始相互比较、对立、设定“如果你这样，那我就这样”这类条件，这时人们之间会形成依赖关系。在扭曲的评价没有针对性地存在时，过剩潜能本身还没有那么可怕。可一旦对一个客体的人为抬高的评价被置于与另一个客体的比较关系中，就会产生极化，而极化会产生平衡力风。平衡力追求的目标是消除产生的极化，它的作用在大部分情况下针对制造这一极化的人。

灵魂与理性统一

理性有意志，但却没有能力控制外在意图。灵魂有能力感觉到自己与外在意图的一致性，但却没有意志。灵魂在方案空间翱翔，如同一只不受控制的风筝。为了让外在意图服从意志，必须使灵魂与理性实现统一。这是一种灵魂的感受与理性的思想融为一体的状态。比如，当一个人充满欢乐的灵感时，他的灵魂在“歌唱”，他的理性在“高兴地摩拳擦掌”。在这样的状态中人有创造的能力。不过常有的情形是：灵魂与理性在不安、恐惧和不接受中寻找统一。那样的话坏预期就会成真。健全的理智肯定一种东西，而心灵抵触这种东西，这就意味着灵魂与理性存在分歧。

目标和门

每个人都有自己独特的路，在这条路上他得到此生的真正幸福。摆锤把不属于一个人的目标强加于他，这些难以企及的目标诱惑着他。因为追逐的是骗人的目标，所以您什么都得不到，要么就是得到以后才明白，这不是您所需要的。

您的目标会把您的生活变成节日。目标的达成会带来其他全部愿望的实现，而且结果超出所有预期。您的门是引向您的目标之路。

如果您通过您的门走向您的目标，任何人、任何事都不可能妨碍您，因为您的灵魂之匙与您的路之锁配合得天衣无缝。任何人都不能把您的东西从您这里夺走。因此达成您的目标不会有问题。问题仅在于找到您的目标和您的门。思移力教会您该怎么做。

平衡力

存在过剩潜能的任何地方都会产生旨在消除该潜能的平衡力。当人赋予任何一个客体过大的意义时，人的思想能量就会制造出过剩潜能。

比如，我们比较两种情景：一是您站在自家的地板上，另一种是您站在悬崖边上。在第一种情况下您丝毫不会感到不安。在第二种情况下，情景对于您意义重大：一旦您不小心动了一下，就会发生难以挽回的后果。不管是在第一种情况下还是在第二种情况下，您只是站着这个事实在能量层面具有相同的意义。可站在深渊边缘的您用恐惧加剧了紧张性，在能量场中制造出不均衡。其结果是产生平衡力，该平衡力的目标是消除这种不均衡。您甚至可能真切地感觉到平衡力的作用：一方面，一种解释不清的力量把您向下拉，另一方面，这种力量似乎在把您拖开，让您离边缘远些。要知道，为了消除您恐惧的过剩潜能，平衡力需要做的要么是把您拖离边缘，要么是把您向下扔，把这件事一了百了。您感觉到的就是平衡力的这一作用。

平衡力消除过剩潜能的行为衍生出一系列的麻烦。平衡力的阴谋就在于人得到的往往是与意图对立的结果，与此同时却一点都搞不清楚究竟发生的是什么事。由此产生一种感觉：是某种不可名状的邪恶力量、某种独特的“卑鄙规律”在发挥作用。

生命线

与其他物质运动一样，人的生命呈现为一条因果链。在方案空间中果总是靠近它的因。如同因果相生一样，方案空间的相邻扇面也排列在生命线中。一条生命线上各个扇面的剧本和布景就其性质来说或多或少是同质的。人的生命在没有发生从本质上改变剧本和布景的事件之前沿着自己的路线平稳地流动。改变本质的事件发生时命运转弯，转向另一条生命线。您的思想放射符合您一直置身的那些生命线的参数。改变自己对世界的态度，即改变自己的思想形象之后，您就会转向另外的生命线，等待您的也将是另外的事件发展方案。

世界层

每个生物都用思想能量把方案空间的某个扇面物质化并创造出自己的世界层。所有这些层面相互叠加，因此每个生物都在为现实的形成作出自己的贡献。

人用自己对世界的感觉创造出个人的世界层——单独的现实。这个现实获得这种或那种色调，该色调取决于人对自身现实的态度。如果形象地表达，则那里确立的是一定的“气候条件”：清新的早晨和阳光灿烂，或阴霾的天空和瓢泼大雨，龙卷风肆虐，甚至发生自然灾害也是常有的事。

个人的现实由两种方法形成：物理方法和思想方法。换句话说，人用自己的行为和思想建设自己的世界。思想形象在此发挥着主导作用，因为是思想形象在给人制造大部分时间必须与之斗争的大量实实在在的麻烦。**思移力只与思想面打交道。**

思移力

思移力一词不是我想出来的，它是和本书的所有其他术语乃至全部内容一起降临到我脑子中的。有一段时间我本人都不明白它的意思。甚至都搞不懂怎么用联想去阐释它。这个词的意思可以解释为“滑过方案空间”，或是“把潜在的可能方案转变成为现实”，或是“穿越生命线”。但总体的意思是：**如果您修习思移力，那就意味着您在成功波上保持平衡。**

天眼师的谜语

“每个人都可以获得选择他想要的东西的自由。如何得到这种自由呢？”人可能达不到目的，他只是可能得到希望的东西，这一点人不知道。这话听起来完全不可能，但实际情况却正是如此。只有从头到尾读完《现实的思移力》整本书，您才可能找到谜底。不要企图立刻就翻到书的最后一章，因为那样的话，谜底会让您感觉匪夷所思。

物质化

方案空间的信息结构在一定的条件下可以物质化。任何思想都像方案空间的扇面一样具有一定的参数。思想放射“投射”到相应的扇面时会实现该扇面的方案。思想就是以这样的方式直接影响事件走向的。

方案空间是模板，确定物质运动的形式和轨道。物质化在空间和时间中进行，但各种方案却留在原地不动，永恒地存在。每一个生物都凭借自己的思想放射形成自己的世界层面。我们的世界居住着许多活的有机物，每一个有机物都对形成现实作出自己的贡献。

选择

对于达到目的这件事，思移力提供的是原则上不同的另一种态度。人做出选择，如同在饭店订餐，不去关心达到目的的手段。最终的结果是，大部分的目的会不取决于订购者的直接作用而自己实现。您的愿望会实现不了。您的梦想会成不了真。但您的选择却是不变的法则，它必定会得到实现。选择的本质用三言两语不可能解释清楚。整个思移力都是在讲述选择是什么以及如何做出选择。

依赖关系

依赖关系可以用“如果你这样……那我就这样……”这类条件设定来定义。“如果你爱我，那就是说，你会抛弃一切，随我去天涯海角。如果你不跟我结婚（嫁给我），那就是说，你不爱我。如果你夸我，那我就跟你交朋友。如果你不把你的小铲子给我，我就把你从沙坑里赶出去”。

当爱向依赖关系转化时，必定会产生极化，平衡就会因此被打破。无条件的爱是没有拥有权的爱，是没有崇拜的惊喜。换句话说，这样的感情不会创造出爱人者及其所爱对象之间的依赖关系。

如果一种事物与另一种事物比较或对立，平衡也会被打破。“我们是这样的人，而他们是另外一种样子的人！”比如，民族自豪感是与其他民族比较才会产生；自卑感是与他人比较时才有；或是为自己自豪，那也是与人比较的结果。

哪里有对立，哪里就必然会有平衡力发挥作用。平衡力的作用要么指向把对立主体“拉开”，要么指向把二者靠拢，让二者达成双向协定或是让二者碰撞。如果极化是您制造的，平衡力的作用就会首先针对您。

意图

可以把意图大致定义为拥有和行动的决心。得以实现的不是愿望，而是意图。您想要举起手。这个愿望在您的脑海中形成：您让自己清楚您想举起手。愿望能把手举起来吗？不，愿望本身发挥不了任何作用。只有当关于愿望的念头形成且剩下的唯有行动的决心时，手才能举起来。也许，是行动的决心把手举起来的？也不是。您做出了您要举手的最后决定，可手还是不会动。究竟是什么把手举起来的？该如何定义紧跟在决心后面的那种东西？

就是在这里表现出了理性的无能，它无法对意图究竟是什么做出清楚明了的解释。我们将意图定义为拥有和行动的决心，这表明它实际上是实施行动的推动力。所以可以确定，把手举起来的不是愿望也不是决心，而是意图。

意图分为内在意图和外在意图。内在意图指的是对周围世界的积极作用，这是行动的决心。外在意图是在世界本身服从人的意志时拥有的决心。内在意图是把注意力凝聚在通向目标的运动过程上。外在意图是把注意力聚焦于目标自己如何实现上。通过内在意图达到目标，通过外在意图选择目标。与魔法和超自然现象有关的一切都属于外在意图领域。有可能在日常世界观的框架内实现的一切依靠内在意图的力量达成。

意图调节

消极倾向的人的坏预期可以变成现实，这证明人有能力影响事件的走向。生命线上的每一个事件在方案空间都有两个分支：好方向和不好的方向。每一次遇到事您都在做选择，选择对它所持的态度。如果您把事件看成是正面事件，您走进的就是生命线的好的分支。但消极倾向会迫使您表现出不满，选择不好的分支。

一旦有什么事情让您懊恼，紧随其后的就会是新的不快。所谓“祸不单行”就是这样发生的。不过，接踵而来的不愉快不是紧跟不幸本身，而是紧跟您对不幸的态度。您在交叉路口做出的选择形成规律性。如果分析自己的消极程度，您可以认识到一生中的一系列负面分支让您偏向何方了。

意图调节原则表述起来如下：如果您打算把消极变化看作积极的变化，那一切就定会如此。遵循这一原则，您能够得到如期的积极成果，而消极主义者则同样会得到如期的消极结果。

诱导转向

祸患、自然灾害、武装冲突、经济危机的发展过程是螺旋式的。开始是萌生，然后是升速，越来越紧张，之后达到高潮，此刻情绪已经完全燃烧起来，最后是爆发，这时全部能量都烧起来，向空间扩散，然后是暂时的停息。涡流的作用过程也大致如此。

人群的注意力落入摆锤控制的圈套，摆锤摆动的幅度开始越来越大，把人群的注意力转向灾害的生命线。人回应摆锤的第一次推动，比如，对负面事件做出反应，参与开始的过程，处于翻卷成漏斗的螺旋作用区域。

卷成漏斗的现象即为诱导转向，转向“人变成牺牲品”的生命线。人对摆锤助推的回应、接下来人与摆锤的相互补充摆动能量，诱导人转向频率接近摆锤摆频的生命线。最后的结果就是：负面事件接入该人的世界层。

重要性（面子）

重要性往往会在赋予某种东西过大的意义时产生。这是纯粹的过剩潜能，在消除这种过剩潜能的时候，平衡力给制造出这一潜能的人制造麻烦。有两种类型的重要性：内在的重要性和外在的重要性。

内在的、或曰自身的重要性表现为高估自己的优点或不足。内在重要性的公式是这样的：“我是一个大人物”或“我在完成一项重要的工作”。当重要性的指针偏向一边时，平衡力就会出马，“大人物”的鼻子就会被啄上一口。等着“完成重要工作”的那个人也会失望：要么这项工作谁都不需要，要么就是完成得很糟糕。重要性的另一种表现是贬低自己的优点，妄自菲薄。在两种情况下，过剩潜能的值都是一样的，区别仅仅在于符号，+或-。

同样道理，外在的重要性是人在赋予外部世界的某个客体或事件过大意义时而人为制造出来的。外在重要性的公式是：“拥有某某东西对我意义重大”或是“做成某某事对我非常重要”。由此创造出过剩的潜能，殃及整件事。请您想象一下这样的场景：您必须从一根放在地上的圆木上走过去。再简单不过了。而现在您要从同样的这根圆木上走过去，只不过它被横在两栋高楼的屋檐上了。这对您非常重要，因此您没办法说服自己不这样做。

重要性调节

不要赋予任何事物过于重要的意义。需要您的重要性（面子）的不是您，而是摆锤。借助重要性（面子）这条线摆锤如同控制提线木偶一样控制人。人害怕放下重要性（面子）这条线，因为他受控于依赖性，依赖性制造出有支柱和自信的幻觉。

自信呈现出的是与不自信同样的过剩潜能，只不过是负值而已。自觉性和意图能让人蔑视摆锤的游戏，无需斗争而达到自己的目的。当存在不斗争的自由时，自信也就不需要了。如果我摆脱了重要性（面子问题），我也就没什么好保护的，没什么好征服的，我只是在心平气和地走自己的路，选择自己要的东西。

为了摆脱摆锤的控制，必须放弃内在的和外在的重要性。通向目标的路途上的种种问题和障碍也都是重要性过剩潜能的结果。障碍靠重要性（面子）这个根基来支撑。如果有意识地放下重要性（面子），障碍也就自然而然地坍塌了。

第3章　目标：是途径还是目的地?

钱不是目标，甚至不是达到目标的手段，它充其量只是一个属性。如果为实现目标需要钱，钱会出现或呈现出挣钱的可能性。

最近8~10年我都在寻找幸福、成功、生活的节日。开始读您的书以后，我找到了寻找的东西，开始的两个月一切简直棒极了，生活变得如此美好，自信满满，相信我可以选择任何方案。我感受到灵魂与理性是如此统一，精力充沛。由于这些书我换了一个新的工作。

不过后来却出了问题，尽管我每时每刻都在接受您的建议，似乎已经应该形成习惯了，但节日的欢庆却结束了。内在和外在的重要性（面子）从中作祟，我一直努力使自己处于觉悟的状态，但却怎么都做不到放下面子，对未来的担忧加剧了，所有的事情都不受掌控，我无法完成任何有价值的事，心里忧伤笼罩。感觉自己处在一个幽深的球里。

消极情绪也纠缠不放，尽管我定期做运动，关注能量渠道，食用有益、美味的食物，虽说它们没带给我享受。也许，有什么规范潜意识、摆脱压抑状态的方法?

消沉的主要原因之一是缺乏生活目标。没有什么可去追求的时候，就会力量衰竭，意识陷入迷茫状态。相反，如果渴望达到某个目标，意图的能量就会活跃起来，生命的张力就会随之提高。

如果什么都不顺，那就需要找到并为自己确立目标。没有目标的存在是盲目的，混沌的。可以把自己当作目标的起点：塑造自我。自尊和自我满足可以带给您什么？有许多自我完善的途径：外表、智力、形体，等等。可以为自己确立在一个或几个方面有所改善的目标。您最好清楚一点：满意会给您带来什么。到那时候对生活的品味就会出现了，其他的一切都会自动理顺。

我读了您的书，产生了兴趣。实际上，我已经在按照您的书幸福地生活了。关键就在于我很好地解决了面子问题，放下了面子。但自己生活的目标我却看大不清楚。我心之所想都是些琐碎的、商人的愿望，顺便说一句，这些愿望与我目前的修炼不大吻合。就理想而言，我很想多出去旅行，身体健康，延年益寿，少工作（原则上我不喜欢工作），获取多多，与妻子一起生活，但同时拥有许多其他漂亮女人，在我的圈子里享有成功。这样我就会轻松地呈现自我。问题是：我所描述的东西能称为目标吗？如果能，那么结果就是：我应该跟妻子离婚，应该放弃把自己成功租出去的工作，应该到某个地方弄到许多钱、买一张环球旅行的票……可是从另一个方面来说，现在这样我似乎感觉也还不错……简言之，我不知道自己想要什么，即当下我没什么可追求的。怎么办？

开始必须做的是让您如鱼得水的事，降低目标本身的重要性。如果就这样您已感觉不错，那您为什么认定没有目标就不可能有任何生活可言呢？要知道，可以单纯地生活，自己满意就好，无需用形形色色“崇高精神”的范畴为自己找麻烦。

嗯，如果您依旧想探索自己的路，那就去求助思移力的基本原理吧。就定义来说，您的目标就是把您的生活变成节日的那种东西。您描述的画面的确像节日。但可以把您带领到那里去的是什么呢？

绞尽脑汁试图通过逻辑“计算出”自己的目标，这是徒劳无益的。解决办法应该会自己出现，它存在于灵魂与理智的统一之中：当灵魂放歌的时候，理智会开始高兴地摩拳擦掌。为了让这个解决办法出现，需要做的仅仅是系统地在脑海中转动您节日的幻灯片并观察现实。到了某个时刻您会发现，到处都会出现各种新的可能性，把您带去欢庆的门会敞开。走进门去，重新转动幻灯片，重新观察。融入到欢庆节日的现实中去，节日会一直伴您左右。

目标应该只有一个，一个总目标？或是可能有一些小的目标？

如果您能成功地创造出并且系统地转动一张多目标的幻灯片或几张单独的幻灯片，您请便，您是自己现实的主人。目标的数量由您掌控。更准确地说，有多少目标取决于您有多少耐心来应对它们。应对长期目标的确不得不花些功夫。而对于短期目标或是瞬时目标，比如某种类型的汽车或者镶木地板，那就应该干脆走过去拿来就好，就像去报亭拿一份报纸一样简单，一秒都不用多想，不用怀疑您会得到。嗯，如果您没得到，那也用不着发火，轻松地把目标放下。不要忘记意图协调原则。谁知道呢，说不定您避免了什么未知的麻烦呢？

遗憾的是，我无法在创造性的自我实现中找到自己的位置，更准确地说，我无法找到能把我的生活变成节日的那种活动。我的目标就是物质幸福，或者换句话说，是经济独立，别管这听起来有多平庸。我创造了自己的目标幻灯片，我知道自己在生活中想要得到什么：汽车、豪华别墅、旅行、游艇……我积极地寻找与我的幸福目标相关的一切，与此同时却总是发现自己的钱不够用，在此之后我会开始更加积极地寻找挣钱的方法。问题在于，为了能在喜欢的饭店就餐、与朋友们一起在城里最好的夜总会里休息、在昂贵的精品店里购买名牌衣物、心满意足地生活，口袋里就得有足够的钱，这样我才会幸福。我把这一切都视图化，但却看不到任何结果。不对！我看到我的世界关心我，这我不否认，可是在经济独立的计划方面一切却完全不如我所愿……该如何从中低收入这个坑里爬出来呢？

您在寻找“能把您的生活变成节日的活动”。需要的不是寻找活动，而是要把注意力集中到您最终想得到的东西上面。生活的节日，这怎么就不是目标了？非常像样的目标。就是应该把自己的理性聚焦在这上面。那样的话，外在意图本身就会提供合适的活动。需要的只是把眼睛一直睁大，别错过敞开的门。

您的问题在于，您摆脱不掉一个想法：我通过什么方式得到这一切？这一点谁都不知道，也不可能知道。理性应该习惯一点：这个任务的完成不是它的事。它的事是系统地转动目标幻灯片，即您勾画出来的那个画面。脑子里保持着这个视图生活，不要像小孩子做游戏和幻想家进行幻想那样不当真，要坚信它早晚会付诸实现。您不要为这幅勾勒出来的画面何时实现、如何实现而焦虑。现实必然会迎合您的想法。它能跑到哪儿去！要知道，您可是在跟镜子打交道啊。您的思想目前整个被寻找“如何做?”这个问题的答案吞噬掉了，正是这种无果的寻找反映在您的世界之镜中。

我的问题在于我没有目标。而且我无法把它勾画出来或是以某种方式形成它，无论怎样努力都做不到。我不想把某种美丽的（别人的）图画强加于自己。我总是害怕去揣测宏伟的愿望。您知道为什么吗？因为我总是不相信目标实现的那一刻结果是我所需要的。因此我总是消极地随波逐流。“把自己推倒重来并战胜自己”的方案总是让我感到陌生。我为自己选择了一条消极的路。因此我的问题在于，我不知道如果（遵循您的理论）做不到从头开始迈出第一步、无法确定自己的目标，那我该怎么办。我同意循序渐进的生活原则。可是如果我已经33岁了，但却依然没有目标，该怎么办呢？不仅如此，我对世界的反应“迟钝”，靠“我是否舒服”这样的感觉来对世界作出反应。如今我已经两个月没工作了（放弃了，原来那份工作的方方面面都让我厌烦）。现在似乎安排妥当了，甚至可能有发展前途（总的来说，这是我放弃前一份工作时梦想的东西）。而且我明白，一旦我以另外的眼光看一看局面，这些感觉就会消失。可是结果却会是，我要付出努力心有所图地去改变自己对局面的态度。那样的话怎么能“听从自己心灵的声音”呢？总之，我感到混乱。

第一个错误：不需要“努力勾画或者以某种方式形成自己的目标”。在没搞懂自己想从生活中得到什么之前（哪怕目标笼统也行），您是不可能凭借理性的努力来做到这一点的。第二个错误：不需要“逼迫自己以另一种眼光去看现状”。混乱就在于：您以自己的意志、主宰者的意志把负面事件变为正面事件，同时似乎在假装这种游戏对您有利，这时候有意识地改变态度是出自意图协同原则。您改变的是对事件的态度，因为您知道，由于受制于在交叉路口作出选择，您会走入生命线的一条有利或不利的岔路。改变对局面的态度确实于事无补，因此您不想这样做。为什么呢？因为结果是：您应该逼迫自己爱上您不喜欢的工作。

在一种局面、即依然存在的现实中有不舒服的感觉，该拿这种感觉怎么办呢？

把注意力集中于您想看到这种现实是怎样的现实这一点上，不去注意引起不舒服感觉的一切。比如，您承担着一些不合您心意的义务，哪怕与这些义务相关的工作从总体上说符合您的心思。在这种情况下该怎么做呢？在脑海中创造视图化的现实，在这种现实中您只履行您愿意履行的义务。受聘的时候关注喜欢的事，对于其他一切“睁一只眼闭一只眼”。真正的现实早晚会符合您创造的幻灯片，不如意的义务会自动从您肩上“卸下”。以什么方式卸下？您会看到的。世界之镜就是这样发挥作用的。检验过了。

人可以多长时间找不到自己的目标？1 年，2 年，10 年？一切都还算顺利，但抓住某个生活目标、让心灵雀跃却怎么也做不到。什么都好像不是我的。我知道，我的目标只能我自己找到。我还知道，需要允许自己有段时间没有目标。但这段时间是多久？也许，是 20 年或是 50 年？我明白，是“卑鄙的”理性没有能力心安理得地放松、等待，是它带来混乱、担心，担心漫无目的、一事无成。虽说现在生活中的一切都还有条不紊，但确定我的、只是我的目标的愿望却一直挥之不去。多想找到心灵的欢跃节日啊。也许，还存在什么确定自己生活目标的方法？

的确，等待可能很久，甚至用一生去等待，却依然什么都没等到。如果日常生活的沼泽啃噬您，如果生活的脚本日复一日没有变化地重复，可能会发生什么呢？什么都不会发生。大多数的人就是这样生活的：首先是上学，对未来获得幸福充满希望；然后是成家，没有特别变化地工作；再次充满希望，希望功成名就，而成功一直在远山背后的某个地方闪烁，还有家务事，偶尔地、没什么新意地消遣消遣出出轨，然后又是家庭、日常生活、沙发、电视。岁月就是这样在“候车厅”里流逝。该如何挣脱庸俗的生活圈呢？

应该拥有挣脱的意图。太多的人都觉得自己想要改变，但他们却没有严肃认真的意图，他们认为抱怨更好，抱怨生活是灰暗的，无处可逃。

可是您要注意，每天您在电视上看到的成功人士，他们的生活方式都是十分积极的。选择在您：要么打起精神，为改变现状付出一定的努力；要么满足于单调乏味的生活（原则上，对于许多人来说这也是可以忍受的方案），要是这样，那就别抱怨，别说什么无论如何也勾画不出目标。

另一个问题是：如果没有精力，没有行动的愿望，年龄也不是奋斗的年龄了，或者干脆就是懒得去努力，那该如何拥有意图呢？如果下班之后除了赖在沙发上什么都不想要，就是说，缺乏自由的能量（说实话，自由的能量也是滋养意图的），那就用不着抱怨了。可是如果有正常的精力，那是不可能什么都不想要的。精力不足的主要原因——如果不考虑缺乏目标这种情况的话——是机体受到严重污染（原因多么寻常）。

不必一下子为自己确立“征服珠峰”或“开创配得上自己的目标”这样的宏伟任务，原因只有一个：应该如此。最好从提高能量确实必需的基础事物开始：清洁自己的“卫浴”、健康饮食、在身体方面完善自己。到那时您会发现，新的需求会冒出来，实现这些需求的能量会够用。嗯，如果依然什么都懒得开始去做，那就是天王老子也帮不上忙了。

读了您所有的书，所有的问题都找到了答案。除了一个问题：我的目标究竟是什么？我妻子是个才华横溢的职业画家，她从3岁起就知道自己会成为画家。她的目标是当一个伟大的画家，并满心欢喜地向这个目标奋进。我羡慕她，因为对于“我的心灵究竟想要什么”，我没有明确的概念。

您的目标不一定在创作领域。当谈到生活道路的时候，为什么一定要求索什么崇高理想呢？不需要一开始就盯着“崇高的”目标。有的人可能无法想象没有诗的生活，而对于有的人来说扫大街或者砍肉剔骨是迷人的事儿。不该按照生活目标是某种崇高事物这种既有模式为自己确定方向。

比如我们这代人小的时候，每当有人问一个小孩子将来想当什么人，小孩子知道，如果回答“当宇航员”，他就会赢得大人的夸奖。他的理性清楚什么是“正确的回答”，可他不知道的是，自己是否真的想当宇航员。您明白吗？从小时候起理性就已经被定向了，聚合点（卡斯塔涅达①的说法）按照“正确的”位置被确定了。您现在的任务是摧毁定向，为自己“减负”。

为此必须停止思考目标且开始观察，关注心灵的感受。当心灵发现自己的东西，它就会立刻焕发生机。而为了有东西可供观察，应该扩大自己的视野：整装出发，去没去过的地方，看看没见过的景致。

您的书我正在重读，是第3遍了，同样的思想每一次接受起来都有新意，一切都让我兴奋地尖叫：“就是这样的!”借助思移力我已经收获多多：工作的条件恰好是我想要的，同事很友善，收入很可观。其他各种各样的奇迹也不断被我创造出来。不过我有一个已经折磨了我5年的问题。我有目标，我清楚地知道这个“目标”就是我的目标，全部的感觉都告诉我这一点。但我无论怎样都摆脱不了一个念头：我无法把这个目标在生活中物质化。为此我感到不舒服。如果我知道目标是我的目标，那为什么会有这样的念头呢?！要么这是明确的信号，表明我错了、我对一切的阐释都不对?

面子我已经放下了，放得不能再低了，可还是没用。我想，也许这是因为小时候人们总是对我说：“瞧，人家什么事都没有，你却总是摊上事。”也许我由此得出了结论：别人会幸福，梦想会实现，而我不行？结果就是，我既不能没有自己的这个目标，同时又有什么东西妨碍我去相信我真的会把它引入自己的生活！该如何摆脱这种感觉，我不知道……我试过用别的、几乎类似的目标取代自己的目标。但却感受不到特别的欢喜，尽管这时候我已经相信这样做我会没有问题。至于那个主要目标，不管是我想象自己真正失去它了，还是仍旧拥有它，我都痛苦不堪！

得知自己的书被人阅读了不止一次，这真让人愉快。可竟然还有人指责我，说我陶醉于翻来覆去地重复同一个思想。您没有问，我为什么这样

① 美国人类学家，其《巫士唐望的教诲》、《前往伊斯特兰的旅程》等探索心灵秘境的书籍影响巨大。——译者注

做？我可以老实承认：这里没有任何预谋已久的伎俩，也不是工作中的疏忽。我阐释的内容不是我思考的产物，而是沿着信息渠道从方案空间传导过来的。信息如何到我这里来的，我就如何把它说出来，没有做特别的修正。就是说，应该如此。

我和您之间的区别仅仅在于，您打算从我这里得到自己的问题的答案，而我求助的是对所有人开放的资料库。如果您打算亲自拿到信息的话，您也可以获得通向这个渠道的入门券。这一点我已经不止一次地说过了。原则上，在前几本思移力的书中就可以找到所有的答案了。不过，您的问题继续出现，那我就只好再重复一遍，尽管视角有所不同。我有些离题了。

当想象到没有自己的那个目标时，您体验到了痛苦。这是对您有利的证明，证明目标可能的确是您的。在《现实的思移力》这本书中已经指出了真正目标的一个标准：尝试对自己作假，假装您在放弃自己的梦想。如果这时心灵狂怒不已、拼力反抗，那就是说，目标极有可能是您的目标。而如果感到轻松，那结果也同样清楚了。

总之，因为一种想法——这个目标很难实现的想法——感到不舒服是正常现象。要知道，痛苦比不舒服更要命，不是吗？您需要做的不是思考，而是做具体的工作：转动目标幻灯片。等到门开始敞开的时候，做结论的时刻才会来临：梦想实现了还是没有实现。而现在这不是该讨论的问题。应该针对幻灯片做工作。为了不错过敞开的门，需要耐心、时间和自觉性。

目前我正在为灵魂找事做，在几个方向之间奔忙。一方面，我喜欢画画；另一方面，喜欢缝纫、编织；第三方面，我喜欢养花。这是主要的方面，其他的我不考虑。由此产生了问题：能让灵魂敞开并达到高峰的事业是否可以不止唯一的一种？

这里的问题甚至不在于心灵可以有多少目标，而在于该认为这些目标中的哪一个是主要目标。为了不分散自己的意图，最好把注意力集中在一点上。爱好是指喜欢做的事情。爱好通常会有好多。可是爱好可以成为目标吗？当然了，向目标行进应该带来快乐。不过，对一种事的陶醉本身不是认为这种事就是目标的足够条件。我再说一遍，目标是把生活变成节日的东西。而且目标应该在灵魂与理性的统一中被确定下来。请您问自己一个问题：一种爱好，您似乎觉得有可能作为目标和门的一种爱好，它是否能把生活变成节日？您应该非常清楚的是：被选择出来的活动恰好就是该选的那种活动，而且选择的时候既遵循了事物的逻辑，又听从了心的指令。如果目标是您的目标，那就根本不会产生问题，对您来说这将是明摆着的事实。

我不确信自己试图达到的目标是我的目标（那是我的灵魂的确想要的东西）。我试图把注意力投向灵魂舒适的状态并聆听“晨星的沙沙声”，可是却产生了怀疑，怀疑这真的是来自那里、来自星空的感受，而不是“耍弄阴谋诡计”的狡猾理性的愿望。

如果目标真的是您的，那就根本不会有任何怀疑。一开始感觉中会有一点灵魂受拘束的感受（局促感），类似于：“难道这一切都是给我的？难道我配得到这个？难道我有能力？难道我是被选中的宠儿？”目标幻灯片会消除拘束感。您会逐渐融入新的形象。不要感到局促。如果您选择了自己，那您当然是被选中的宠儿。要知道，一开始您是在亲自选择自己，之后，只有在这种条件下您才被选择。

灵魂的不舒服与拘束感不同，用幻灯片是消除不了的。明显感到不舒服的时候您体验到的是被压迫感、负担、必须压迫别人、沮丧、担忧、难以忍受的不安。当您在脑海中转动愿望达成的画面时，如果有某种东西一直在压迫着您，那就意味着，目标很有可能不是您的，是摆锤强加给您的，也就是说，喜欢它的不是灵魂，而是理性。

我不幸的原因在于：我做的从来都不是自己想做的事。而我想做什么，没法搞清楚，一切很快就都变得无趣。因此我从一个单位跳到另一个单位，从一个领域跳到另一个领域。我总是放弃。有人说我长不大，说我不习惯应对困难；有人说我的性格太过挑剔，说我无法与上司相处。我给孩子、瘾君子做过心理咨询师，当过个人经纪人，管理过一个小型公司，当过商店经理、金属销售经纪人……现在我决定开创自己的事业。不过这是一份小小的事业。目前我好像不太相信自己的能力，况且我的圈子里根本就没人做生意，大家全都习惯给别人干。我有很多志向，我总是相信自己是为了某种非常重要的东西才来到这个世界的。

我的问题是：我该如何成为一个和谐的人，如何获得自我？生活中我想要的那么多，可这一切全都“不是恰好想要的那种东西”。为什么？无聊——这就是我一旦有所成就便总会产生的状态。我不断地想要这个、那个，可结果却是一个：无聊！我厌倦当“领导的左膀右臂”、妻子、母亲，厌倦当漂亮、聪明、性感的女人……我不喜欢人们通常都去追求的一切，无法忍受模板和标准。也许，这是病？因为过后我会认为自己失败，或是做得不好，会为此惋惜……现在我终于大胆地迈出了重要的一步：开一家自己的小商店。可保证在哪儿呢，谁能保证过几个月我的热情不会冷掉？到那时候该怎么办，血本无归？总而言之，“枪毙我吧，我是疯子！”

您没想过您已经很和谐了？首先，您与众不同，因为您不喜欢其他人追求的东西。这简直太棒了！这证明您至少（已经不少了）不受既有模式束缚，您挣脱了摆锤的控制。您不是疯子，我更愿意说，您不属于任何人和事……对于“成为自己”来说，您已经成功一半了。当一个人不属于任何人任何事、自己属于自己的时候，他就是现实的主宰。难道和所有人一样，生活在小格子里的矩阵组件就可以视作和谐了吗？正相反，屈服于摆锤规则的那些人恰恰是不完整的，这规则就是：“但愿我们与大家全都一样，是正常的人，找到自己的小格子，不要到处跑来跑去，要成为我们社会的一个守规矩成员。”

需要您做的只是抛却那些未醒者的愚钝世界观，抛得一点不剩，允许自己成为这样的一个“糊涂虫”（依照他们的观点）。让自己拥有保留观点的权利，到那时您就不会这样埋怨自己、怀疑自己了：“既然我没有长性，也许，我真的一无是处，真的病了？”

其次，您没有待在矩阵的小格子里，而是在寻找自己的目标，这个事实恰恰说明您已经正确（尽管模糊）地明白了一点：目标是途径，而非目的地。按照需要寻找自己的途径（路），别去理睬社会舆论。他们爱怎么想随他们便。可您知道谁自由，谁没有自由！您的优势和力量就在这里。

对了，我与您分享这些煽动性的想法要严格保密，就在我们之间，修炼思移力的人之间。梦中人不会读类似书籍的，因此可以不用为我担心。您可千万别跟任何人说！不然他们又会以为您（我们）是疯子，又想枪毙我们了。别让人看出来您跟别人不一样。要假装您和大家一样。把自己租赁出去①，但不要完全投入其中。做一个潜猎者！

12 岁的时候我进了一个异端组织，在里面呆到 19 岁（那还是苏联时期）。异端组织不是宗教性质的，当时也没人认为这个是异端组织，尽管

① “租赁自己”是思移力一个比较重要的概念。其基本原理是：每个人一生都会遇到不喜欢做但又不能不做的事，想要达到但由于种种原因又一时达不成的目标，为了让心绪平和，不至于被沮丧、怨恨、愤怒、无助等冲昏心智，需要利用自己的各种资源在一段时间内做违心的事，所谓“委曲求全”。重要的是，要清醒地意识到，这样做是“租赁”，即一时的行为，而不是永久“委屈”，待目标达成，可以做回自己。——译者注

异端的所有特征都表露无遗。这个组织的目的是医治精神分裂症、酗酒、吸毒这样的疾病，改造少管所出来的儿童、问题少年。我们这些孩子参与了这些疗程，培训我们做心理治疗工作。中学毕业后，我在治疗酒鬼和精神分裂症病人的诊所工作了两年。自然，在那种地方个性是受到摧残的，试图赶着我们符合一定的标准。个人意见不受欢迎，我们一直是在组织内部交流，尽量不与外人接触。后来，19 岁的时候，我离开了。

现在我 40 岁，但那段经历给我的一生留下了烙印。关键在于我习惯了做一切事都为了孩子，最高目标就是帮助受苦人，比如无人照管的孩子。只是现在我才开始明白，这不对，需要为自己想，而我却一直把自己放在最后。自卑我都已经不用说了。我的问题就是：思移力技术对像我这样的人有什么作用？是否有什么特别之处？我还害怕分辨不出自己的目标，担心把这个组织灌输给我的目标当成自己的目标。从前我觉得帮助人（首先是孩子）就是我的目标。由于我是在童年加入那个组织的，所以我很难想起来在那之前我想要什么，我是有过梦想的，不是吗？也许，我最好根据那些梦想，而不是根据那些灌输给我的目标确定方向，要知道，这些目标有可能是虚假的目标。

在《现实的思移力》这本书中详细地描述过如何把自己的目标与别人的目标区分出来。最重要的标准之一是：别人的目标直接服务于改善别人的（不是您的）福利。显然，必须追求这样一种状态，在这种状态中您做事是为自己做，而不是为大叔做。不过，向自己的目标运动的时候，您也可以在系统内工作。只是这样做的时候应该把改善您的个人福利放在第一位。体验自由感非常重要：您是作为自由雇员在工作，而不是为了造福什么人或什么事当长工。

关心他人是发自内心的，这种情形常有。但这里存在一条细微的、很难分清的界限：您为拯救别人的灵魂献出自己的生命是否由于您自己的灵魂空虚？这样的情形太多了：被摆锤变成僵尸的理性把灵魂锁进暗室，再也听不到灵魂的声音，这必定导致内心冲突、灵魂空虚。该用什么填补这种空虚呢？用献身，别无他法！摆锤立刻就会暗示：摈弃自己，把自己彻底忘掉，把自己的全部想法都投向服务。为谁服务或为什么服务？哦，这里的选择太多了！从哭泣的孩子到也在哭泣的富人。目光所及，到处都有人在受苦受难。

比如说我吧，我可怜没有足够的力气从马路的一边爬到另一边的虫子。从前我会把它们捡起来，丢到它们要爬去的地方。可有一天我对自己说：哪里管得了你们全部！你们那么多，我只有一个。怎么，我要像一个白痴一样不时地弯下腰完成一项愚蠢的工作，而不是让自己高兴地散步？如今我只帮助少数的虫子，当我的心暗示我说“这条真的需要”时，我才出手。其他的自有办法，也许，它们的“因果报应”就是如此吧。我还可怜饥饿的流浪猫。一方面，真想把它们全都喂饱或是让它们有个窝。我曾把一只明显要死的小猫咪抱回家。现在我家里幸福地生活着一个养肥的、心满意足的生灵，我的猫猫，我是这样叫它的。可另一方面，如果把关心所有不幸的动物当成自己的责任的话，那就只能随时随地背着一口袋鱼或是把自己的家变成养殖场。这样就可能走得太远，缠人的想法能把全部个性取而代之。

帮助他人是件好事。但问题是：是否值得把这件事上升到自己的生活目标这种地位？每个人都要靠自己解决这个问题。不管答案是什么，在不同的评价体系中它会得到不同的评价：慷慨或愚蠢，自我牺牲或没脑子，享乐主义或务实。针对这个问题我也无法给出一个单一的答案。重要的是要让解决成为有意识的解决，是自觉的解决，是在灵魂与理性的统一中采纳的解决办法，而不是由摆锤的骗人模式强加的。有一点可以确定无疑：如果关心他人是外部强加给您的，那就意味着这不是您的目标。

我的梦想很昂贵。而且在方案空间很远的地方。我一直在做视图化处理。可您说不能想钱。我和丈夫一辈子都在为别人工作，甚至都没意识到。现在我们尝试挣脱这个陷阱，想开始自己的事业，尽管小，但却是自己的。目前正在艰难地勾勒画面，我们俩谁都没有做生意的才华。但有不再为别人干活的坚定愿望。是否可以把这看成是“往目标方向移动脚步”？我们想不依靠国家，不为钱工作，但要让钱为我们工作（这可能是投资、证券、租赁收入等）。我们有没有误入歧途？要知道，我想成为一个富有的、独立的人。我视图化的不是钱本身，但我想有钱。因为我的目标用金钱表示的话很高。

钱不是目标，甚至不是达到目标的手段，它充其量只是一个属性，是在通向目标的路上自动呈现出来的一个属性。如果为实现目标需要钱，那就意味着钱会出现或呈现出挣钱的可能性（挣钱的门会打开）。但为此必须这样视图化目标，即仿佛这个目标已经达到了。尽可能地真实假装，并且在虚拟的现实中生活。如果系统地、目标明确地转动幻灯片，则这样做就不是在云中漫步，而是具体的工作。您可以把这叫做“目标明确的云中漫步”。只是不要忘了从云中仔细地盯着地面，免得错过打开的门。

这样，需要想着的依旧不是钱，而是目标，重要的就是这一点。否则世界之镜将要折射的充其量只是您对金钱无果的寻找。不过这并不是说，念头中应该完全清除金钱问题。您可以这样有针对性地确定思想形式：金钱流越来越大地流向我，我的钱越来越多，干什么的钱都够用，我想买的东西都轻易就能买到。这暂时不符合实际情况并不重要。实际情况一开始是在脑海中形成的，之后才在现实中形成。

请您注意：该思想形式既不包含“我在寻找钱”这个形象，也不包含“我到哪里弄到钱”这个问题。您在镜子面前创造的恰恰是那个应该最终（在镜像中）达成的画面。在这个意义上想着钱是可以的，也是需要的。

为什么钱不能成为目标？比如，我的目标是每天多有一些被动收入。可是如何做到我不清楚。我不停地对幻灯片做工作，为什么就不能实现呢？按照生活会带我步入正轨的理念，这个目标可以实现，可据我对您的观点的理解，什么结果都不会有。为什么？

结果还是会有的，只不过您有些妄自菲薄了！您的目标给您的会多得多，是您连想都不敢想的。一个人向自己的目标迈进时，他面前出现的是无比巨大的可能性。到那时从前的要求简直就会显得可笑了。

我也没说不能借助视图化吸钱。小数目的确可以。但大数目就已经不大可能了。要知道，需要的是灵魂与理性的统一，是无可争辩地相信钱会来的。不过理性会一直受到怀疑的折磨：“从哪儿来，怎么来？”而灵魂呢？难道它需要钱吗？

您会说：等我有钱了，我会找到花它们的地方，而且我会想怎么生活就怎么生活。这就是问题所在：您想怎么生活？

我们换一种方式提出问题：您需要钱或是节日感、生活快乐、生活意义吗？我们假设您的梦想实现了：您在自己游艇的甲板上晒太阳，游艇冲破加勒比海的波浪。您以为如何，这时候您会体验到什么：生活的节日感？根本没有的事。最可能的是空虚和死一般的乏味。

请您想一想，在通向目标的路上有多少次伴随着您的是狂热感、兴奋感和灵魂高涨的感受。可达成所愿以后，除了空虚您已经什么都体验不到了。解释这个现象很容易。幸福、快乐和生活充实的感受是自由能量（意图的能量）提供的，这种能量在向目标的行进中被激活。不管有多么离奇，但这的确更是一种生理品质，而非心理品质。正是由于这个原因，幸福只在路上，而不在目的地。未来没有任何幸福。幸福要么在此地此时，要么在另一条生命线上。应该寻找的就是这条生命线、这条路。

路就是途径。目标并不一定是某个具体的成就，而是常常表现为：这是自我实现、在某种事业中展现自己才能的连续不断的某个过程。有运动就有能量。到达目的地以后我们继续前进。

现在请您想象一下：您为自己设立了拥有稳定收入的目标。我们假设这个目的您达到了。假设您现在甚至不需要挣钱了，您什么都有了。那接下来会怎么样？嗯，您会无忧无虑地生活一段时间，享受各种各样的幸福、美妙、充足。然后，很快很快，空虚就会来临。没有目标的有钱人体验的正是这样的感受。他们到达了目的地，他们再也没什么可追求的，再也没什么想要的。生活变成没有意义的存在，尽管奢华。备受折磨地等待着什么。就算是 VIP 等候厅，但充其量还是个等候厅。而在生活贫穷但却向目标行进的时候，您要幸福得多！意图的能量如泉喷涌，因此您是在真正地生活着，而不仅仅是存在着。所以您要好好想想，您现在要往何处运动：去宝石之城，还是去等候厅？

读完您的书以后，我开始在实践中尝试书中阐释的原则。由于把什么东西物质化无法让我惊喜，所以对于我来说书中的主要价值恰恰在于寻找自己的生命线。但我碰到了一个问题：我搞不明白，我的灵魂究竟想干什么，自我实现的那个领域在哪儿，理性和灵魂会幸福地相互亲吻的地方在哪儿。灵魂对提出来的游戏的所有回答与其说是“好”，不如说是“不好”。由于我经验丰富，所以我立刻就诊断出这是我强烈地希望找到这条生命线的结果。我放下了面子，可半年过去了，唉，不知道为什么，我找不到自己的生命线、目标，相应地找不到门，为什么？

问题恐怕出在您试图做的恰恰是寻找自己的目标。就是说，寻找目标的不是灵魂，而是理性。理性用它自己的方法永远都找不到目标。它把倡议抓到自己手里，肯定地说：“我更清楚！”而灵魂微弱的声音它听不到。需要反其道而行之：停止去寻找目标，让目标自己被寻找。理性不能“想出”任何东西。理性的任务不是寻找，而只是聆听灵魂的声音：当某种合适的东西被找到的时候，灵魂会活跃起来，您会感受到的。不过为此必须扩大自己的视野：去没去过的地方，看一看没看过的景致。不然的话，如果没什么好选择的，灵魂能怎么选呢？

嫁一个好丈夫是否可以成为目标呢？与此同时我不想在物质上依靠丈夫。还有一个问题是：如果我认为我跟一个人在一起会好，但是我实际上不认识他，是否可能吸引他进入我的生活呢？

嫁一个好丈夫不是目标，而是达到某种目的的手段。这个目的究竟是什么，每个人都会有所不同。是什么把您的生活变成节日：是婚姻本身，还是您计划由此得到的那些“股息”？正确地形成订单是非常重要的环节。当您对目标幻灯片做工作的时候，外在意图打开的是通向实现订单的门。要依据幻灯片的内容选择通向目标的途径。

现在来看看您的情况。您一开始就已经确定了途径——嫁人，您以此在选择中限制了外在意图。您的理性确信它知道途径。您得同意，这样的句子听起来就幼稚：“……我认为我跟一个人在一起会好，但是我实际上不认识他。”

我非常喜欢操持家务、带孩子……而且我一直觉得，这是我在生活中的位置。做家务、管孩子的时候我感觉好，感觉安详。我们有3个孩子。丈夫理解我。更准确地说，我不知道他是否是真的理解我。但他的立场是：你喜欢什么就可以做什么，我希望你好。我对他的态度也是如此。对于孩子们，想要做的就是养大他们，然后“放手”。老天保佑我别没完没了，别像坦克一样用自己的爱碾压他们。在阅读您的书以前我早就有这样的想法：爱是奉献的艺术。

可外部世界一直在施加压力。当周围的人在星期天的晚上因为明天得去上班而唉声叹气时，我只能缄口不言。因为我在家带孩子，而且不能说这让我很委屈。相反，带着三个小孩子虽然很难，但与此同时又很棒。总的来说，我一直都是个幸福的人。有时当然会难过。但从本质上说，大部分时间我感觉自己是幸福的。

小时候妈妈就肯定地说（周围的世界也是这样确定），人应该擅长做点什么。我擅长，顺便说一句，我学的是数学物理（莫斯科工程物理学院毕业），还在国外生活的时候，我就获得了会计证书。总之，我似乎有专长……有能力……本可以……我有才能。只是不知为什么不想做。有关出去工作的想法不单单是让我心里不舒服。我更愿意说，这个想法让我“闹心”。

身边的人全都渴望“挣脱”家庭束缚。带孩子让他们“变得愚蠢”。有时会不由自主地问自己：也许，我全错了？也许，我的方向错了？就这样走完一生，回头一看……啪！看来，应该做点别的什么。我可以沿两个方向走下去（我喜欢），可是由于目前全部时间都用于照看孩子，其他时间似乎不成型，七零八碎。

我本人感觉我在做正确的事。而且心满意足。当然很棒了。可然后呢，我自己怎么办？想法似乎是有。可到那时我多大了……

您明白的……周围人抽风似的活动和亲人们让我产生压力的拷问（目

前拷问很少，因为最近一些年我学会越来越好、越来越举重若轻地把各种出主意的人都打发走了)。就是这样……周围人抽风似的活动有时会使我体会到一种尖锐的自卑感。大家全都在奋斗，可我没有。大家都心有所想，可我没有。

我的问题是：从思移力的角度看，目标是否可以是家庭、教育孩子？或者说，自己的目标是某种与发展自己的才能更有关系的东西？与个人发展更有关系的东西？

能对您做的唯有羡慕。与那些抽风一样赶向某个目的地（那里可能有幸福的未来在等着）的人不同，您现在，在这条生命线上已经拥有自己的幸福了。问题提得不对。任何人从任何角度都不能替您决定什么应该是您的目标，什么不是。存在的仅仅是抽象的定义：目标是把生活变成节日的东西。而这究竟会是什么没有关系。通向目标的路上每天都应该是节日。“星期一在星期六开始！”对吗？因此，怎么可以比照那些在星期天的晚上唉声叹气的人为自己定位呢？

您可以不用怀疑了，不止是您，周围的人全都会问自己：“也许，我全错了？”随即他们就会鼓励自己：不，我没有掉队，我做得和其他所有人一样，这就是说，我一切正常。为了巩固自己的信心，他们会竭尽全力地鼓动您走上真正的路，把您拉进大家的队伍里。不应该到社会舆论中寻找支持，而应该自己意识到生活真正的节日在您这里，而不是在他们那里。

新的目标在任何年龄都可以找到。从您的信中可以看出您对真正的现实有清晰的认知，这证明您苏醒了，您从镜子里出来了。在白日梦中醒来会在许多领域展现巨大的可能性，包括写作，从事这项工作永远都不晚。

我正在实践思移力的几个原则，大约有半年了，有成果。问题只在一点：我在生活中找不到目标。每当我思考、聆听自己灵魂的声音时，都会恐惧地明白，我真正喜欢的只有几样东西：性、酒和电脑游戏（在33岁这种年龄上)。我想象不出如何借此达到物质上的幸福。我总是干不喜欢的工作，由此大量能量都用于与自己斗争了。如果您能帮助我，让我能找到自己的目标，我会万分感激。

能找到自己目标的人只有您自己。我能做的仅仅是向您建议一个大致的行动纲要。

第一条，寻找目标的出发点是这样的判断：您的目标会引来您在生活中需要的一切。针对“我想得到这个或那个”的所有讨论就此结束。您会得到心仪的一切。要求做到的恰恰就是找到自己的路。

第二条，必须大致明白：您喜欢（您可以喜欢上）做什么，您想要从事什么工作？不是得到什么（这一点我们已经阐明了），而恰恰就是做什么，把自己的意图能量用去干什么。应该记得，目标不是目的地，而是生活的路，是自我实现的方式。

第三条，应该问自己：这件事是否把我的生活变成了节日？这里说的节日不是由于到达目的地而庆祝的措施，而是"一直与您同在"的节日的感觉。当生活变得有意义、充实、有趣、鲜活和快乐时，这样的感觉就会产生。

第四条，决定应该在灵魂与理性统一中做出，做决定的时候灵魂在歌唱，理性在心满意足地摩拳擦掌。这就意味着对您来说应该显而易见的是：选择的活动既让您心悦诚服，生活充实，又不会让您生活贫穷。比如，如果您狂热的爱好是十字绣，那么，这还不意味着可以称之为目标。理性不同意。对吗？

第五条，如果暂时您什么决定都做不出来，那就试着从另一种角度看看自己"不够严肃"的爱好。您主动并且心甘情愿擅长做的一切都有意义和价值。比如，可以把对酒的爱好变成自己的特色职业：造酒，品酒。喜欢电脑游戏？那就设计出一款新的超级游戏，不一定非得是电脑游戏，也许，是某种超级真人秀。性？请您问问自己：在这个问题上人们缺少什么，他们需要什么？经验、结交新友还是新鲜感受？比如，可以研究一下某种不同寻常的性技术，组织培训。或是创立在这个领域不落俗套的特色交际服务公司。有愿望就能发明出某种难以想象的东西。重要的原则是：不再随大流，走自己的路。创造自己的摆锤、自己的宗教。

第六条，如果脑子里什么条理都没有，那就是说，应该扩大视野：整装出发，去没去过的地方，看看没见过的风景。在寻找目标的过程中理性的任务甚至不在于寻找，而在于放过所有的外部信息，同时特别留意灵魂舒适的状态。灵魂一旦窥见自己人，就会立刻焕发生机，您会感受到的。

第七条，必须转动生活节日的幻灯片。勾画出包含您节日所有属性的画面（游艇、汽车、夜总会和其他灵魂心仪的玩物）。您的生活应该用什么来充实呢？根据这些属性去寻找、研究信息，怀着不久就会得到的意图在自己身上试试这些玩物。系统地对这张幻灯片做工作，这样做就会让外在意图把门打开，展现您目前还想象不到的可能性。在寻找目标的过程中这一条才是最行之有效的。它会让您在似乎不可能的那个地方发现出口。

我以深刻的分析才能见长。因此从3岁起就与众不同，什么没干过啊！

依次有：机械师，物理学家，化学家，计算机程序员，心理学家，作家，灵修者。我简直想要控制世界。什么都经历过，如您描述的那样：不知疲倦的振奋，灵魂歌唱，理性心满意足地摩拳擦掌。我用损坏的玩具组装过机械设备，后来做物理和化学实验，后来编程，后来写小说，后来与人打交道，后来沉思冥想。每一次到达某个门槛时，我都会逐渐丧失对先前爱好的兴趣。还靠父母养的时候，一切从原则上说还算正常：立刻就迷恋上别的什么，把所有时间都用来干这个。可伴随结婚和孩子出世而来的是挣钱养家，因为妻子在家带孩子。

我现在从事广告工作，主要是负责管理，薪水不菲，因此我不能放弃它。钱，现在正所谓“源源不断”。大概是因为对我来说钱完全丧失了重要性。但是只在极少数情况下我才有机会做文案，或曰，搞创作（这是让我享受的东西，而且我无疑有这方面的才华）。其他时间都被迫于生计而不得不做的日常行政事务占据了。

可我没法抛弃一切只去做我喜欢的事（尽管这样做符合逻辑）。做文案的和做广告创意的人是俄国广告界挣钱最少的，是最“不受待见”的工种。就算是在国外，好过的人原则上也不多。就是说，就发展前途来说这是条死路。而我的家人已经习惯高水平的生活了，就连我自己也不想数着钱在饥寒交迫中打哆嗦。我需要钱主要是为了自我发展和用于为此必要的东西。妻子需要钱是为了漂漂亮亮地生活。而且我再也不能“把自己租赁出去”了，因为我不明白需要这一切究竟是为什么?！我的身体感受得到，灵魂反对消耗到行政工作上的我生命的每一个瞬间。

当然了，把自己租赁出去不是多愉悦的事。不过谁都不能承诺通向您目标的路会撒满玫瑰花。再说了，谁又能保证对文案的爱好不会让您厌倦？这样的事也已经不止一次了。唯一可以说的就是：如果这真的是您的目标，那它就不可能让您厌倦，至少不会很快厌倦。

如果还是要做，那就让我们以我的经验为例来考察一下目标之路。就像《现实的思移力》一书中已经说过的那样，目标是偶然来到我这里的，是在梦中（尽管当然是不存在“偶然性”的）。前三部书我是在一边严格地跟踪电脑运作一边写的，当时我在一个大公司做系统管理工作，每15分钟就会分心去处理各种各样的问题。为了挣钱生活（租赁自己）只能迅速地进入退出。好在信息流不间断地涌来，在最不合适的时刻和地点涌来。因此我一直随身带着笔记本，随时把涌到我脑海中的资料断片记录下来。这样的断片积累得很多。直到现在我还保存着这些“灵光闪现”的笔记本。现在回头看的时候都无法想象，我是怎么做到把所有的片段组装构成一个体系的。

开始写书的时候我的理性提出这样的问题：我为什么这样做？写作根本不是一件轻松的劳动，这是一。作者干的也差不多是最“不受待见”的工种（借用您信中的表述），这是二。总的来说当一个作者，就是说给自己找到出版商非常非常困难，这是三。灵修秘术领域的书写得已经够多了，在这个市场要想用什么新鲜东西让人产生惊喜几乎不可能，这是四。是否会有人读我码的字是个大问题，这是五。只有屈指可数的人能领到像样的稿酬，这是六。

前景，委婉地说，没多少希望，不是吗？是向未知迈出的一步，只能这样说。写作圈里有一种悲观的想法根深蒂固：如果你可以不写，那就别写。过来人给初出茅庐的写作者的忠告是：我说，这是个没指望的创意。

幸运的是，我清楚思移力是什么，它如何发挥作用，因此我唾弃了摆锤的既定模式。初出茅庐的作者带着什么情绪写书？带着希望！与此同时带着忧虑，忧虑书找不到出版商和读者。请您注意：作者看世界之镜时寄希望在镜像中看到希望看到的结果。因为没有坚定不移的信念（在业已形成的既定模式下信念从何而来?），作者准备自己影响镜像，自费出版。

从思移力的角度看，寄托希望，这的确是无望的事。应该与“健全的理性”背道而驰，反其道而行之：不要看镜子，而是要看自己，并且亲自形成镜像，用自己的意图形成镜像。因此我的情绪完全相反：我不想也不希望——我是打算。

我的目标不在于只是把书写出来，并指望如果走运就把它出了，而在于创作世界级畅销书，不多也不少，世界级畅销书就行。不然的话，说真的，做这件事意义何在？灵魂喜欢这样的理念，理性也喜欢。剩下的就是运用思移力的方法实现这个理念。

我系统地在脑海中转动目标幻灯片，每次想到目标（我经常想到它）都转，我的目标幻灯片是：思移力超级棒，我的书在全世界流行，用各种语言流行，印数上千万，在排行榜上占据首位。除此之外，我不懈地把过程视图化，信心十足地强调思想形式：我写得又有力量又有效率，又大胆又狂放，又鲜明又不同寻常，我的书给读者留下深刻印象，我是天才，原力引导我，我在创作超级畅销书。

有什么不好意思的？你带着什么意图向事业靠近，你就会得到什么样的结果。所以说，如果下订单，那就铆足了劲儿下。您明白吗？这样的立场距离初出茅庐的作者的立场有多远啊，初出茅庐的作者自己都不好意思把自己摆到谦虚祈求者的位置上。意图和希望之间有天壤之别。

最终的结果是：我下了什么订单，就得到了什么东西。嗯，也许，没那么壮观，但非常接近。假如我就是普普通通地写，没有带着意图去写，结果会怎样呢？我想，什么特别突出的东西都不会有。

手稿完成之后，实现目标的下一个步骤来了：寻找出版商。我把自己的提议分别寄给20家主要出版社。几个月过去了，泥牛入海。就是这段时间，什么都没发生的时间，是最阴险的时间。是希望破灭、满脑子绝望的时间。不过，如果你有的不是希望，而是意图，那就没什么好破灭的了。尽管，这没什么好隐瞒的，尽管我的理性当时也会有瞬间的软弱：难道思移力不起作用？但我立刻就把自己拽回来了：目标应该以什么方式、什么时候付诸实现，这不是你的头脑该管的事情。你的事情是把自己的意图转播给世界之镜。

该怎么做呢？还是等、寄予希望？要是那样，镜子折射的就只会是期待和希望这个事实本身，除此之外什么都没有。踏破出版社的门槛？不不不。如果勾画出“我寻找出版商”这个形象，那镜像里反映的就会是：“对，你在寻找。”仅此而已。形象应该包含你想在镜像中得到的东西。试图以某种方式影响镜像（积极地寻找，自费出版）也没有意义，这是内在意图的活儿。外在意图的作用是：世界自己迎着你走来，但条件是你在镜子面前展现应该展现的东西。因此我创造了相应的目标幻灯片：出版商自己找到我。

当然，除了形而上的幻灯片，还应当在物理世界中采取某些行动：移动双脚，迎着镜子运动。这个运动我是通过互联网实现的：创建网站，开始把书中的章节挂到电子订阅网站 subscribe. ru。思移力吸引了如此多人的注意，我无论如何都没想到，尽管意图指向的目标正是这个。似乎在网上很难宣告自己的存在：那里的公众都见怪不怪，很难用什么东西让他们惊奇。再说了，难道真的有可能用自己的意图影响社会舆论吗？

我的理性很长时间都无法相信这样的事。但这个事实还是被我试验性地证明了。后来我多次做了同一个有趣的研究。在一周内对这样的意图做工作：思移力在畅销书书单中占据前几名的位置。之后一段时间停止做这件事并观察排行榜。我的意图和书在排行榜中的位置之间的相关度竟然是百分之百吻合！书一段时间升到高位，一段时间落到末尾。当我长时间分心不去转播自己的意图时，书干脆被挤出排行榜了。当然，仅凭意志不会解决一切，但意志的力量终归还是无比巨大的！这件事直到现在还让我震撼。理性无论如何都习惯不了思移力创造的奇迹。

就这样，互联网中掀起了波浪，出版商不可能看不到。只过了半年，我就开始收到出版提议了。有人可能觉得这个期限长，可作者们往往要等数年，而且无功而返的情况也是常有的。在什么事都没发生的那段时间里保持坚定不移的意图，不停止对目标幻灯片做工作，这一点非常重要。您不可能知道门什么时候打开，因为您看不到方案空间中的运动。但有一种东西需要非常肯定地知道：门一定会打开。

我面前还打开过所谓“别人的门”，这样的门通常会在打开后又砰的一声关上。比如，一家非常有影响力的出版社开始的时候表现出了兴趣，这种兴趣一段时间里在“是”和“否”之间摇摆不定。最后他们跟我说：“思移力嘛……里面有某种东西，不过还是没什么用。”就是这样。

如果门砰的一声关上了，无论如何都不能丧气。同样的道理：因为您猜不出来目标该通过什么途径实现。如今我知道，是书自己为自己选择合适的门。

第 4 章 主宰者的信条

信条就是把灵魂和理性聚焦成为一个清晰的形象。灵魂和理性统一能使您成为现实的主宰——您轻而易举即可获得您想要的一切。

现在我有深度抑郁症。曾经试图自杀。我试着对您说说自己是如何陷于这种境地的。我出生在一个普通的哈萨克家庭。从小时候起我就认为自己是个幸运儿，因为父亲在各个不同的公司都位高权重，我们什么都不缺，而我们家的朋友都总是抱怨钱不够用以及其他种种。我的父母在各个方面都非常保守、规矩，对于他们来说重要的是在周围人面前保持好名声，因此，不管我们做什么，都应当考虑别人会怎么想。原则上这是强烈依赖周围人、尤其是亲属意见的哈萨克人的民族特点。我顺利地大学毕业了，专业是金融学，开始在父亲的公司里当会计。

22 岁那一年我第一次抑郁。当然，现在看来可笑，可那时对我来说这就是世界末日。这种情形持续了大概一年的时间。当时发生了车祸，我把自己的奥迪给毁了，为此借了 2000 美元。我觉得自己永远都还不上欠的债了，而父亲根本就不帮我，他想让我自己摆脱这种困境。最终我是摆脱了，但却为此搭上了整整一年的青春。当时我非常怨恨世界，怨恨父亲。我心想：他可以帮我但却根本没帮。因此我离开了他的公司，不知道以后该如何生活。

后来我进了一家银行，6 个月之后当了部门主任，又过了半年成为处长。我自信满满，以为只要我愿意，简直可以成为银行董事局主席，等等。那个时候我全身心扑在工作上，确实竭尽全力地努力过。

可是又过了 3 个月，新上任的领导解除了我的职务，要我离职或是以一个普通职员的身份工作。我舍不得那个团队，同意以职员的身份留下，不过内心还是有某种纠结。

我已经不像以前那样尊敬银行了（似乎我自己就揣测出它是一个摆锤

了)，尤其是我开始在这个摆锤内部为自己干活以后。我的经济状况得到改善，一年内挣了15万美元。对我来说这是笔巨款，于是我开始想去挣到第一个百万。我把房子抵押给银行，贷出26万美元。如今我手里有41万美元的周转资金了，我想把贷款周转一年，然后平账。那个时候哈萨克斯坦和俄罗斯一样出现房地产热，我买了两套期房，心想，一旦房子盖好，我就以高一倍的价钱转手，等等。自然，房子我是贷款买的，给自己发放贷款总归是容易的。

我是在担任银行职员的时候干这些事的，同时我去土耳其旅游了两次，去了中国、马来西亚。我以为一直都会这样。可是由于金融危机，建筑停工了，钱，我所有的钱都被冻结了。而银行又换了新领导，我不合法的做法露馅了，我被要求离职。

结果是：我钱没了（尽管我当然希望钱都能拿回来），工作丢了，别的工作没法找，因为在我还清贷款之前银行会一直扣押我的证件。这是一个死扣。

现在说说我的个人生活。我有过一个女朋友，对她我从未特别爱过，但是却存在某种依恋，总是分手，不过由于我们是在同一家公司好上的，所以又重新见面，过一段时间又分道扬镳。就这样，刚开始到银行工作，我就结婚了。后来女儿出生了，我非常爱她，但她出生后我偶然认识了一个女孩。当然，像所有男人一样，我坠入情网。我爱得神魂颠倒，没发觉这是如何发生的。一开始她不知道我是有妇之夫，我骗她说我是离异。妻子当然有所察觉。

与此同时妻子怀上了第二个孩子。她闹了一次，把我父母叫来了，我妈给这个无辜女孩的父母打了电话，把对他们女儿的看法一股脑说了出来。我被赶出家门。因为财政上的麻烦我本来就抑郁，如今家庭又出了问题。我清楚自己再也无法与妻子一起生活，而女孩在得知我还没有离异、况且妻子又有孕在身之后肯定会离我而去。父母如今也恨我，因为我毁了自己的家庭，现在他们无颜面对亲属，而以前他们如此为我骄傲：瞧，我们的儿子是个理想的爱家男人，等等。

总之，妻子和父母闹过之后我摔门而出，来到大街上，心里只有一个念头：自杀，一了百了。我试图自缢，可绳子断了；我吞了一大把药，躺在长椅上，期待着永远不再醒来，可是却在医院醒过来了，医生把毒药从我体内翻搅出来，那种感觉太恐怖，我宁肯死。过了几天父亲为我办了出院手续，把我带回家。我怀孕的妻子回了娘家。我找到那女孩，以为她已经不会跟我说话了，可是她原谅了我，说她会一直爱我，不过她妈妈永远不会允许她跟离婚的男人在一起。

几天过后我岳母又闹了一场，说我抛弃了怀孕的妻子，然后来到女孩家，在那里闹。我不知道这一切什么时候才有个头儿，而负罪感也推动我再次试图自杀。我打算自缢，可后来改变了主意。

第一个开始闹的是我妈，第二个闹的是我岳母，而第三个闹的，您猜猜是谁？对了，现在那个女孩的妈妈来找我妈，她歇斯底里，说她女儿如今不是处女了，等等。我第三次想要自我了断。我根本就不想活了，在这期间，我哥哥建议我读《现实的思移力》一书（总共五级），我着手修炼，我的深度抑郁症随之开始减轻，可是在又一次吵闹并且负罪感扑面而来之后我再次不想活了。

我让自己置身事外，为自己开脱，心想，摊上这种事的人还少吗？离婚的人还少吗？不过这段时间给我压力最大的是我妈，她是个地地道道的控制狂，她说，为了她能正眼看人，我死了才好，可如今这样多丢脸啊，她都没法与人交往了，等等。东方人的心理！

您可能会问，丑闻败露之前我为什么没有离婚。我没有自信，我有过各种方案，按理说，我妻子是个非常好的人，跟她在一起我对一切都有自信，我知道，有她在我永远不会失败，可是心却倾向那个年轻的姑娘。遗憾的是，她也神魂颠倒地爱上了我，我也从未如此爱过任何一个人。对于妻子，我如同爱妈妈、姐姐一样，但却不像爱一个女人那样爱她。

现在我一周与女儿见一次面，同时偷偷跟女孩约会，因为她父母不允许。我干脆就不和妈妈说话了，因为她再也不认为我是她的儿子了。

如今我没有工作，期待着我投钱进去的某个项目能顺利完工，我可以还上贷款，拿回证件，找个工作。而目前什么结果都没有。所有项目都停滞不前。您明白，所有问题都堆在一起：工作、财政、妻子、孩子、我妈、心爱的姑娘、负罪感、亲戚，等等。

您的问题纠缠成了一个死结，一下子无法解开。需要时间和耐心。如果您一如既往地遵循思移力的原则，一切皆可迎刃而解。不过从根本上说必须抓住对您来说的关键原则，这个原则不会立刻修正混乱的局面，但却仍旧能够修正，那就是按照自己的信条生活。就是说，清晰明了地为自己确立生活原则并按照它们生活，不要左顾右盼。

如果用技术语言表达的话，信条就是把灵魂和理性聚焦成为一个清晰的形象。灵魂和理性统一能使您成为现实的主宰——您没什么好怕的，没什么要守护的，没什么好隐瞒的，没什么好担心的，您轻而易举即可获得您想要的一切。

在这种或那种情况下您做得对还是不对，这样的犹豫不决再也不会折磨您。要知道，镜子永远不会撒谎，它只映照您面对它的那个形象。如果画面清晰，不管这画面有多么不可思议，它也不可避免地将会在现实中反映出来。

为了摆脱因那个您无力改变的现实所产生的不安，需要接受它。这样的话，它，这个不妥当的现实，就会不再烦您。何谓接受？为什么这样做就会摆脱令人懊恼的麻烦事？因为当您接受的时候，它就不会让您不安、让您烦心了。在它还能触动您之前，您会“不放手”，会把它传送到镜子里。镜子映照的从来都是您头脑中的形象。一旦您接受了，它就会脱离形象，相应地会从您周围的现实中消失。

您生活中的不和谐产生的原因是您不得不在动摇的平衡点上保持平衡。一方面，为人普遍接受的行为模式——您要遵守我们的法则，生活要有规矩——牵扯您。另一方面，灵魂发出的指令使您倾向于违背系统的法则。当灵魂和理性之间产生分歧时，世界之镜面前就会出现扭曲的形象，这个形象在现实中物化为与之相应的丑陋映像。

当理性说的是一回事而灵魂要求的是另外一回事的时候，您试图找到某种折中的解决办法。您觉得应该存在某种妥协，比如：我想保留和维持家庭，但我会偷偷约会心爱的姑娘；或者：我成功，独立，按照我认为需要的方式做事，但要让父亲帮助我。

实际上这里不可能存在妥协。必须选择：要么您大步走在大家的队伍中（随波逐流），服从系统的法则，那样的话，这个系统就会扶持您；要么离开队伍，听从心的声音，走自己的路。

您要明白，中轴应该是完整的，统一的，没有分支的。否则它就会断裂。您的左顾右盼会相应地导致您亲人们的左右摇摆。

您的父母和您的女人们也不得不在父母的情感和普遍规范之间、在爱情与维持家庭的愿望之间摇摆不定。结果是，您的失衡会在周围的世界中导致更大的失衡。必须选择，要么这个，要么那个，只能选择一个。接下来就是坚定地遵循选定的信条。

在下决心付诸行动之前您的灵魂和理性都应该感到：您做得对。要发自内心地感觉到坚决、稳定和不可动摇的力量。不过一开始必须为自己确立这个信条，然后依据它为人处世。而不是相反：一开始找寻某种妥协，举止左顾右盼，然后把这种举止强加于信条。

把自己信条的中轴建立在什么基础之上，是心的指令还是系统的法则——当您面对这种选择时，您可能会觉得这又会导致失衡：要么心灵不接受，要么社会不接受。实际上不管是这条路还是那条路，都会被接受。

当然了，思移力的意识形态呼唤的是脱离大家的队伍，走上自己的路。如果这样做的时候灵魂和理性趋于统一，或者换句话说，为自己选择信条并坚定不移地遵循它，让人惊奇的是，系统到那时就会开始赏识地看待叛逆，睁一只眼闭一只眼。出现这种情形是因为您成为自己现实的主宰了，如今您亲自确定新标准，颁布自己的法则。队伍会转向，开始大踏步跟着您走。

如果您认为留在队伍中更好，您的信条在于完全彻底地遵守系统的法则，这样的话，凭借一定的坚持和努力，您同样可以前行并进入这个队伍的前排，取得同样的成功。

不管您选择什么，重要的是，您首先不要背叛自己。当人们感到您有一个统一、完整的中轴时，与您在一起他们就不会被迫左顾右盼，他们会理解您，不再阻挠。

我是领军人物，所有人的榜样，在自己的圈子里备受尊敬。周边的人总是期待我功成名就（在仕途上、生意场上、赚钱方面），而这使空间向不利于我的方向扭曲。实际上，我的一切都进展得非常艰难，总有经济方面的问题，等等。尽管长进的一切先决条件都具备。在别人面前我该如何表现？在亲人面前我该保持怎样的形象？

您的发现是正确的：空间向不利于您的方向扭曲。只不过原因不在于人们的期待，而在于您像抓住铁锚一样紧抓住这些期待，为此把破坏性的成分带入了自己的信条之中。周围人的意见非常靠不住。“表现”需要面对的不是“别人”，而是自己。“保持形象”不是“在亲人面前”，而是在自己的镜子面前。这面镜子的汞合金应该由您的信条而非他人的评价组成。

我22岁，性能量奔涌如泉，可遗憾的是，我无法把它付诸实现。我丢不下面子，所以由于这个缘故我有时会紧张。不能说我一无是处，可我却感受到某种屈辱或者卑微，我甚至不知道该怎么说。我想每周都能定期跟不同的女伴做爱三四次。我还想跟两个姑娘轮着睡。有来自世界的抵抗力，它似乎不让我通过做爱实现自我。一切都好，可一旦到了做爱的关口，要么姑娘正来月经，要么朋友们提前从电影院回来了，要么就是原子弹横插一杠子。我想让我的世界里有许多性爱。如何转动幻灯片，我不知道。我还有社交恐惧症。我不知道该怎么办。

必须醒过来，从旁观者的角度看看这种情形。情形是这样的：一个男人害怕靠近女人。如此这般问题就出来了：这样的男人能干什么？他有什么用？干脆说吧，他是男人不是？

只需意识到这样的恐惧是荒谬之极的，您立刻就会感到害臊，然后您会感到轻松和自信。您是自己现实的主宰。难道还不是？您终归是个男人吧。难道又不是？不管是心理学、思移力，还是任何其他抑制恐惧的方法，在此都派不上用场。应该做的只是回想一下：你是谁。

我在这里解释的到底是什么？梦中人啊，醒醒吧！在讲授引诱术的学校里最先教给男人的就是不惧怕结识“弱女子”。那么在此哪种性别该被视为弱者呢？

我们在此遭遇的又是左摇右摆的表现。一方面，阳刚性别的代表渴望认为自己阳刚。另一方面，由于拥有完整信条的人是少数（而这个代表不在其中），他对自己力量的现实性产生怀疑。结果就是：我想显得阳刚，可是我惧怕失算。

我在这里说的不是“想成为”，而恰恰是“想显得”，因为对于一个没有信条的人来说，重要的与其说是事物的现实状况，不如说是假象。他达成一个滑头的协定：独自面对自己时，在灵魂极为隐秘的某个角落我承认自己的弱点，可重要的是，不能让别人猜透这一点，要让他们以为我酷。

为了履行该协定需要做什么呢？需要让外在形式与内容相符合。这就意味着必须向自己和其他所有人证明，谁在这里是老大。简言之，就是要尽量多地占有雌性动物。

至于泡妞达人的本质是寡廉鲜耻、道德沦丧，这个不算什么。是的，被利用的、头脑简单的牺牲品在被甩掉之后会痛苦。可我无所谓，因为我是“主宰”，我是群龙之首，所以我随心所欲。就这样，决定泡妞的小男人来到学校（更准确地说是幼儿园），那里的教师训练他不怕与弱女子交流，训练他学会其他各种形形色色的搭讪技巧。

当然了，总的来说，应该归为弱者的恰恰是男人。对于那些渴望依据外力确立自我的人还能有什么好说的呢？如果从观众席观察舞台，则呈现出一幅滑稽可笑的画面。

比如，抹大拉的马利亚无论如何都不可能被官方认可，成为十二使徒中的一位，因为她是女人。怎么可能认可！她身上贴着妓女的标签呢。“角色倒错的主宰”对妓女的典型态度是鄙视，尽管很乐意享受她们的服务。她——是“鸡”，而我——是创造的冠冕。为了使缺损的形式与体面的内容相配合，“冠冕”甚至常常连女性亲属都加以利用。我的工作重要，因此我有权喝点酒放松，什么家务活都不干。尽管在大多数情况下工作的重要性本质上只是鼓鼓腮帮子、搓搓手指而已。生育、照料小孩子乃至照料长不大的一家之主不算是工作。

不过这一切都不值一提。等“主宰者”过了“泡妞”年龄，对于理想的形式与平凡的内容之间的脱节，最好的情形就是他听之任之，到那时，不管有多么诡异，他的信条都会获得一种完整性：他会呈现出自身的本来面貌——一个平庸、没有个性、在混沌状态中终老一生的人。而最坏的情形是：他不得安宁，他与形式和内容之间病变脱节的斗争形式有可能恶性膨胀。不是别人，正是他，这个卑微的病人，追逐权力，发动血腥的战争，做出其他的、规模已经变得更大的、令人作呕的事情。

归纳起来只需表明一点：谁拥有信条，谁就没什么好去征服的，没什么好去捍卫的（不要与“没什么好去追求的”混为一谈）。他只是简单地走过去，平静地、无需歇斯底里地取他自己的东西，需要多少取多少。

请问，可以把个人自由当成目标吗？您的书我都是一口气读完的。醍醐灌顶，振聋发聩。阅读的过程中我得出了结论：买一套自己的房子、为家人营造舒适的安乐窝是我的目标。目标的题目就叫《自己的房子和房子里的幸福》。接下来，我按照您描述的方法工作了几个月。目前购房计划中没发生本质的变化。最近一个月我已经不那么积极地去做反转一事了。主要是汞合金技术。不过，现在我灵魂中是一团乱麻。

最近几天我得出结论：买房子可能不是我的目标。更确切地说，它仅仅是手段。真正的目标是自由地做我想做的事。自由地产生愿望并自由地呈现愿望。我小时候不是这样，总是有人告诉我、指示我该做什么，该怎么做。我觉得内心有强烈的负罪感，它妨碍我自由地表达自己的愿望。如今我有自己的家庭，有一个孩子。但是却依旧遵照在娘家掌握的原则生活：抑制愿望的产生，总是不断找借口为自己开脱。

我清楚自己不想工作。至少是不想以我原有的方式和理解工作，不想像所有人那样工作（如今我在家带女儿，她半岁）。可是该干什么、如何挣钱养家，我不知道。无法理解并看清楚自己内心的这种状况。开始害怕，害怕会有人指责我靠别人生活、谴责我、排斥我。害怕惩罚。我逼迫自己赶紧寻找出路，为此情况变得更糟。似乎觉得：瞧，有答案了，唾手可得，可是却抓不住它。您知道，这很像是在抓鱼缸里的鱼。我明白，自己正在凝聚极为强劲的潜能，但却看不到透气窗口在哪里。

如果您修炼思移力的话，就会清楚，自由不是目标，而是某种自然而然的东西。您还记得天眼师[①]的谜语吗？每个人都有可能获得随心所欲进行选择的自由。如何得到这种自由呢？答案是：当您终止自己的战斗时，您就获得自由了。

这是什么样的战斗，《现实的思移力》一书中有详细的描述。在此我可以说明的是：剥夺自由的战斗主要是与自己的战斗，进而顺理成章地演变成与其他世人的战斗。该战斗的始发原因在于欠缺整一的信条。

笼统而言，问题在于生活不如人所愿。世人不顺从。可以尝试对世人施加影响。可是由于您看不清因果的整个链条，所以您会被迫徒劳地挣扎，亦即投入战斗。

有另外一条路。必须想起一点：现实是您思想形象的反映。如果镜子中观察到的是一幅丑陋的画面，那就意味着应当修正形象。一切都非常简单：有了严整的信条，生活中的一切都会如您所愿。您无需操心信条究竟怎样纠正现实。当形象中没有扭曲以后，映像自然就规范了。

如何获得自己的信条呢？为此需要的是让行为和思想保持一致。心里想什么口里说什么，口里说什么心里就想什么。

脑子里有什么，行为中就有什么，行为中有什么，脑子里就有什么。需要终止灵魂与理性的分裂。这样做生活就会更简单，更轻松。把过剩潜能可能产生的各种重负一股脑都甩掉。

首先应该为自己确立与自身信念和倾向吻合的信条。不过并非总是能够一下子做到这一点，也不是所有人都能做到这一点。可以从关系链的尾部往回捋，循序渐进地使形式（行为）和内容（思想）趋向统一。

为了摆脱负罪感、歉疚感，必须终止自我开脱。为了摆脱屈辱感，必须终止人为夸大自身价值的行为。确立信条同样极其简单：必须终止自欺欺人、耍滑头、说谎（首先是对自己说谎）、讨好权威。尝试一下，您会确信自己喜欢这样做。

您会变成表里如一、杰出的人。而且您是自己而不是靠别人做到这一点的。世界会围着您转。一切都会如您所愿。

---

① 作者在《现实的思移力》一书中描述过自己顿悟的起因：梦中见到“天眼师”显灵，指示他修炼思移力。“天眼师”是守护古老智慧的神灵，洞悉过去、现在、将来的一切。——译者注

第 5 章　梦的世界

如果梦进入灵魂之中，它就有付诸实现的可能性，因为它会成为有可能实现的心理程序。因此不值得赋予噩梦任何意义。而好梦在意识中反复演练，就可能成为现实。

首先，我想告诉您的是，对于我丈夫而言，您的书《现实的思移力》成为一个真正的发现。不过不是在传统意义上（对于大多数人来说这是某种全新的东西，是某种奇异的东西），而是在于：有人的想法跟他一样，这个人甚至有能力形成理论。问题在于，多年来（他现在 35 岁）他观察自己和其他人，观察各种情景、原因和结果，得出结论：愿望是可以实现的。此外，他坚信，如果某种东西是必需的（比如，在一定期限前需要钱），那么在任何情况下都不该纠结、紧张、寻找、打电话求人，等等。一切水到渠成。当然，我们认识的时候我觉得他是个怪人。尽管如此，他还是经常成为我生活的表率，对于这些问题（他说，嗨，这全都不值一提），我的态度开始从否定转向中立。因此，您能想象到，当我们见到这本书的时候，他有多兴奋。他让我看其中的一些段落，我确信，里面实际上一字不差就是他的思想。就这样，我从中立者变成了积极的使用者！

这样的来函源源不断，里面几乎逐字逐句表达了同样的想法。毋庸置疑，你们，尊敬的读者，知道思移力的原则。而我一直在说的是什么呢？你们的灵魂拥有通向方案空间无限资料库的通道。那就让自己的理性听从灵魂的声音吧。

其次，我有一个问题：我清楚，什么是在梦中醒来并意识到你在沉睡中继续做梦。从童年起我就这样。但却有一个麻烦：我无法改变梦的进程！比如，我梦见自己在解一道费力的、愚蠢的、老气横秋的（如果可以这样说的话）数学题。解题的过程中一种忧伤、走投无路的感受伴随着梦中的我：数学题怎么也解不完，答案谁都不需要，等等。与此同时我一边解题，一边心里明白，这是梦（多么幸福！），我这就可以“梦出”好结果。可是却什么结果都没有，看来梦比我强大，于是我继续探索正确答案。如此这般想要改变梦的情节的尝试一夜之中可能有好几次，可肯定的结果却没有。也就是说，梦当然会结束，但却自然而然地结束，已经没有我有意识的参与了。由此产生了一个问题：我无力控制寻常的梦是否可能影响我对现实的控制？

如果您的梦围绕着同一个情节转，就像唱片卡住了一样，这就意味着您陷入到所谓循环区域里面了。在这个区域里面方案空间的相邻扇面封闭起来，结成一个环扣，挣脱出来很难。噩梦循环区尤其令人厌恶。在无意识的梦境中往往会这样：你绕着圈跑，一成不变的一些角色在你身后追。一条狗扑过来，的确，它不大，但却非常难缠，你跟它搏斗，撕开它的嘴，把它甩到一边，继续跑。然后是某个摆脱不掉的东西缠上了你，开始搔你的痒，你挣脱开，接着跑。路上出现了其他一些东西纠缠你，它们试图抓住你，通常还会发出挖苦的笑声，你再次挣脱开，然后……碰上了那条狗。故事循环往复，你努力跑开，不想遭遇之前的那些怪物，可却徒劳无功，一切都绕着圈进行，你无力改变任何东西。

为了走出封闭的圆圈，需要高水平的能量。能量弱小的人会在这样的区域里一直跑，直到醒来。自然，改变梦的情节，也就是说“梦出”你想要的结果，也不容易。需要的依然还是足够强大的能量。至于实实在在的现实，情形同样如此。正是由于这个原因我一直在反复地说：控制现实的能力与您的能量水平直接成正比。

生活中会遇到类似的循环区域，只不过它们的直径要大得多。通常你会一次又一次陷入同样的窘境，时间间断从几个月到一年或更长。似乎是某种邪恶的因果报应在起作用。实际上，这里没有任何因果报应，只是一直以来您对一系列事物的态度没有改变，因此世界之镜在重新反映过去的同一个画面。如果您的生活中发生某种类似的事情，那就必须重新检视自己的态度。究竟是对什么的态度，您本人肯定能辨别清楚，需要的只是停止转圈跑，回头看看。当然，不要忘记遵循协调原则，尽力提高自己的能量水平。

我有一个问题：我似乎在梦里醒来，当我开始飞翔的时候，好像想飞得更快，但是却做不到！这是怎么回事？好像我也在努力，但却没有结果……存在某种困难，有什么东西在阻碍我，是什么，我无法搞清楚！

在梦里飞为感受什么是外在意图提供了极好的可能性。您没有付出努力，您只是在表达向空中上升的决心。如果有了这种毋庸置疑的、甚至冷静的决心，某种外在的（而非内在的）力量就会使您脱离地面，一切就会自然而然地发生。请您注意：力量不在您内部，而是来自外部。您只是在表达自己准备好了。请努力感受自己与这种外在力量的统一。

打坐升空，哪怕是在梦里，是一种非常微妙的临界，达到这种临界需要抛掉各种怀疑和愿望，把注意力只聚焦于意图。意图——这不是付出努力，而是冷静的内聚。不管是在梦里，还是做白日梦，您应该行动，就像无所畏惧、锲而不舍、毋庸置疑地冲击海岸的海浪一样。请您有机会的时候观察一下海浪，您会明白我想说什么。

您书中写道：根本不能保证我们梦中见到的是未来的事情，保证它将会成为现实。可是该拿未卜先知的梦怎么办呢？要知道，梦是有实现的性质的，就算实现起来不是与梦境一模一样，但梦中的某些信息却进入到现实之中，这时候你就会想：这个我梦到过！有一次我做了一个梦（无意识的梦），梦里我来到一个商店，什么都没买，结果是，我鼓鼓的钱包不知丢到什么地方去了。蓦地，我发现自己身上几乎没穿什么衣服，我就这样在街上走，突然看到一辆白色的汽车，我清楚，开车的是与我约会的年轻人（尽管现实中他的汽车是另一种颜色）。一种走投无路的可怕感觉攫住了我，我试图逃开他，可是他却追上我，开始安慰我。

我泪流满面地醒来。过后感觉非常不好，我很少有这种情形。就在这天的傍晚我出了车祸，跟一辆白色的伏尔加汽车撞上了。因为系了安全带，只是额头上撞了个包，但为了维修汽车（我现在明白，我对它的爱护过分悉心了）却不得不支付一笔不菲的钱。这件事发生的前几天我男朋友对我说（当然不是出自恶意）：“必定碰上一场车祸，到时候你就会发现，这没什么可怕的。”我心里想：“什么话，想都别想！”

看来，从思移力理论的角度看，坏预期变成现实了。不过，梦似乎预见到了！而且遭受打击之后我立刻产生了宿命的感觉，极其令人不快的感觉，与梦中的感觉一模一样。不止如此，那天亲戚们都劝我别开车出去，他们有自己的想法，我却没听他们的话。看起来，这是个信号。如果灵魂感受到有什么地方不对劲，梦为什么就不能被看成是信号呢？要知道，天眼师就在您梦中出现过，不是吗？您正是借助这个梦才重新思考生活中的许多东西。在此之后怎么能认为不需要赋予梦任何意义呢？

我在《现实的思移力》一书中描述的与天眼师的结识不是普通的梦，

因为在此之后开启了一个渠道，信息通过它流动。而且这种信息不具有承载未来或过去事件的场面这种性质，而是一种知识——思移力原则。这些原则的正确性后来被实践印证了。

梦远非总是付诸现实。不过通常存在这样的情形：灵魂窥见方案空间的一些扇面，这些方案注定付诸现实。不过总的来说，很难（更准确说是不可能）确定，究竟是什么在这里发挥作用：是预见还是程序规划？您自己有可能肯定地回答这个问题吗？

要知道，如果梦进入灵魂之中，它就有付诸实现的可能性，因为它会成为有可能实现的心理程序。正是出于这个原因不值得赋予噩梦任何意义。相反，如果是好梦，那就在意识中反复演练几次，以此有目的地规划现实。

应该给予信号更多的关注，不过也是一样——不要过多。您远非总能百分之百确定地阐释信号，更何况信号本身可能不是您感觉的那样。给您一个有益的建议：对于周围人向您提出的建议要特别敏感地去对待，尤其是他们这样做的时候没有特殊压力，似乎是随意所为。这样的信号对于顺着方案流运动会有很好的帮助。您观察一下，试一试，您自己会确信这一点。

何谓实现了的空间扇面？要是在梦中进入这个扇面，是否有可能返不回来？如果“实现了的”这个词语指的是时间概念，这怎么可能呢？因为方案空间是静止的，里面已经创造出过去、现在和未来。要知道，时间幻觉被创造出来，仅仅因为我们是在方案空间运动。

物质现实此时此刻“飞越”过的方案空间扇面是实现了的扇面。换句话说，这是过去和未来电影胶片上的一张底片，这张底片被照射到的瞬间变成物质底片。

这样的情景可能性不大，但在理论上是可能的：如果灵魂在做梦的某个时刻突然呈现在“被照亮的底片”里，它就有可能永远停留在那里。这是物体向时空的另一个点移位，还是死亡（从我们计算系统的角度看），很难信心十足地确定（或者说，依旧又是不可能确定）。在方案空间中既有数量无限的“胶片”，也有数不胜数的“电影放映机”，亦即现实世界。有谁敢确定我们的世界是唯一的这种形态的世界？

可以说，存在边际无限、虚拟的方案空间宇宙，很多实现了的世界的物质部分在其中飘荡。我们生活的看得见的宇宙只是其中之一。其他宇宙可能位于方案空间，距离我们非常遥远。如此之遥远，以至于那里的世界常数完全不同，相应地，那里的生命完全不同，甚至不可能想象。您可以

想象圆周率 π 与我们的圆周率 π 不同的世界吗？在这样的世界里一切看起来都相反，截然不同！那里有另一种几何。因此我们最好不要为暂时确定不了的事物伤脑筋。

当一个人穿过时空的某个门户、出现在我们星球的另一个点或是陷进时间黑洞的时候，足够清楚的只有事实。比如，有这样的事件：我们俄国乡村的一个老太太在森林里漫步，突然却身处美国的一个州。这里发生的是空间移位。在另一个事件中，一个人在过桥的时候不见了，按照我们的时间计算，他失踪了几个昼夜，后来他回到了那个点，不清楚发生了什么，怎么发生的。这已经是时间移位了。这一切是如何发生的，目前还不可能解释。

我非常清楚您日理万机，收到的信函数量巨大，所以不会喋喋不休地描述接触思移力的过程中我的全部印象，只说一点：我正处于起点，世界观发生了剧烈的改变，把一切当作理所当然来接受，因为我一直本能地感觉到，更能为我所接受的正是这样的生活风格。如今借助您的书，一切都被组织成为一个清晰的画面。现在脑子里对世界、人，总之，对生活，有了更为清晰的认识。与上司沟通变得容易多了。对于正在积极构筑前程的我来说，提升潜力、与摆锤斗争的问题非常及时。因为放下面子，我开始更轻松地对领导的不公批评作出反应。不再争辩、证明这件事或那件事不是我的错。

一开始很难控制自己，对于通过我们经理呈现出来的摆锤的左右摇摆很难有意识地不去反应。不过我非常确信，过一些时候，对于这一切我甚至都不会留意。如今冲突减到一两个钟头，而从前要持续好几天。思移力渗透我心，成为我的世界观，现在我透过这种哲学的过滤器接受生活。只是这个星期的每天夜里还开始做一些奇怪的梦。当然，这也许是巧合，不过以前我从未这样过。您是否能解释一下：这意味着什么吗？

接触过思移力的许多人都做奇怪的梦。这些梦让人觉得奇怪是因为习惯的心理模板发生了变化。过渡期很快会结束，现实会平复下来。不要理睬梦境。实际上它们没有任何意义。这只不过是来自方案空间的画面，那里什么都有。不过，与现实有过或将要有关的东西构成的只是其他所有虚拟垃圾的微不足道的部分。

我怀着极大的兴趣阅读您的书，在里面找到许多让我感到亲切的内容，以前我知道这些，但不知怎么没有接受。我的许多亲戚通过我开始阅读思移力的书。在此我想请您提出建议。问题在于，我的心上人很用心地研究神秘事物，阅读卡洛斯·卡斯塔涅达书，做瑜伽，并开始高兴地阅读思移力，可是，读的过程中她担心起来了。她做奇怪的梦。经常醒。她说这些梦非常不一般，感觉恐惧。现在，当她停止阅读以后，梦随之就停了。我们认为，她的恐惧源于害怕做梦时遁入另外的现实之中，一去不复返，因为她说过，没开始读思移力之前她就经常在梦里醒来，并且非常清楚地意识到自己醒了。很想听听您的意见。或许，您能给个建议？

遁入另一种现实的可能性很小。而离开现实却是易如反掌。为此只需白日入睡，并且再也不读污染世界观的书。能给什么建议？你们的生活是你们的生活。

您书中写道：不能把梦当信号解释。可拿未卜先知的梦怎么办呢？比如，我在重要的入学考试前夜梦到了一张题签、问题、老师的脸和分数。到第二天早晨一切和梦到的一模一样。如果在这种情况下可以说我是“有意”，那1998年8月的金融危机是怎么回事？危机发生的几天前我也梦到了，尽管我与金融领域无关，并且“当时我也没有美元储备，也不涉及贬不贬值的问题”。

说不能把梦当信号解释的时候，我指的是不能倚靠它们。灵魂可以飞入即将被实现的扇面，也可以飞入不会付诸现实的扇面。尽管有那样的个体，他们的灵魂在梦中飞翔的时候善于窥见未来一些临近的底片。但吻合比率就算在未卜先知的人那里相对说来也不高。比如，在著名的万尕①那里这个比率在70%的范围内。

而从根本上说，对待任何预言的态度问题需要以另外的方式提出来：问题不在于预言的准确性，而在于您对它的态度。如果您把预言的事物很当回事，就是说，灵魂和理性协调一致，那么它肯定会成为现实。只不过在此起作用的已经不是作为命运不可逆转性的预言本身，而是您的意图。您想还是不想让预言的事物进入自己的生活，这不重要，因为事情已经完成了，灵魂和理性相信了，被这种理念渗透了，由此创造出了清晰的思想形象，这个形象将必然在现实中得以反映。您接受了这个重负，现在您就不得不承载它。未来的不可逆转性就体现在这里：一个人如果相信预言或是认同命运预先被决定，他就会放弃亲手掌握对现实的控制权。如果是这样，现实就开始控制人了，到那时，当然了，纸船的命运就由载它的水流决定了。

---

① 保加利亚农妇，其未卜先知的能力闻名遐迩。——译者注

第6章　您好，赛博格同志！

人思考用的不是大脑，而是形态场。形态场包围着大脑，仿佛由数以亿计的小灯泡组成。它们亮起、熄灭，五颜六色——这就是所谓“思想过程”。

做梦的过程中灵魂在方案空间未实现的扇面中旅行，这种思想目前引起我的怀疑。我大多时候梦到的恰恰就是前一天看到的东西。而这恰好更像是大脑在做梦的状态中生成的某种东西。脑电图资料印证，大脑细胞的活跃性在做梦时有所改变。我梦见的一切实际上以某种方式与我的现实生活联系在一起，尽管如果相信您的假设，灵魂似乎可以飞入任何扇面，在那里什么都可以看到。无疑，我明白，不管是您对梦机制的解释，还是传统的解释，实际上都只不过以某种方式部分地反映发生在梦中人身上的事情。

您昨日所见已成过去，留在物质现实身后了，因此它又变成虚拟的了，亦即非物质的。您在此刻见到的一切到下一秒就获得新形式了，而那个过去的形式已然变成方案空间中被经历过的扇面。物理现实就是这样在形而上的空间中飞，如同转动的电影胶片中的一张底片。物质宇宙独一无二的画面只存在一个瞬间。而这不是假设，是思移力观念的公设。通常（包括在传统科学中）把那些暂时无法解释和证明的事物看作公设。

至于大脑的活动，那里进行的同样既有物质过程，又有精神过程。既有“生成”，又有“飞翔”。不可理喻的是，人是多么习惯走极端，只在二元现实的一个界面寻找解决问题的办法，而不是接受这样一个简单的真理：世界上的物理过程和形而上过程是同时而非单独存在的。

在睡梦过程中观察到大脑的活跃性，这还完全不意味着它在这段时间“生成梦”。大脑的功能主要在于接受和加工外部信息。这就是它在睡梦过程中所做的事情。如同人脑研究所所长娜塔莉娅·彼得洛夫娜·别赫捷廖娃所言："有关大脑我们所知道的仅仅是：我们对它一无所知。"

大脑不可能在自身中包含人所掌握的全部信息，这种思想也没有引起我充分的信任。问题在于，谁都不知道这种信息实际上是如何记录的。我们头脑中所有的不是二进制的记忆，而是有数以亿计的细胞，其中的每一个细胞都可能有许多（或许，也是数以亿计）状态。这是巨大的容量。如果再使用某种信息压缩、包装等手段，则可能性还可以扩大数倍。大脑中"记录下来"的只是地址，它根据这些地址进入某个领域，这种想法听起来很美，可是，我再说一遍，这不能让我充分信任。我觉得这只是假设，让人很想去相信的假设。

上世纪的科学家思考问题的思路有可能与此一模一样，他们会认为所有的节目都装在这个神奇的匣子——电视机——里面。当然了，我无法百分之百地确定大脑保存的恰恰就是"地址"。一切肯定更复杂（可也许，更简单?）。这一点目前谁都不知道。不过，您认为我是怀着有根有据解释世界结构的目的在建构假设，那是徒劳了，因为我没必要这样做，我不是科学家。思移力——这是对真相的一种可能的阐释。该阐释有作用，其他不重要。

总的来说，我要让您失望了。人思考用的不是大脑，而是形态场。形态场包围着大脑，打个粗鄙的比方，它仿佛由数以亿计的小灯泡组成。它们亮起、熄灭，就像最早时期的电脑。形态场一眨一眨闪动，亮起一片，五颜六色——这也就是所谓"思想过程"。

当然，大脑也参与思想活动，但仅仅是部分参与。实际上，思想所处的位置不在头脑内部，而是来自外部。思考——这是形态场的"灯泡"与方案空间扇面之间相互作用的过程。灯泡熄灭，则您的大脑和您在该时刻与之发生关系的那种信息之间的联系得以确定下来。可您却觉得思想似乎是在脑子里出现的。实际上，除了乳冻状的灰色物质以外，脑子里什么都没有。

记忆同样与大脑的神经元没有任何关系。还要再打个粗鄙的比方，当形态场中的灯泡行将熄灭时，与方案空间某个扇面的联系得以确立，在这个扇面中包含着那个您觉得自己正在回忆的信息。如果这种联系由于某种原因无法确立，某种事物您就回忆不起来。梦的情况与此类似：它们并非在脑子里生成，而是由方案空间投射到脑子里，就像投射到银幕上一样。

至于说人到底是什么，我觉得维亚切斯拉夫·米哈依洛维奇·勃隆尼科夫院士的比喻最成功：人如同转播形而上信息空间节目的电视机。

理性没有能力创造任何原则上新颖的东西，它能够建造的只是新版本的老房子。它的发现取自方案空间，在此帮助它的是灵魂，因为灵魂拥有抵达那里的直接通道。一切创造都发生在那样一些罕见的时刻，即当理性扯断自己逻辑思维的无用链条并听命灵魂声音的时候。在这样的时刻人从接收器变成转播站：您好，赛博格先生！

我有时不得不摆出一些惊人的事物，不过但愿这不会吓着您，现实本身还要更吓人呢。比如，意识（而且人还有超意识）也不在内部，而是来自外部。不过这已经是一个复杂的、超出思移力范围的题目了。总的来说，思移力——这仅仅是新生儿在这个奇异并且还要奇异千倍的世界中迈出的有意识的最初步伐。如果您想走得更远，那就关心一下勃隆尼科夫院士的学说吧。我本人也还只是刚起步。

第7章 意识的寄生物

每个人都不同程度地有意识的寄生物。所有的坏习惯恰恰都是寄生物在支撑。

如果存在对人产生影响的平衡力，那它们为什么不对摆锤这一贪得无厌的能量积累者和吞食者发挥作用并以此创造失衡？

怎么没发挥作用？摆锤首先就是生活形式。生命的诞生本身就已经是对平衡的破坏。您也很清楚，什么可以纠正这样的破坏。您可以想象，没有死亡会是什么情形。世上会一片混乱。

阴性物质世界的本质也会死亡。比如，已被遗忘的多神教众神的摆锤早就死了。当生成自己的那种东西走入寂灭的时候，摆锤就会跟着停摆。您瞧，有多少东西已经消失了：种种古代文明、各种可能的人类共同体、动物种群、形形色色的社会现象……您记得吧，曾几何时有过唱片工业，时尚界、艺术圈和日常生活中有过仿古风……

除此之外，摆锤世界中经常发生战斗。没有一个摆锤可能无限地增加自身的力量——不让它这样。一些死去，另一些诞生。新的、更积极和贪婪的取代旧的。它们都相互扑向对方，撕咬、吞食，吞食得比在热带雨林里更干净。

摆锤不追逐任何目的，因为它们没有自觉的意图和理智。不能说似乎是它们在构想什么东西。摆锤就像地球上无处不在的寄生植物。它们到处爬，但却没有目的，而是像任何其他寄生物一样自然而然。一切都是自然天成。不过，它们的活动结果会引起恐慌，假如人能看到这一切、意识到这一切的话。

比如，您是否清楚有些东西就生活在您身边，它们不仅以您的能量为食，甚至还渗入您的意识？迄今为止我都无法习惯这一点。内心的一切都在起义、反抗：不，这不能成为真的，太糟糕了！最好不去回想这一点！

事实却正是如此：人们认为睡觉、不去想寄生物渗入到他们理智中了，这样更好。但是现实你是逃避不开的，无处可逃。摆锤——这是地球上的第二文明，而且是更强大的文明，因为它静静地、不知不觉地控制着第一文明。

我的问题非常严重。我现在 25 岁。而这个问题已经持续 10 年了。尽管童年时已初露端倪。我在一个家境殷实的家庭长大，曾是个智力非常高、非常有天分的孩子，生在莫斯科。小时候拥有一个孩子可能梦想拥有的一切。当然，也有问题，有自卑综合征。我是个足够病弱、渴盼已久的晚生子。我生活得好，学习好。

可是当我 17 岁的时候，我的生活变了：医生们诊断我有洁癖（强迫性神经官能症）。表现在总是感觉自己脏，周围的物品脏。要么是我不够干净，要么不够干净的是物品。我总是清洗一切，而且洗很长时间，洗自己和使用的东西。我还这样完成随意在我脑子中产生的某些仪式。这些仪式非常折磨人，持续时间很长，动作反反复复。它们实际上剥夺所有的力量，当然，还有许多能量。医生们说这样的病治不了，只可能减轻。但只能借助药物。

父母不知道该怎么办，我也开始看精神医生。他们给我开一些药，开始的时候是药力轻的镇静剂，后来是抗精神病药。有一次我机缘巧合留在别墅两天，没有药，我的状态恶化，从二楼的窗户跳了出去，摔断了一条腿。我没想彻底了断，只不过想用肉体痛苦取代精神痛苦。骨折后我的石膏拆早了，我的断骨长错位了，结果得了踝骨关节炎。医生说需要到国外去做昂贵的手术，如果不做，我就会终生瘸腿。可是那个时候我们家已经没有这个能力了。我的确瘸了很多年，后来习惯了疼痛，再不再感觉疼了，后来疼痛减轻了，现在只会因负重和天气不好才疼。

我住过两次精神病院，那里的人把我变成植物。因为吃药，我的体重达到过 86 公斤，而我的正常体重是 45 公斤啊。我在半年内康复了。这时我明白了，需要停下，停止吃药，药并未让我变得好些，我的问题依然如影随形，我只不过成了一株植物，体重暴增。接下来我用了很长时间逐渐放弃药物，因为它们像毒品一样让人产生依赖感。我瘦下来了。我做到了！我中学毕业了，甚至考上了大学。可是我的问题还在：有时我感觉简直糟透了，没白天没黑夜地做这些仪式。我寻找各种治疗办法。尝试通过增强意志力遏制强迫性的念头和行为，但却是徒劳。如果我不让自己做某件事，在某段时间里我会控制住不做，可过后却会变本加厉。

之后发生了一个新的变故：我爸爸要死了。当然，除此之外我的生活中发生了许多事：我约会男人，甚至跟他们中的一些人同居，可这因为我有这些问题而变得很难。无论多么奇怪，但我与他们分手不是因为疾病。就这样，现在我25岁。未婚。不久后将大学毕业，我读的是函授，但却没工作，尽管尝试过。没工作大都是因为我的病。我实际上全天都在家里度过，跟妈妈一起生活。疾病几乎占据了我全部的时间。我甚至无法帮助亲爱的妈妈，爸爸去世后她养活我和自己太辛苦了！我很想自己挣钱养家，让她不再工作，她已经快60岁了！

我很想工作、生活富裕、嫁人、过正常并且有尊严的生活！可是就连在自己的家里，更准确地说，尤其是在自己的家里，我感觉什么都脏，只有自己房间里的家具和物品我才可以碰，因为那里的东西我全都清洁过，而在其他房间我无法坐下，也无法触碰东西，拿所有的东西都戴手套，如果我触碰了什么脏东西，我确定是脏东西，就会开始恐慌，马上从头到脚清洗自己。与此同时我却非常清楚，这一切都是某种凭空臆想的约束，是无稽之谈，可是却没办法不去遵守。似乎一直都有某种东西在控制着我。我不知道自己该怎么办。不知道以后该如何生活。有时候，如果实话实说，那就是经常、我经常根本就不想活了……可我活着，因为我相信还有可能发生奇迹，我的病会放过我。请您帮帮我，我太累了。

医生帮不了您，因为他们不知道自己在跟什么打交道。伤害却易如反掌，当他们用药物使您达到植物状态以后，您本人确定自己受到了伤害。当医生们看到面对精神疾病自己无能为力时，他们就用抗精神病药物充塞自己的患者。这样做更容易。植物至少是可控的。它不会烦人，没有要求，不会抱怨。你想把它怎么样就怎么样。医生们墨守成规：如果有病，那就该治病。用什么治？当然是药物。您唯一不该做的事情就是服用他们的“药物”，因为这条路把您引向绝境，使您产生更大的依赖。

您有能力自己应对自己的问题。这不是病。这是意识的寄生物，它们就是摆锤。您需要明白，强迫性的念头不是产生于您的头脑，而是从外部植入的。如果准确地说，则您的头脑中压根儿什么念头都没有。大脑主要负责接收和处理外部信息，为此才觉得各种念头是在脑子里“熬煮”的。实际上不是这样。人如同再现方案空间节目的电视机。当您开始想什么的时候，您的“电视接收器”就会被连接到方案空间的某个扇面。您可以根据自己的意志亲自选择节目。不过为此必须成为主人，把遥控器掌握在自己手里。脑袋里应该有“王”。

但人天性懒惰、消极。他更愿意让念头“放任自流”，因此把遥控器放到架子上了。这时候摆锤就被连接到“电视机”和方案空间之间的链条上了。它“摁按钮”，于是链条接通了，有电流了。寄生物无所谓转播什么节目，它只需要一种东西——您的能量。您开始用各种念头转动那个您被连接上的方案空间扇面。如果这些念头迫使您还要实施某些行为、仪式，到那时就形成了与被选扇面的牢固联系——独特的“红色值班按钮”。摆锤只需摁一下这个按钮，您就在它的掌控之中了。我再说一遍：这不是病。

每个人都不同程度地有意识的寄生物。所有的坏习惯恰恰都是寄生物在支撑。我想，摆脱您的强迫状态不会比戒烟更复杂。吸烟与其说也是一种生理依赖，不如说是一种仪式，是摆锤吊住的一个小钩子。为了摆脱开摆锤，必需转台，比如，转向健康的生活方式。可以同样地转向另一种旋律，以此摆脱脑子里的强迫性旋律。换句话说，您的任务是把电视遥控器抓到自己手里，摁一个新按钮。凭自己所愿。有意识地按。

您完全应该这样做：一旦履行仪式的感觉冒出来，您就清醒过来，意识到正在发生的是什么事。那是摆锤摁了您遥控器上的按钮。不要服从。您应该把遥控器抓到自己手里。换一个新节目。预先想好换哪个节目。比如，可以是初级体操。或是您喜欢的任何事。希望这是积极的行为。只是要阶段性地变换节目，不要让它成为例行的仪式。您应该成为自己理智的主人。您有意志。寄生物没有意志，它只是本能地吮吸无主的能量源。

开始的时候变换节目可能伴随强烈的不适、剧痛。可是您必须明白，您是在扯断错误的联系，这样的认识会给您力量。当摆锤强迫您完成习惯的仪式时，不要与之搏斗。需要的恰恰就是转台，打破旧秩序。寄生物每次重新破您的门时，您就换台，看新节目。

假设昨天您用唱歌替换了旧仪式，今天就以舞蹈替换。这样您就会富有成效地掀翻摆锤，用一把新锁锁住意识通道。从前的钥匙已经不适用了，寄生物就会被迫为自己寻找另外的饲料槽。

您记住，这不是搏斗，是与摆锤捉迷藏。您的优势在于您有意识和意志，而它却只是一个长着吸盘的、盲目而又无助的跟屁虫。

如果您不与它搏斗，而是跑开、藏起来，不断变换游戏规则，它就会根本看不到您。重要的是不要让遥控器脱手。现在您自己决定该摁哪些按钮。

为了彻底确定主人的角色，必须把注意力牢牢地聚焦到这个目标上。让自己有一个目标明确的思想形式：我是自己意识的主人；遥控器在我手里；我，只有我能决定该摁哪些按钮；我有强大的意志；我在控制自己的思想；我有干净的、清晰的意识；我无所不能；我在自己王国里随心所欲地统治；我有力量。

尽可能多地重复这一思想形式。尤其是在进行积极的活动的时候。只是不要自动地重复，而是要对思想形式的意义有意识。您可以根据自己的决定缩短或是改变它。您必须让自己习惯一个事实：您是自己世界里的女王。对于哪些思想该进入自己的意识中，哪些该赶走，您亲自发号施令。请您感受一下这种状态。您应该喜欢它。您要一次又一次地确定女王的位置。不要忘了，也不要犯懒。最初阶段意志不得不付出努力。而结果是：寄生物会像臭虫一样滚开，您会得到自由。

除了理智的寄生物，人的躯体内还有寻常的、物理意义的寄生物，它们也能对意识产生影响。摆脱它们，有各种各样的抗寄生物方案，比如娜·谢苗诺娃的书《清洗寄生物》提供的方案，或是鲍·梅德维杰夫的书《清洗我们机体的寄生物》提供的方案，或是珊瑚俱乐部（Coral Club）的方案，该方案的信息可以在互联网上找到。为自己选择一个心仪的方案。此举也并非多余。

最后一点。放弃合成食物。为什么？问题在于摆锤都在低频范围内活动。通过工业加工获得的食物会使您低频振动。天然食物却相反，它会清洁机体，引领机体进入高频振动范围。从合成食物转向天然食物不需要急剧转向，而是循序渐进。当您机体的物理寄生物被清除了，转接到由天然的新鲜食物提供营养，到那时，您就在客观上成为意识寄生物看不到的人了，因为您到了它到达不了的振动范围了。

这里是一封有类似问题的女读者的来信，她自己本能地找到了解决办法。

奇怪，读完信件，我浑身发凉。这个姑娘的问题与我很接近，我很熟悉，我曾经患过同样的精神疾病，但不是从17岁开始，而是从很小的时候就开始了，直到快20岁了才以一种奇怪的方式迷惑住了这些寄生物。我的状况还伴有恐吓（以死、以功课得2分及其他让我害怕的事物），可以猜到，在多么漫长的时间里它们让我俯首帖耳。更让我疯狂的是，当我拒绝做某件事（仪式）的时候，所有的恐吓都会立刻变成现实。它们说，听话，让你做什么你就做什么，不然的话惩罚难逃。我经常因为这种愚蠢、荒唐的奴役哭泣。谁都不知道我脑子出了问题，就连家人和亲戚都从未想过我会有这样的问题，他们只是认为，这姑娘有一点点奇怪，仅此而已，不比世上的所有人更怪。所以他们没有带着我四处看医生，这对我来说是一件好事，因为那样只会让问题更严重，周围的人还会相信我有病。我不知道，让我得以解脱的这个想法是怎么进入我脑子里的。我的脑子里一直盘旋着一个句子："没有坏习惯，一切就都会好的。"就是说，如果我不去做强加给我的事（仪式），那么对我来说就会有好结果。而非"如果我完成行为，就不会有任何威胁！"我现在24岁，已经自由地生活4年了。

第8章　我们来谈谈性吧

性的异常状态是控制偏离到这个或那个方向。控制多了，会阳痿或性冷淡。控制少了，会出现变态狂。

为了满足性需求，该如何正确借力幻灯片？我试过把姑娘为自己反转过来，但却一点结果都没有。您的技术不起作用。

错了，技术起作用，只不过应当知道一个秘密。我跟谁都没披露过，而对你，作为例外，我说。只是你对谁都不要说，要知道，这可是秘密！

你出门走到街上，发现那里有许多异性。她们到处都是。自由自在地散步，什么都不怕，你想象得到吗？所以啊，你要知道，这是你的猎物！随便给自己选上一个喜欢的，抓住她，把她往自己的洞穴里拖。她会挣扎、抓挠、撕咬，可你要用爪子牢牢地抓住她，拖。她会用小坤包打你的脑袋，你要刺耳地大笑，接着拖。她会号叫，你也号，号得更响，让周围的人以为你们在交流，非常用心。

嗯，如果说真的……

“为什么我的性幻想不能实现？要知道，这实质上是幻灯片吧？”

性梦想和性幻想不具有恒常的、目标明确的性质。您一生都可能幻想，可是如果您的意图只是指向在想象中经历所有这一切，那么现实是不会改变的。梦想通常只是为了梦想。而有针对性地对目标幻灯片做工作却是为了实现目标。在前一种情况下意图向量指向“梦想过程”本身，而在第二种情况下指向达到目的。您捕捉到差别了吗？

您的脑子里应该有的不止是您各种愿望的搅拌机，还应该有拥有和行动的决心。不是性热望，而是坚定的意志，是得到渴盼物的目标。性热望——这是一种嫉妒的、隐秘的、贪婪的占有愿望，其中还搅拌了不自信、恐惧和其他的自卑症结。决心——这是一种平静、不动摇、没有偏见、毋庸置疑的准备，准备好走过去拿回自己的东西。

全部的关键就在于确定意图的方向：当意图聚焦在把幻灯片的画面付诸现实的时候，一扇相应的门就会打开，也许不止一扇门。到那个时候您就会面对选择：走进还是不走进这扇门。大多数“梦想者”通常都会从旁边走过去，不敢迈出大胆的一步。在这种情况下除了自己，不能抱怨任何人。如果您只会纸上谈兵，在物理层面拒绝采取任何措施，那么，没有人会吊到您的脖子上、跳上您的床。不管是对男人还是对女人，这一条都通用。

当然，社会的局限经常迫使人从敞开的或是仅仅开了一条缝的门边走过去。尤其困难的是向掩上但却没有关闭的门里迈步，您明白我说的是什么。比如，害怕靠近并认识惹火的、似乎完全无法接近的明日超模。实际上所有人想的都是同一件事，但许多人害怕遭到拒绝或是担心丧失保护。

迈出第一步没有那么复杂，需要的仅仅是跨越自己成见的可怜泥淖，甩甩手，干脆利落地去做这件事——走进门里。您自己决定什么对您更宝贵：是遵守空洞的约束，还是个人的幸福？什么更合您意：是什么都不做因而无需冒被拒绝的风险但却饱尝孤独，还是要实现愿望？可要是这个人真的是您梦想的体现呢？因为您感觉不合适，故而擦肩而过？还是要您亲自决定，决定什么对您来说更合适：是错过的机会，还是通过自我欺骗保留“内心的平静”？这里的自我欺骗在于创造一个摇晃不定的幻觉：“我至少不会被拒绝。”实际上没有遭到拒绝只是因为我连试都没试过。

说到底，您要明白：您有能力成为自己现实的主宰，就是现在。干脆利落地把这个权利拿过来，就像把一件奢华的衣物拿进自己的衣橱一样。开始的时候，新面貌会让您感觉不是十分舒适——“难道我真的可以而且也配？”但不管是您的灵魂还是理性，它们终归都应该喜欢主宰的角色，所以您会逐渐习惯的。该做的只是与这个角色融为一体。

如果在现实中一下子做不到，那就整天在脑子里守着这个角色，把这个思想形象对自己反复念叨：我是自己的主人，是自己世界里的主人。我是现实的主宰，我的生活与自己的信条吻合，我嘴里说的是心里想的，我心里想的是嘴里说的，我配得到所有最好的东西，我有个性的中轴，我平心静气、相信自己，我表现自己的时候有心安理得的国王的资格，我有力量，力量引导我。

不过，如果您暂时感到没准备好走过去拿来自己的东西，我可以给您建议一个备选出路。您担心在物质世界实现的东西可以在有意识的梦中实施。这已经不是玩笑了。一旦您在梦中醒来，您可以大胆地靠近，无需拐弯抹角、旁敲侧击，想靠近谁就靠近谁，想靠近哪儿就靠近哪儿，想拿这个人怎么办就怎么办。按照惯例，虚拟人物心甘情愿同意一切，需要您拥有的只是意图。而且这里的感觉强烈度比现实中高一个序列呢，因为束缚被彻底解除了。您要是不相信我，那就请读一读卡尔菲德①的书吧。关键就是要进入有意识的梦境。如何做到这一点，《现实的思移力》一书中有描述。

不过，与之前一样，我认为自己有义务提醒您存在危险，虽说是假定性的危险，但却是危险，从有意识的梦中回不来的危险。我无法举出能印证这一点的事实，不过您在另一个现实中物质化的可能性理论上没有被排除。在此每个人的情况都会因人而异。可以说的只有一点：如果关于有意识的梦这种思想让您产生内在的不适，那您就不要做。而如果您在梦中感到某种不好的东西，那就尽力醒过来。

我本人已经早就不迷醉有意识的梦了，我认为对白日梦做工作、亦即控制现实更好。我放弃迷恋有意识的梦了，因为就我的情况来说这样做还是让我不太舒服。或许是因为我情感天性的特点使然吧。

有意识的梦对于每个人来说都有其个人化的性质。我就不得不在那样的一些世界中现身，在那里我多想大叫："妈妈，把我从这里带走吧！我会听话！我会好好吃饭！"醒来以后，我赶紧扑向镜子，看一看头发是否花白了。不过，您不要把我的话太往心里去，不要害怕。有意识的梦值得尝试。也许，在您那里一切都会顺风顺水。聆听自己的心声，它会提示您需要还是不需要这样。

"思移力中的哪个地方与性有关？"

您究竟是否好好想过，性是什么？对一个四平八稳的文明人来说这种情感为什么如此不寻常，如此格格不入？您想没想过，这个部分似乎同时是您的又不是您的？

某种动物本能没头没脑地突然在内心醒来，眼中燃起凶悍的火光，人被某种东西控制住了，这种东西什么都不像，难以言说。这种东西无法定义，用一个词称呼它，那就是——性。人究竟怎么了，他变成野兽了？

---

① 卡尔菲德（Patricia Garfield）：美国哲学博士，以对梦的研究闻名于世，他于1974年出版的《创造性做梦法》（*Creative Dreaming*）已被译成十余种文字，是梦研究领域的经典之作。另外还有多部与梦有关的著作问世。——译者注。

不，这里没本能什么事。人源于猴子，您没这样想吧？

您可能觉得，这里终归还是有某种动物性的。不过这是错误。动物世界压根儿就没有任何的性。在那个世界里发生这种事的时候完全没有感情。有的只是用本能的形式规划好的繁殖功能。

所以要让您失望了：做性事的不是您，而是此刻潜入您体内的那些阴性物质世界的本质。

在阴性物质对情色场面的规划中发生的是某种类似的情形：两团红云相互间交换能量。

您想反驳：怎么会是这样，要知道，我在体验着自己的感受，自己的情感！

那您体验的是什么感受？您可以解释清楚吗？脑子里什么明明白白的东西都不会有，其原因就在于，性表现为一种感觉，感觉到深入您之中的异质的阴性物质客体。这是一种清除不了的本质，它没有社会规范和成见约束的负担。如果听之任之，它会走得太远。

这样的信息可能会让您感觉不自在。您从未听说过类似的说法，不是吗？似乎显而易见：我就是我，所有的想法都是我的……怎么可能不是这样？是的，可能。谈及意识寄生物的时候，我已经说过：不是所有的想法都是您的。如今弄清楚的是，情感也是一样？是的，是这样。而且，您想象得到吗？这个您原来知道，只不过不清楚自己知道。很奇怪，是吗？

现在我问您一个看起来可能不很新鲜的问题。您仔细想想，为什么色情被归于禁忌主题？因为这是某种见不得人的、污秽的、丑陋的、没有美感的东西？可是要知道，它自然，而什么自然，那它就不会不成样子。在床上您获得享受，不想美感。

嗯，要是这样的话，那色情也许是某种不道德的东西？依然不是这样。如果涉及这个角度，那么，有什么会比杀人更不道德？您想象一下自己的生活：您在其中投入了多少努力、爱、操劳啊，还有您亲人的投入！要知道，您不是仅仅存在而已——您生活着、欢喜着、经历着，有着某个计划，为某件事操着心……可是就在这时某个歹人一下子把这一切化为乌有。有什么会比这更恶心、更让人厌恶、更下流、更肮脏？更别说什么美感和道德了。

可是杀人到处展现的都是——它正常！尽管是犯罪，当然，有人会这样争辩。杀人犯定当受审、受惩罚，但仅此而已。不会把他们归入变态和异类的行列。不知怎么，变态和异类这样的术语更倾向于用到男女同性恋、性别认同障碍的人身上……而杀人犯，他们是什么，充其量是罪犯而已……有时候简直就是英雄。

您好好想想！

除了受害者的亲人，没人会特别愤怒，对于恶行也不恐惧。寻常的事。甚至差不多是“年轻人的事”。

所以说，杀人——这正常。那色情如何呢？习惯独自看它或是至少在私密的圈子里看。一旦在“寻常的”场合看到这种东西，不知怎么的，大家全都身体发紧、不好意思、嘿嘿窃笑，总之，对什么东西感到羞耻。就是在这里我们已经距离答案更近了。的确，色情肯定是某种可耻的东西，或者按照民主的尺度来衡量，是有一点点丢人的东西。是吧？可为什么是丢人的东西？如果需要辨别清楚的话，却又是不清不楚。

实际上，感到丢人是因为这东西是您的、同时又不是您的。像是蛔虫，谁知道呢……当您做性事的时候——做的人是您、与此同时又不是您。这一点您知道。隐隐地知道。可是您不清楚这一点，无法清楚地表达出来。

好了，现在我把话说清楚。清清楚楚，明明白白。您在高潮或是做性事的时候体验的那种有趣的感受和非同寻常的感觉不只是您的，您与阴性物质的本质分享它们，该本质此刻深入到您之中，实际上奇异性全都是它生成的。全部的关键就在于此。

您会问：现在究竟该拿它怎么办？没什么特别需要做的。至少需要意识到发生的是什么，并在一定程度上予以控制。不过，过分的控制可能碍事，因为你让性的本质显露多少，它就会显露多少。本质把此时激发的能量中的大部分据为己有，但部分留给了您的身体，因此才会产生满足感。自由越多，能量就会越大，相应地，就会更满足。受到意识完全控制的性是两个赛博格按照规定的计算方法机械相加的和。

由此可以得出结论：性的异常状态是控制偏离到这个或那个方向。控制多了，会阳痿或性冷淡。控制少了，会出现变态狂。从这个意义上说性的本质如同马一样，可以骑着它慢走，可以疾驰，这取决于您控制马的能力。

为什么这些本质没有以同样的方式渗入动物之中呢？

动物、昆虫、植物以及其他低级生命与人相比位于意识等级的底层台阶。它们的精神状态更原始，因此对于寄生物来说无利益可言。摆锤——这是人类的疾病。

嗯，当然，立刻就会有人提出一个符合逻辑的问题：那爱呢？它怎么样，也是类似的某种东西？我要马上澄清：性与爱是差别巨大的两种东西。您必须明白这一点。所以呢，答案是：不，幸运的是，爱还没有从我们这里被夺走，这是我们的！我们是自己在爱，用心灵在爱。不过这已经是另外一个话题了。

我妻子很年轻。我们非常相爱，可是不知为什么性生活有问题。不是那么回事。不成。

您肯定看多了软情色、读多了应该如何做这件事的书。“软情色”指的是什么？如果您在潮湿的天气里在公园散过步，那就肯定见过蜗牛是如何交媾的。电影里也常常可以看到类似的东西。在审查机构允许在大银幕上放映的所谓情色场面中展现的是某种莫名其妙的东西：是性？是爱？是这两种成分混合而成的某种鸡尾酒？……

举个流行的说法：“我们做爱吧。”这个句子的意思我从未弄懂过，因为我无论如何都不能认同爱是可以做的某种东西。如果弄清楚，这样的句子必当引起理智健全的人一阵疯狂的大笑。比如“我们做仇吧”这样的句子：我们将相对而坐，目光如焚，咯咯咬牙。或者另有他样？

您想过没有，自己说的话是什么意思？您打算做的究竟是什么？在回答您的问题的同时我想提出自己的问题：如果你们“不成”，那“不成”的到底是什么？换句话说，您试图做的是什么：是性？还是爱？

我当然明白，人们说“我们做爱吧”是为了稍稍缓和一下它所指的那种东西的粗俗色彩。不过也不只是因为这个。事物与其名称不符，这样的无知和混乱恰恰导致错误。不成正是因为对于你在做的是什么，你糊里糊涂。不管多奇怪，许多人的确是把性与爱混为一谈的，试图混合或是人为地把这两种完全不同的东西搅和在一起。

混乱的原因植根于社会的道德规范。习惯上认为，只有当有爱的时候性才是好的。而没有爱、没有婚姻，则不好，则淫乱。这无疑是正确的。没人打算在此践踏道德价值，更何况这些价值没有丧失意义。不过陷入迷途也不应该。应当有意识地去看现实，看到事物的本来面目。爱不是性，而性也不是爱。

我和您都很清楚，如果想要获得性满足，双方同意就可以完成这件事，相互不背负爱和婚姻责任的负担。如果这样做的时候谁都没感到羞辱或受到损失，则任何道德都可以退避三舍，偃旗息鼓。

另一方面，如果你们相爱，那就应当清楚性的本质属性。为了让性是性，双方都必须在自身中吸收阴性物质的本质，正是它们在创造相应的效果，就像乳酸菌创造酸奶一样。

该如何做到这一点呢？首先，放松意识对意识本身的控制。放开缰绳，允许自己表现得自然而然。您应当认可，此刻您将变成与平常不完全一样、甚或完全不一样的人。您应当允许这个本质进入您之中。

这里没有任何可怕和错乱的东西。类似的实践在东方搏击术中可以遇到：武士自身吸收一种动物的本质并开始以相应的形式运动。您以为这时他在模仿吗？完全不是。武士实际上与虎、猴、蛇等动物的本质融合在一起。每一种动物在阴性物质世界中都有自己的原型——本质，该动物的天性——它的形象、行为方式、习性——在这种本质中体现出来。

您自身正是要这样吸收性的本质。这会如何发生并不太重要，它会自然而然地发生，您自己会感受到的。要求您做的只是准备好暂时变成另一个人。如果在此之前您是“我的小兔子”或是“我的鱼”，那么现在您就是森林中的兽，夜行兽。

在夜晚的热带雨林中——那里到处都传出叫声、喧嚣声和沙沙声，黑暗中闪烁着一双眼睛，每一步都面临危险，在这个野性的世界中您是猛兽。您也危险。您脚垫柔软的爪子小心翼翼地挪动着，穿过密林，寻找猎物。突然，您迎面撞上一个同样漂亮的兽，夜行兽。您又害怕又非常好奇，混合着兴奋和恐惧的激动情绪笼罩着您……一开始应该到处闻闻、舔舔、两张嘴蹭一蹭，这样就已经不可怕了，可以在夜晚的森林里一起并肩奔跑、捕猎了。

扮演这种角色的您距离慢腾腾、懒洋洋地吸吮同类的蜗牛已经非常遥远了。目标指向占有但不造成伤害的凶猛的进攻性在您体内苏醒。您的伙伴应该同样如此。你们俩是漂亮的森林野兽，夜行兽。黑暗热带雨林中危险的猛兽。文明世界远在身后，在树林外面。现在是你们的捕猎时间。

如果您暂时没有完全清晰地感受到如何通过切断控制、接通变身准备去吸收性的本质，那么，还可以试试另一种办法。必须人为地把自己绷紧，戴上色欲的面具，表现得好像您的兴奋已经被强烈地激发起来了。这个角色完全用不了演多长时间，您就会感受到伪装将变成自然的兴奋。做这个游戏的同时您在创造让自己吸收本质的潜能，就像烟被吸向透气窗一样。武士的情况与此类似：开始完成动物的动作时，他激发本质渗入自身，之后该本质就已经主动控制他的行为了。您清楚，这种方法要求您具备一些情色想象。

还有一件事应该注意。避免在两性关系中过于甜腻。在温柔感受的土壤上总是腻腻歪歪有可能创造出过剩的潜能。其结果是：过剩潜能卷起的平衡力的风会把您迷人的田园诗变成伤人的吵闹。为了不至于此（如果您让两性关系甜腻过头，则必定如此），需要不时地扭转现实：安排戏剧化的、喜剧性的吵闹。

比如：

“你是我的活玩具！别妨碍我跟你玩儿！你是我的奶嘴！你是我的小甜面包！你是我的热水袋！你是我的枕头！”

“原来是这样！我要离开你！”

“你哪儿都去不了！你是我的私有财产！不对，最好说你是我一时的爱好。现在你给我坐好。”

“混蛋！”

“你给我过来，我的玩具！让我高兴高兴！”

“我掐死你！”

诸如此类。由于这样的扭转，过剩的潜能就会消散，您家庭的摆锤会获得它自己的那份能量，不需要引起你们真的争吵。

只是要小心，别让您的“侮辱”戳到伙伴的痛处。比如，说漂亮姑娘是鳄鱼，以此开玩笑刺激她，偶尔这样做会有好处。可是如果她不是很漂亮，而且这个“缺陷”让她耿耿于怀，这样的刺激就会真的造成伤害。要想清楚对谁开玩笑、玩笑怎么开。

最后，性事做完以后您可以让性本质离开您，重新变成“我的小兔子”和“我的鱼”。这时您就已经真的可以“做爱”了：随便吻、捏、哼哼。这个不需要本质的存在，也不一定需要变成猛兽。爱抚应该是温柔的，而性却应该是肆意的。性和爱最好分开。那样的话就什么都能成，二者都能成，而且会更有趣。爱会更长久，性不会很快让人感觉乏味。我想传达给您的东西希望您明白了。

我能区分什么时候我的性行为更像亲昵，什么时候是狂暴的性。在第二种情况下我感到自己是另一个人，越狂暴，越具进攻性，则越满足。而在第一种情况下我喜欢肌体接触本身、感觉本身，想要更多地感受爱人，想要在她体内融化。在这样的时刻我获得最鲜明的感觉——结束时我的身体通常会进入非常慵懒、充实的状态，想就这样躺着，长久地停留在这样的状态中。也就是说，在这些时候我有非常强烈的后味，对爱人有最好的感觉。

这就意味着您很走运，是爱与性和谐地融为一体这种鲜见的情形。我可没说过它们根本不一致。对于还不清楚什么是爱、什么是性的人，我建议他们把二者分开并且仍然这样建议。

问题在于，性的本质就其天性而言是进攻性的，因此它很少会同意进入一个此刻被温柔感情笼罩的人之中。从这个意义上说进攻性和温柔很难融合，正因为此才希望把它们分开。

非常（!）多的人不懂这一点，为此要么性不成，要么爱不妥，要么二者都不成。世上有多少爱因为这个缘故烟消云散！如果想象爱是鲜花盛开的美丽的林中空地而无知是花岗岩巨石，那么设想一下，当这块没有头脑的巨石在林中空地上随意翻来滚去的时候，空地会怎么样。

一半的婚姻会瓦解。又有多少对儿都没撑到结婚？人们为什么分手？性格、习惯、世界观不合？日常生活问题导致的？一派胡言。爱通常会蒙蔽双眼，让人看不到所有这些表皮。当你爱一个人的时候，一切都变得不重要，只要能跟爱人在一起。究竟是什么在扼杀爱？

不管人们怎么说，大多数情况下都是性不满足所致。的确可以蒙上眼睛什么都看不见，但如果在性关系中不是那么回事儿，那爱撑不了多久，因为爱本身首先觊觎的就是性关系。为什么人们“出轨”？因为在家里性让人乏味了，那里等着的是“兔子”或者“鱼”，而外面却是美丽的森林野兽，夜行兽。

所以，为了不让这样的情况发生，请您把爱和性分开，哪怕到驯服自己的小马——性本质——为止也好。人全都不一样，人拥有的性本质也不一样。一种本质想要与爱融合，另一种不想。重要的是，不要在愚蠢的理性的指导下努力人为地把它们合二为一。如果注定会融合，那它们会自然而然地、和谐地融合。那时候您实际上就不再区分性在哪里结束、爱在何处开始了。如果不是这样，也用不着沮丧，这完全正常。接受自己和自己的爱的本来面目。

如何在性关系中运用换位法呢？该付出什么？性？

从一个方面说，换位法的原则无所不能。它们的作用基于我们世界的镜子特性：当您迈出第一步的时候，作为镜中映像的现实会开始迎面运动。换位法的原则看起来似乎完全可以用到床上。不过这是个错误。

换位法的首要原则是：放弃得到意图，代之以给予意图，这样，您放弃了什么就会得到什么。在您意图按照需要的方向扭转现实的时候，它行之有效。一切非常简单。您站在镜子面前，想要在镜像、亦即现实中有人把某种东西给您。为此您必须怎么表达呢？当然，必须把东西给自己，那样的话镜像中就会反映同样的情形。

确实，存在一个微妙的差异。与梦境不同，物质现实像树脂一样具有惰性。镜子的反应滞后。因此换位法用于允许有等待时间的那种情景。可是当您做性事的时候，您没有这样的时间。应该此地、此时见到效果，而不是未来见效果。所以滞后的镜子在此无效。

针对性应该运用另一个原则：放弃得到意图，代之以拿取意图，这样您放弃了什么就会得到什么。这是什么意思？

在性事中只是寄予希望并指望马到成功是徒劳无益的。应该行动。尤其是第一次与性伙伴在一起的时候。那时你们俩的脑子里都会不由自主地产生一个问题：这件事你到底是怎么想的？回答应该是斩钉截铁的：什么都没想。什么都不该想，该行动。

该如何行动？该让它自然而然地发生。“教科书”里可能建议您该做这个、做那个。如果您开始努力地遵照建议行事，您的性就会变成机械，变成两个赛博格按照一定的计算方式进行的媾和。为了不发生这种事，要把理性的想法及其控制丢得越远越好。这一刻引导您的应该是性本质，它会主动搞清楚，需要做什么、怎么做。在这个意义上得到意图以及任何期待都应该被放弃，把它们转成纯粹的、自由的行动。

必须做的恰恰是拿来，甚至差不多是强行拿来，而不是给予，不是期待有所成就。如果您试图给予，那么，这样做就如同是您的性伙伴在您的帮助下自慰。前戏和相互的爱抚当然需要，但只能在限量的范围内，并且要考虑一点：主要意图必须不是满足对方，而是满足自己的、以自我为核心的愿望和需求。

是不是听起来很离奇？迄今为止您恐怕觉得一切应该完全相反？每个人都应该给予、关心对方，让对方得到满足，那样两个人才会好？绝无此事。如果您做的是这样的性，那么，我再重复一遍，这不是性，而是他人帮助下的自慰。

控制性的是进攻本质，该本质的意图指向占有，而绝非满足他人。与此同时正是这样的目标才产生出希望的效果。你们俩的性本质进入你们体内，与你们交换能量，两个本质之间也相互交换能量，交换的结果是它们和你们俩都得到追求的东西。

可如果您的意图与本质的意图不吻合，则本质根本就不会想要进入您体内，那时候就会发生性交中可能发生的最让人不希望看到的事：性交会单调、机械、无味、习以为常、无趣。这样的情况随处可见，因此爱才会死亡，如此丑陋的离婚统计数字才会出现。为什么丑陋？怎么不丑陋！要知道婚礼曾经那么幸福，那么快乐，那么喜庆！似乎什么都不可能把相爱的一对璧人分开，不然如此奢华干什么？

甚至非常可能分开。无知和骗人的既定模式——就是它们在粉碎你们的幸福。对于我来说统计数字本来就不需要，因为你们的来信很多，你们在里面写了你们正被抛弃，你们痛苦，你们一点办法都没有。

而我也一点忙都帮不上。我能做的仅仅是让你们睁开眼睛看现实，看它的本来面目。你们自己就有这个能力，需要的只是醒过来，擦亮眼睛，有意识地去看事物。在此阐述的原则不该机械地、糊涂地去运用，比如，只想自己，彻底忘记对方。我希望这一点您明白了。当然，走这个或那个极端都愚不可及。还应该感受到，过度的进逼和过分的积极可能令对方不悦。一切都是有度才好。可有一件事需要牢记：您的意图应该与性本质的意图吻合。可以做想做的一切，包括“教科书”里建议做的，但重要的是掌握意图的方向：不是得到，也不是给予，而是拿取。如果您的性本质成功，你们俩就会成功。

我有些不明白，如果我是女人，那么如何让自己的意图指向“占有和拿取”。要知道，这里的积极角色更大程度上属于男人。

从您这方面说，占有和拿取应该理解为意图献出自己，但不是怀着牺牲品的忍耐消极献出，而是带有猛兽的进攻性献出。不用怀疑，您的男人肯定好这口。只是不要过于热情。不该把自己弄成一个雄赳赳的亚马逊女斗士，那样只会把对方推开。不过，做性事的时候变成浪女是没有妨碍的。大家知道，浪女的形象比“纯美的天使”性感得多。尽管有时候也可以扮演牺牲品的角色。多样性总会让感觉的刺激保持新鲜。

我和丈夫性交的时候常常会用“脏话”称呼对方，尽管在生活中我们很少使用这样的词语。说实话，性交时因为这些话我简直腾云驾雾，但在别的时候这会让我不快。为什么？

您自己就知道为什么。一切都有自己的时间和场合。性是游戏，其中的限制和规则只有你们俩才能确定。完全看得出来，你们本能地感受到你们的性本质喜欢这种游戏。在一些事物“故意”而为的戏剧舞台上，故意的粗鲁可以增加刺激性。可是显而易见的是，如果把同样的东西从舞台移入日常生活，那就会粗俗了。比如，在疯狂的状态中用脏话骂人，那还算可以，可是用这样的语言说话，那就简直是趣味粗俗、是档次低下。所以一切都有自己的时间和场合。

阅读您的书和网上订阅读物的时候，我常常想到您写的东西我似乎已经知道了，只是不知什么缘故我没有运用这些知识，或是不记得它们了。奇异的感觉，像是长睡过后的苏醒！我想提一个早就让我不安的问题。您理解的同性的爱（和性）是什么？

我可以说的只有一点：同性的性与性本质的某些特点无关，因为存在的还有同性的爱。我们本身在爱，用自己的灵魂在爱。灵魂能够以某种方式爱上自己的性别。为什么——我不知道。我没有体会过同性的爱，所以不了解相关的知识。

请告诉我如何摆脱受虐倾向？在性爱中我通常兴奋起来很快，但之后就突然顿住，一切都在中途开始消散，因此常常无法达到高潮。而当我一个人的时候，脑子里总是出现幻想，幻想有人强迫我性爱，把我绑起来，强暴我（这样的幻想在与性伙伴性交的时候有时也会出现）。

这样自慰之后我感觉非常羞耻，有负罪感，而且不是因为事实本身，恰恰是因为这些幻想。我似乎看到自己冷静的方面，我不想成为这样的人。

而且，当我遇到一个有点虐待倾向的性伙伴时——他有些粗鲁，能拿下我，在现实生活中这样的态度我丝毫都不喜欢——，正相反，没有兴奋。

还有，我通常害怕被强暴，坐出租车或者傍晚的时候对男人有疑心，这样的情景可能是我自己幻想出来的，我害怕这些情景。

我尝试过放下面子，单纯地放松放松，允许自己想做什么就做什么，彻底体验一下我幻想的一切，可被迫感就是过不去。该如何学会从寻常的性中得到满足？

“寻常的”性通常是没有的。它要么各有千秋，要么什么都没有。受虐倾向自己会过去的，要做的只是“喂饱”自己的性本质，它需要某种比自慰更现实的东西。

“现实的”当然不是字面意思，不是让谁强暴您，您害怕强暴。再说性本质不需要这样的“现实”。不过它此刻想要的不是“寻常的”性，而是某种特别的东西。戏剧性的游戏足够了，只不过游戏时应当完全付出，实实在在地付出。

目前只是真正地、坦诚地独自一个人做这样的游戏时您才能做成。看起来，您还没碰上这样的伙伴，与他在一起您能让自己彻底敞开。这很正常。您以为别人的一切都顺利、都棒？当然不是。需要寻找自己的另一半。

没什么可羞耻的。性的本质天性如此。需要意识到这一点并接受它。在接受它之前您会承受矛盾的折磨：又想，又怕，又羞耻。您只需明白：这充其量是游戏，游戏规则由您亲自确定。

不必立刻完全彻底地敞开。试着循序渐进，如果这样您感觉更舒服的话。把性本质讲给您的伙伴听，跟他一起玩一玩这个游戏。确定新的规则：相互之间坦诚表现自己。让性本质进入你们两人之中并实现你们隐秘的愿望。一切都会成功的。

我有一个老掉牙的麻烦——臭名昭著的“小尺寸”。不管这件事别人怎么说，在我看来，尺寸到底还是有意义的。我不知道该如何对付这个大问题。

人们的幼稚程度真让人惊奇。女人们遵循某种荒唐的直觉寻求更大一些的“肉块”，而男人们被她们的缰绳牵着，努力让自己的这块肉尽可能长得更大些。可是如果您搞清楚了性的本质属性，您就该明白，不管是哪个伙伴，其身体数据丝毫不会影响感觉的程度。

提供满足的能力由完全不同的其他素质所决定：首先是您吸收性本质的技能，其次是您能量渠道的通过能力。换句话说，您掌控自己调节力和自身能量的程度有多大，您的强壮性就有多大。

二者都通过实践来修炼。能量通过的程度，亦即接纳和付出能量的能力，首先取决于机体的洁净程度和身体的健康程度。相反，身体的尺寸、尤其是躯体的重量无助于这种通过程度。更别说您所指的那种“尺寸”了。

因此，如果对于您来说现实的力量比外表更有价值的话，那就请您增加能量，而不是重量，到那时您会有疯狂的性。

我是个出租车司机，有一天很晚的时候上来了两个小伙子和一个姑娘。看得出来，他们都喝了些酒。从他们的谈话中我听出来了，那个姑娘是他们花一百美元“租”的，要去一栋房子。天已经黑了，我没马上认出她，但后来认出来了。她是我朋友的女友。您想象得到吗，他是个很棒的爷们儿，为她神魂颠倒，把她捧在手心里，可是她，母狗，却卖身！我朋友工作，她用他的钱上学，他总是给她钱。我弄不明白，她什么都不缺呀，怎么可以这样?!

后来，我把他们送到了地方，车里的灯灭了，我转过身问她，近来可好？她的脸一下子白了，看得出来，她认出我了，然后一溜烟儿地跑了。

就有这样的事。你要是听娘们儿的话，所有的男人在她们眼里都是恶棍，可她们自己是什么东西？全都是鸡！

嗯，您棒打一大片，言过其实了。至于说原因，那么显然，这个姑娘需要的不是钱，而是刺激的感觉。如果冷静地看，则这里存在的不是姑娘的罪过，更应该说是她倒霉。问题在于，如果不分青红皂白地、大量地接纳性，就有可能上瘾。

当一个人同时与两个或三个伙伴性交时，性本质的能量比例关系也会相应地分享：一对二或一对三。这时感觉的力度可能大幅增加。如果“小姑娘尝到了血的味道”，那满足她就已经不那么容易了。同样的道理，当瘾君子转向海洛因以后，他就再也不会用大麻了。

正因为此，我之前说过的道德原则并没有丧失意义，哪怕不去管像爱、忠贞以及仅仅是肉体干净这些东西。不分青红皂白的性孕育着让人非常不愉快的后果。

比如，所谓交换性伴者盛行玩这样的犬儒游戏：几对夫妇聚在一起，关上灯，男人们把车钥匙丢到桌上，女人们“抓阄儿”——抓到谁就跟谁开车去玩。撒旦派的玩法还要更出格。

当然，放肆、新鲜以及所有诸如此类的东西刺激兴奋。但最终的结果却是迷醉：空虚，难以抑制地渴望一次次重来。总是需要新的分量，要更多、更刺激。任何爱和家庭生活的幸福现在都无从谈起。这已经不是满足，而是真正的灾难。性本质变成意识的寄生物，很难与其建立从前正常的合作关系。

存在一个如此奇怪的诡辩。当电视上或报刊中说到妓女的生活时，通常都会说，她们抱怨自己的命运，她们说自己在其中得不到任何满足，一切都肮脏、恶心。可是如果这个营生那么让人不快，为什么不干脆放弃呢？无处可去？找不到别的工作？一派胡言。如果逼到份儿上了，任何工作都能放弃，总是能找到别的工作。不，在此控制人的不是环境，而是产生的依赖性。瘾君子也想戒毒，但却不能。意识的寄生物不放手。

所以，您自己来做结论吧。混乱、没有节制的性与其说不道德，不如说危险，如果您不想毁了自己的生活，应该像避开毒品一样避开它。

第9章　一杯水和一个目标

> 把两掌围到杯子外侧。有意识、有信心地说出或是默念某个思想形式，尽可能在脑海中想象它的意思。然后把水喝了。早晚一次，您的意图会付诸实现。

有关性的最新问题非常让我吃惊。由性带来的感觉让我上瘾，生活教导我不那么看重它，因此最近一段时间我的性少了，这又让我不安。不过我根本就不喜欢性，完事之后空虚。我不知道这是为什么，大概是因为性本质在退去，我“正在苏醒”，于是我脑子里冒出了一个问题：接下来会是什么？因此想要跟那样一个人在一起，跟他有信任、良好的关系，相互接受、亲密无间，可却不是总能如愿。

我可以建议一种强有力的技术。请您在一张纸上把思想形式写出来：我是一个非常有魅力的个体。魅力、爱和性的内在之光源于我。我是发光体。我吸引男人。我的男人在寻找我。把一杯水放到这张纸上。搓手掌，像拉手风琴一样移动手掌，想象两掌之间有浓浓的一团如同气球的东西。这是您的能量。把两掌围到杯子外侧，不碰杯子。有意识、有信心地说出或是默念这个思想形式，尽可能在脑海中想象它的意思。然后把水喝了。早晨醒来以后和晚上睡觉前完成这套程序。您的意图会付诸实现。

我多次检验过这种技术对各种思想形式产生的效果。非常奏效。男人应该根据自己的情况改写文字。大致可以这样：我是个非常有魅力的个体。魅力、爱和性的内在之光源于我。我是发光体。女人们喜欢我，他们想要我。我在寻找自己的另一半。

当然了，可以运用任何思想形式。您来亲自构写这些形式——有关您特别追求的事物的思想形式。比如，如果您已经成双成对，那就用“人们对我怀有好感”或“我有怡人的外表，我看起来迷人，而且一天比一天好”来代替“我吸引男人（女人）……”。现实作出反应的速度会让您非常惊奇。

否定词语“不”是不能用的。思想形式必须是肯定性的。也不能有任何抽象的、啰嗦的愿望。一切都应该具体、简洁、指向一个目标。如果您有数个目标，那希望一杯水只用来达成一个。比如，今天您应对一个目标，明天应对另一个。或者早晨一个，晚上另一个。

这个技术为什么会奏效呢？水不是无形的混合物，它有结构，它的分子聚合成类——依赖外部作用改变形状的粒子混合体。正因为此可以往水上录制信息，就像往磁带上录制一样，对它“念咒”。不管有多奇怪，科学家对类的认识要比飞船进入太空要晚得多。而老奶奶们早就已经知道这一点，成功地在实践中加以运用。

寻常的城市用水、包括瓶装水不能用，它吸收了许多破坏性的信息。只能通过蒸发或溶化才能擦去信息，煮沸不起作用。因此要么取用是蒸馏水（不是在别的什么地方、而是在您家里制作的蒸馏水），要么是冰水。（简单溶化的冰不行。冰水的制作工艺在《现实的主宰》一书中有描述。）而且在醒来以后和睡觉前饮用这样的水非常有好处，要在饭后的一到一个半小时之后饮用。如果思想形象指向身体康复，那么水就会成为治疗水：它获得了您意欲治愈疾病的药物特性，直接针对病灶发挥作用。圣水的来源同样如此。

这张纸也有其功能。首先，当您不仅说出思想形式、而且把它记下来的时候，它即获得额外力量。其次，甚至仅仅贴到盛水容器上的一个字就能把蕴含这个字意思的信息充入水中。这时形成的类在冷冻过后可以在显微镜下看到。已知的实验表明，像“我爱你”、“谢谢”、“你好”这样的字生成的是美丽至极的小雪花，而负面意义的字形成的是丑陋的冰碴。为什么会形成这样的结果，人只有目瞪口呆、哑口无言的份儿。除了说这是上帝的意图以外你找不到别的说法。当然，在此起主要作用的是写字并把它贴到容器上时对字有意识的人的意图。

最后，您双手的能量强化了意图，把它定位了，这个行为水飞快、有效地充实信息。录制在水中的信息在整个躯体中扩散，让形态生物场放射该意图。如果您暂时还没有感觉到一团浓缩的能量，那也不必担心。现在不成，训练一个礼拜之后会成的。而且对水施加强烈的影响并不是必不可少的。您只要把杯子放在两掌之间就足够了。

好了，您掌握了效果不比“意图发生器”差的强大技术（意图发生器接下来会谈，在这里形态场通过双手的诱导动作被充满意图信息）。“杯水”技术简单得多，不要求把针对能量所做的工作变成习惯。我之前没有把它提供给你们，是因为我想亲自准确地在实践中检验它。现在我要做的是祝愿您也有愉快的实验！

我因为思移力感谢您，我也终于开始发现，我的世界将要关心我了。可是我却怎么都找不到自己的门。是否可以运用“一杯水”技术进行这样的寻找？为此需要写哪些话呢？视图化技术和幻灯片在我这儿不怎么成功，也许杯水技术能成。

您想说的恐怕是无法找到自己的目标吧？当您已经在通向目标的路上时，门是开着的。当然，这个技术可以用于任何思想形式。思想形式必须由您亲自勾画。聆听自己灵魂的声音，它会提示您的。不过不只需要对水杯做工作。为了让灵魂有所选择，还应该吸收更多的信息。

用来充入信息的可以不是水、而是比如水果或其他食物吗？

当然，不仅可以，而且需要。不过最好的信息承载者还是干净的水，因为水中的分子是自由的。

饭前祈祷也是在把正面能量充入食物。只是祈祷必须不是机械的，而是有意识的，否则一切都没有意义。不过，当然了，最好把食物献给自己，而不是上帝。上帝在您心中。当您向上帝祈祷时，结果却似乎是您在迫使他向他自己祈祷。或者这是您在向您自己祈祷？与不知为了什么而没完没了、倒背如流的“谢恩”相比，他肯定更喜欢实现您的愿望。那就请您把自己的意图充入食物吧。

在此应该预先说一下，对上帝这样的态度不是完全不引人怀疑，对于许多人来说甚至完全不能接受。每个人都有保留自己观念的自由。

是否该每次都写出思想形式，还是最好使用同一张纸？

如果不懒，您可以每次都写。不过也可以使用同一张纸。您怎么方便怎么做，只是不要把仪式变成负担。您应该情愿这样做。要知道，您是在以此理顺自己的世界层，实现自己的意图。

如果您非常想达到某个目的，不该只运用“一杯水”这一种技术。谁都不会放弃目标反转术的。您应该总是怀抱目标，融入角色，以希望的方式生活。哪怕暂时是虚拟的都无妨。那样的话，虚拟的会更快变成现实的。

是否可以使用圣水完成程序？还是仍旧是冰水更好？

如果您不打算驱逐体内的魔鬼，则不需要圣水。最好取用清除掉一切信息的水：冰水或是在您家里制作的蒸馏水。

在您的“一杯水”技术发表之后，在互联网的各个地方几乎马上就出现了类似的文字，实际上一模一样。这是什么，摆锤效应吗？

不，当某人的文本发表时没有指明出处，这种做法有另外的称谓：剽窃。尽管当然高兴，因为你的文字那么快就被引用了，匆忙得让人家都忘记指明从哪儿来的了。这意味着技术是好技术，让人喜欢。

我可是指明出处了，那就是老奶奶们。当然，她们知道，对水是可以念咒的。不过，对于类似事物不谙此道的人态度总是不严肃。因为该仪式看起来不权威——是某种迷信的萨满教的东西……

总的来说，您认为思移力中有什么新东西吗？回答明摆着的：什么——都——没有。那要它干什么用呢？一切不是都已经说过了吗？思想是物质的，思想又对物质产生作用，思想中有什么，现实中就有什么。

关键在于，一切确实都说过了，可问题是：怎么说的？可以博览汗牛充栋的灵修秘术文献，但却什么都掌握不了。您想一想，您看了一部电影，或是读了一本书，之后您问自己：嗯，由此得到什么了？该不该读或是看呢？这样的情形还少吗！是的，当然，存在这样的现象和这样的知识。可该拿它怎么办呢？似乎什么都明白。奶是白的，伏尔加河流入里海……但却没法彻彻底底地清楚，有什么东西没有被意识到，没有被抓住。

看来，浮于表面的朴实真理没那么容易被确定下来并把它变成具有实践价值的技术。光知道是不够的，还该意识到、感受到。更别说我们的世界观充斥着愚蠢至极的刻板公式和定型，它们摧毁着真理的全部本质。

您来看看我刚刚说的话：思想是物质的。可它们不是物质的！这是理念，是虚拟的方案空间中的虚拟形象。是客观存在的，这没错，可却不是物质的。

思想对物质产生作用？又不对。为了挪动桌子上的火柴盒仅有思想能量很难说够用。而且严格地说，移动它的不是“思想能量”，而是生物场。

当说到控制现实的时候，它所指的意思是：思想照射的不是物质，而是虚拟方案空间里的形象、原型，如同电影胶片上的一张底片被照射到并投射到现实的银幕上。

对水杯产生影响的不是思想（理念、形象）本身，而是伴随思想活动、承载信息的某种放射。这种放射是什么，我们目前不知道，用仪器也不能测量，所以对我们来说它也是非物质的。

思想中有什么，现实中就有什么？是的，但究竟怎样做？思移力讲述的正是这个内容：知识在此获得阐释、理解并变成技术。当我阐释“一杯水”、具体化并写下工作细则以后，它就变成了具有实践价值的技术。您明白了吗？

第 10 章　第二文明

当人群开始往一个方向想的时候，他们的“思想波”会相互涌向对方，在能量的海洋中建立看不见但却现实存在的能量信息结构——摆锤。

我们回过头来，稍稍回顾一下思移力的基本原理，涉及阴性物质本质方面的内容，因为这个主题非常严肃，意义非常重要。思移力让读者面对一个震惊的事实，该事实的全部可怕之处不是每个人都有能力意识到和接受的。活在哪怕虚幻但却更舒适的世界中比活在吓人但却真实的现实中总是更轻松。虚幻之处在于，人的动机和行为似乎处于其意识的控制之下。事实上不完全是这样。甚至更应该说，完全不是这样。科学家不该把心理当作独立客体、当作人理智的特性来研究。问题不在于人的心理是如何形成的，而在于理智不具有自由意志，对它的控制来自外部。做这件事的不是教师，不是官员和上司，而是阴性物质世界的本质。

我们知道，思想能量不会不留痕迹地消失。当人群开始往一个方向想的时候，他们的“思想波”会相互涌向对方，在能量的海洋中建立看不见但却现实存在的能量信息结构——摆锤。

摆锤诞生之后就开始独立发展了。它们追求的是让人们——结构的组成部分——服从自己的意志，但这样做的时候是无意识的，因为它们没有理性。不能说摆锤是某种邪恶力量。它们更像是寄生植物或者貌似有生命的程序，这些程序被添加到结构中，决定结构的行为。**摆锤作为每一种人类共同体的上层建筑存在于阴性世界中，这些人类共同体可以是家庭、学校、企业或是国家。**人们不清楚自己的行为不由自主地对摆锤有利，这一点看起来似乎不可能。但这却是事实。

任何结构的存在和发展不只是由于人们——结构的组成部分——有目的的行为。结构受摆锤控制，如同自动化机械受程序控制一样。结构的成员可以做出随意的行为，但这些成员在动机上不是自由的，而是被迫无意识地行动，其行动对结构有利。

摆锤以人们的能量为食。当您因为某种事沮丧并且把疯狂的愤怒表现出来的时候，您就把能量献给摆锤了。能够潜在地激起您强烈负面情感的一切都是摆锤挑唆的。**负能量是它们最喜欢的菜。**

全部的可怕之处就在于：摆锤不仅吞噬能量，而且通过某种方式迫使人们的表现释放出更多的能量。

如果您因什么事焦虑、紧张，周围的人会做的正是激怒您的事，而且恰恰是现在，在您想要让人别烦您的时候。

孩子开始倒立着走，尽管在此之前表现温顺。旁边的某个人开始因为某种事让您懊恼。各种各样的人绊您的脚，用他们自己的问题纠缠您。到处都是纠缠不清的麻烦。如果您急不可耐地等着某个人，那他很长时间都不出现。如果您不想看到任何人，那一定会有人冒出来。诸如此类。

您自己可以证明，世界经常让您发神经。当然，每个人发神经的程度不一样，方式不一样。但总而言之、言而总之，本质是这样的：如果某时某刻某种东西能够让您失衡，不知为什么，就像故意似的，这一定会发生。

我们假设：您非常急着去某个地方，担心迟到。从这一刻起一切就会开始拧着来。人们挡住路，优哉游哉地迈着方步，您怎么都绕不过去。您需要尽快穿过一道门，可那里一定会排着长队，人们懒洋洋地挪动着脚步。公路上汽车的情况也是一样。大家好像全都故意说好了跟你作对似的。

随着怒气越积越多，这种来自外部的压力会变得越来越集中。紧张度越强烈，周围的人就会越来越积极地让您懊恼。有意思的地方恰恰在于：他们这样做完全不是故意的。他们想都没想过，这样做会碍着谁。关键全都在于形成无意识动机的运动力不在人的心理内部，而是在心理外部。

这样就出现一个问题：该如何抵抗摆锤的影响？为此必须停止当一只对任何刺激者都作出负面反应的牡蛎。换句话说，**保持自觉性，不受挑唆。**需要有意识地终止对刺激者做出反应，那样他们就不再让人懊恼了。

但这还不是全部。摆锤导致世界上发生的事情的规模要大得多，其可怕程度要严重得多。战争、革命、争夺原材料市场和销售市场的斗争、竞争、恐怖主义——所有这一切仅仅是冰山露出水面可以观察到的部分。在这些现象看不见的、阴性物质世界的基础上进行着摆锤们无休无止的战斗。实际上正是这些摆锤在挑唆所有的冲突情景，因为它们以冲突的能量为食。在双面镜的另一面发生的事情许多人根本不想去了解。

您会问，这怎么可能呢？要知道，这是人们自己主动与对方战斗的吧？充当现实倡议者的终归还是摆锤。我们以相对原始的结构蚂蚁窝为例。控制蚁群的方式是怎样的？对于这个问题科学无法给出令人信服的回答。令人惊奇的是，蚁群中有明确的责任分工，但却没有等级。为什么所有昆虫的行动都协调一致，如同有中央控制的组织一样？

蚂蚁通过分泌有气味的物质——信息素——进行相互之间的沟通。留有气味的小径让蚂蚁找到通向家和食料的路。可信息是如何同时传送给蚁群的全部成员的呢？蚂蚁之间交换信息绝谈不上有任何高级形式。要不然它们为什么运用像气味这样原始的数据收集手段呢？

那么，究竟是什么把单独的成员联合到有组织的蚁群中的呢？

是摆锤。在结构形成和发展的同时形成了能量信息本质，该本质承担控制和稳定这个结构的功能。在摆锤和结构各成分之间存在正向的和反向的关系。摆锤靠自身追随者的能量存在，把追随者联合到一个有组织的共同体之中并与其活动同步。

人类社会也是一样，所有的过程都在这些阴性物质本质的控制下进行。世界飞速变成一个矩阵，而这完全不是科幻。当然，一切与一部著名电影中的情形有些不同，在这部电影中人在带着吸盘的一个个小格子中培植，而他们的全部生活仅仅是虚拟的幻想。现实的情景已经距此很近了。

总之，为了把人赶进矩阵，必须用构筑在依赖性之上的网包住他。最近几年出现了大量新的依赖：食物变成了让人受肥胖之苦的饲料；电脑虚拟现实衍生出游戏现实和网瘾；移动电话——现在没有它人们就会感到难过、孤独。最可怕的是，受系统奴役的人丧失的不止是选择的自由，而且什么对系统有利，他就开始想什么。

整个世界如今进行的就是这样的过程。因此，我们的任务就是保持自觉性，有朝一日能够在矩阵的小格子里醒来。我们就像摆锤专门为自身目的培植的特殊食用作物。人类社会的构造就是这样，没有摆锤它无法存在。它们也需要我们。自觉的人能够让摆锤为自己所用。这里存在非常多的可能性，不过关于这一点要单独去谈。

难道摆锤真的是现实存在的？这种事很难相信。

比如，当足球比赛开始的时候，体育场上空会悬起某种不大的球状物体。这个球眼睛看不见，因为它存在于阴性层面，但它却向每名球员和球迷伸出能量触角光线。在情感围绕比赛不断积累的过程中，摆锤得以充实能量、增长。人们的能量流入球体。在某个时刻脉冲顺着光线由球体传导出来，这时球迷浪潮就会在体育场滚过。摆锤渐渐扩大成一团巨大的黑云，它通过自己的光线像控制提线木偶一样控制着球员和球迷，竭尽所能让激情积累得更多。待比赛结束的时候，云团重新缩回不大的球体，然后飞走。

怎么，我们生活着，但却对此一无所知？

正是这样。这看起来怪异，因为摆锤处于我们的知觉区域之外。比如，蜜蜂对人也没有知觉。对于蜜蜂来说人是某种不存在的物体，在这个物体没有变成直接威胁之前可以不去关注。对于这个物体可以简单一瞥，不去想它是什么，怎么回事，只是一瞥了之。蜜蜂什么都意识不到，它陷入沉睡的梦境，按照严格确定的程序行动。与蜜蜂的存在程序没有直接关系的一切都处于其知觉的区域之外。它的目的是采蜜。采蜜干什么用，这个没有意义，该采，仅此而已。至于采的蜜后来到什么地方去了，也没有意义。蜜蜂的自觉性水平没让它上升到可以理解事实，即有人把蜂蜜从蜂窝中拿走这个事实。

人的自觉性水平同样不允许他意识到许多东西。为了做到这一点需要苏醒，苏醒是根本，我们修炼思移力实际就是在尝试做到这一点。而且必须做到的不只是认识到，而且是准确地阐明并感受到。要知道，多数认识到摆锤存在的人却依旧在按照老样子生活。嗯，摆锤嘛，有这么个东西，那又怎样？没什么。梦在继续，人们懒于总是保持自觉性，而且值得吗？

这就仁者见仁智者见智了。在我看来，我们不配拥有崇高的称号 Homo sapiens——理性的人，因为技术文明之路让我们更深地陷入梦境，引导我们进入高度发达的矩阵，实质上就是进入蜂巢。

我遵循另外的分类。聪明的人，这是知道许多事物的人。理性的人是那种还明白他知道的事物的人。自觉的人是对于明白的事物有意识的人。这就是从知道到明白和洞察的阶梯。我们暂时处于这个阶梯的最底层。

把我们的世界变成矩阵对谁有好处？

对谁都没好处。系统，亦即矩阵，是自己构建而成的，是协同作用的、自我形成的结构。矩阵可能看起来似乎是摆锤理想的环境，摆锤在这里更容易控制人们并从他们身上吸取能量。可实际上这样的结构注定自我毁灭。矩阵是在对一切进行规范的过程中构建起来的。矩阵中的人变得像是赛博格一样，他们完成严格分配给自己的职能，是系统不可分割的成分，没有这个系统，他们根本就不可能存在。当一切都被规划有序的时候，摆锤们的战斗就停止了，位于最高位置的是一个全球化的摆锤。可如果内部矛盾被消除、冲突停息的话，系统就会瓦解，如同冷却的星球一样，它会爆炸，或者干脆死亡。如果文明沿着“建设矩阵”的道路继续走，结局就是这样。不过现实中的情形会怎样，谁都无法预料。

已经很长时间了，好几年了，我有某种像是“臆想朋友”的东西，我甚至不知道还能打什么更合适的比方，它完成的是天眼师的职能。而且这始于我接触您的网站、对思移力产生兴趣之前。我开始梦到它，后来它开始在现实中“在场”。这是……嗯……是个动物。它总是保护我，让我排除负面念头，提醒我保持自觉性，提醒我一切问题都会解决，换句话说，它做一切你期待天眼师做的事情。只是不要说我神经错乱，这不是幻觉，不是呓语，我的内视力“看到”它了。开机时我的手机上甚至都有关于它的提示，这提示帮助我不陷入别人的游戏。问题是这样的：这样的东西是不是独特的、个人化的摆锤？

就定义来说，摆锤是能量信息本质，当一组人始在同一个方向上想事或是人们之间出现联系的时候该本质才出现。生成摆锤必须有至少两个人，一个人是不可能创造它的。

您所说的东西是一种独特的“虚拟保护天使”。是您自己创造了他，从方案空间把他物质化了。方案空间中存在一切，包括您这个朋友的“复印件”或“模板”。您自身的波段调到天使扇面，用自己思想的能量“照射他的底片”，如果这样的照射持续的时间足够长，他就会物质化。

这样的天使尽管触摸不到，但却像您的各种念头一样是现实的。他依靠您的思想能量存在，但这不是摆锤。只要您想着他、养着他，他就会像灯泡一样亮着。天使开始过自己的、不依赖于您的生活。当然，在某种程度上您也亲自决定他的行为，但却不是彻底决定。

可以说，他如同梦一般，因此，当您自己只是充当观察者——做梦的人——的时候，他才能够独立行动。这不仅正常，它简直太棒了！我不知道，他有多独立，我可以说的只有一点：他的行为会有利于您，如果您期待他这样做的话。梦同样会按照您的期待扭转方向。

可能会产生这样的问题：是否存在真正的、而非虚拟的保护天使？我无法根据事实回答，但我认为相信这一点更好。我们总是能得到相信的东西。如果您相信，那么您至少会有虚拟天使，而这已经不错了。

尽管我本人从某个时期开始认为自己的保护天使实际是我自己的世界

层。我这样断定，那就意味着，就该是这样。保护天使以什么形式出现并不重要。实质上他本来就什么形式都没有。我的世界——喔！没得说的！它不只是关心我，简直是没脸没皮地献媚、讨好。为了讨我欢心，它拧成麻花都在所不惜！我的世界还保护我。您也会有这样的世界，如果您每天都系统地实践汞合金技术：“我的世界关心我”。

遗憾的是，我不是什么事都能干成，更准确地说，暂时是什么都不成。做不到让摆锤停摆，而是随波逐流。目前我正处于破坏性摆锤的完全掌控之中。每天都紧张，麻烦不断。问题在于：最近一段时间开始发生一些怪事，我很难解释清楚。摆锤通过我丈夫发挥作用。几乎从结婚一开始（五年）我就陷入某种暗无天日的依赖性之中。主要的感受更多是由虚荣引起的醋意。我们在一起工作，他被认为是有发展前途的员工，而我不是，可工作的所有后果都搅在一起。

五年里我的自我评价一落千丈。可是当我决定摆脱可爱的、安静的小姑娘的角色并向世界宣称我不同意表现得像周围所有人习惯的那样、让所有人都满意的时候，我自然就感受到了这个世界的排斥。也就是说，人们看不到我，听不到我，等等。假如我没有感受到我的亲人们开始对我表现出更强的攻击性的话，这一点我还可以认了。我只是想搞清楚：为什么？我该到哪里获取可以让所有这些摆锤停摆的力量？现在我动不动就会发脾气，眨眼之间就会达到歇斯底里的地步。

情况复杂。我们来试着把它分解为简单的组成部分。您说，您改变行为路线之后周围的世界变成了另外的样子。没什么可惊奇的，这正是思移力效应：一旦你改变对世界的态度，它就会随之发生形态变化。问题只在于如何把原因和结果联系起来。

指明原因的是这些关键的句子：“我的自我评价一落千丈”和“……从安静的小姑娘……”它们评定的是您在自己生活的戏剧中选择的角色。人一旦选择自己的角色，生活就的确变得如同戏剧一般。人物的性格以及他在舞台上的位置由他对自己的态度和对周围现实的态度形成——这是发生一切的起点。人把自己态度的脉冲发送到世界之中，该脉冲在镜子中反映出来，创造出相应的现实，进而对这种态度本身产生反向作用。要知道，望着镜子的反应时，人会重新表达态度，其结果是现实的画面得以牢固、改善或是集中，这取决于态度的性质。于是，在一系列幅度渐趋渐小的摇摆之后，在反向关系的链条上相对稳定的画面——周围的现实——得以确立。如果这时向世界发送另外的脉冲，平衡就会被打破，现实会重新经历摇摆，直到与某时某刻的世界观吻合并停在相应的水平上。

您所做的正是这样的事：您不愿意继续容忍自己的地位，向世界发送了另外的脉冲，世界随之作出了反应，但不是您想要的反应。镜子的反应总是单一的：发送什么，它就回应什么。从您的感觉判断（“……对我表现出攻击性……”），可以得出结论：您决定“发动战争”。镜子前的形象一旦改变，映像就会随之开始扭转。

听话、认同的安静小姑娘的角色不再符合您的心愿。您想成为强者，成为独立的人。该如何达到这一目的呢？如果把注意力集中在映像上，那首先要求做的就是成为愤青：毛发竖起，与其他世界即镜子开战。可如果注意力集中在形象、即映像的原型上，那么显而易见，停止战争、形成内在中轴要有效得多。如果你内心不认可，那就别在表面上认可。不是坚持、而是拥有自己的观点和自己的原则。不是讨好权威操纵者，而是根据自己的信条生活。依靠自己的中轴，而不是依靠镜中摇动的映像。

那么，“坚持”自己的意见和原则与“拥有”它们有什么差别呢？坚持意味着争论、证明、斗争。为了什么？为了首先向自己证明，为了打消自己的不自信和怀疑。拥有意味着心平气和地遵循自己的信念，不理会舆论，不去卷入无谓的争吵。如果一切都向自己证明好了，那干吗要向别人去证明呢？该如何向自己证明呢？干脆利落地允许自己拥有这样的奢华：退出大部队，成为自由自在的人。当您停止自己的战斗时，您就获得自由了。

您没有改变自己形象的本质就投入了与映像的战斗。投入战斗的还是那个安静的小姑娘。在您内心依然准备听话、认可时，不管表面怎么做，您头脑中都会有一个摆锤轻易就可以抓住的小钩子。首先要做的就是拽出这个钩子，那样的话，一段时间过后，映像和形象之间的摇摆会停止，您的世界的新现实会确立，在这种现实中您独立、强大。不需要向任何人证明任何东西，不需要与任何人斗争。

我的问题与摆锤有关，开始的时候它们的存在让我震惊。理智不想相信，因为它需要证明和印证。不过，对现实心平气和的观察印证了这个理论。所以我的问题是：是否可以与这些摆锤达成协议？除了“贷款人－客户”关系之外理顺其他关系？我们过去的多神教历史让我有了这样的思考。要知道，从前人们本能地尝试过祈求似乎可能对其现实产生影响的各种神灵开恩，是这样吧？比如上供，或者为讨好这些神灵完成某些仪式。是否可以专门训练以向摆锤“买好”呢？这样的事在我们这个时代可能吗？

上供以及其他仪式实质上是用能量“喂养”摆锤，以此使它变得强壮，有能力实现祈求。多神教时代就是这样做的：一开始喂养摆锤，然后向它提出请求。阴性物质的各种本质的确可以影响现实。当然，它们不是万能的，但还是善于做一些事。唯物主义科学家无疑不是这样想的，他们认为自己与无知的多神教徒相比非常聪明。实际上多神教徒的错误仅仅在于他们没有利用集体的意图，而是向自己的众神祈求并希望那些神会亲自做到一切。

总的来说，向本质祈求徒劳无益。它们不善也不恶，它们既没有报复感，也没有同情感，它们不想伤害，但也不渴望帮助。摆锤可能做的充其量就是执行植入它们之中的程序。当然，祈求在某种程度上也是程序，但以确定的、尤其是集体的形式表现出来的意图要强有力得多。那时候发挥作用的不只是摆锤，还有你们的意志。

可以这样形成集团的意图并把程序赋予自己公司或组织的摆锤。这一点我在《现实的思移力》一书中已经写过了。这是发展自己业务非常有效的方法！可是这一点谁都没思考过，没加以利用过，除了发达的日本，那里的人谙熟这样的事物，而欧洲人迄今都不得而知。可以得出结论：哪里的人聪明，哪里的人理性。

个人也可以利用摆锤的可能性达到自己在生意场和官场的目的。方式如下：

首先须确立与摆锤的联系，适应它的频率。如果您是雇员，那就需要观察集团的伦理，成为您为之工作的系统合乎规矩的一员，服从该系统的规律，总之，与其合拍。如果您有自觉性，善于观察，您轻易就会弄明白，成为你们系统合乎规矩的成员是什么意思。如果您有自己的一份事业，那您就是自己摆锤的宠儿，一开始就适应它的频率。

现在应该给摆锤设定程序了。为此可以运用“意图发生器”技术。

两臂在身前弯曲，就像抱着一个球。为了感受到浓缩的一团能量，两掌之间要用力。移动两手，仿佛您在触摸、挤压一个充气的小球。感觉到掌内发麻、两掌之间有紧密的一团气以后，您就开始像拉手风琴一样移动两手。请您注意脑子中的感觉。当两手往外拉时，脑子里有某种东西在紧缩，而当两手靠拢时，有某种东西在扩展。要感受到大脑在随着动作的节拍作出反应。

请尝试把感觉反转：现在让大脑自己来移动手。当脑子里有什么东西扩展时，两手自动靠拢；有东西紧缩时，则两手自动分开。可能不会马上做到，但您会成功的。这样的动作还要再做一会儿。然后从两手的水平运动转向环绕动作，如同轻柔地拍松棉团。把注意力转向自己的能量气囊。感受到两掌和整个气囊之间的能量团统一起来。换句话说，请您想象，似乎您在“拍松”自己的能量，就像在搅拌机中搅拌一样。能量团——这就似乎是您意图的浓缩，您用这个意图充满自己整个的生物场。

两手继续平稳地做环绕动作并确立思想形式。比如，如果您拥有自己的公司，那思想形式就是：“我的宏图公司正在发展壮大。利润在增长，业务非常顺利，客户崇拜宏图，宏图每天都变得更富有，宏图威信日增。所有人都知道宏图、尊敬宏图……”您最好应该知道该给自己的摆锤下达怎样的任务计划。说出您公司的名称“宏图”是与摆锤直接发生关系的关键，因此要把它时刻挂在嘴上。

如果您是雇员，那么您就可以为自己构成一个升迁的思想形式：“宏图公司的人都非常看重我、尊敬我。我杰出地完成在宏图的工作。我是高级专业人才，是宏图最优秀的员工之一。我有出色的理念和想法。我给宏图带来高额收入。我是很受器重的干部。我就要担任宏图的领导。”

请注意，您不是在请求，而是以确定无疑的形式信心十足地宣告意图。其结果是，您的能量体在规范有序，变成把思想形式向方案空间放射的结构。这一程序会被录入到您的形态场里和摆锤中。现在它会发挥作用，首先是作为您意图的增强器，其次是作为向导，亦即执行者。摆锤有它自己的影响现实的可能性，包括通过需要的人来施加影响。不仅如此，如果您的程序对它有利，它会对实现此程序需产生兴趣，因此这个因素您也要考虑到。比如，如果在您的程序中您是受器重的员工、会给公司带来高额收入，那么，这显然对摆锤有利。

请您一边继续做动作，一边确定思想形式，只是不要机械地确定，而是要有意识。做动作的过程中可以即兴发挥，尽可能想象勾勒出的画面。思想形式必须简洁，浓缩着您想得到的那一切的基本要素。什么对您来说最重要，您就确定什么。最后停止两手的动作，再次尝试感觉一下两掌间的能量团。您会发现，它变得更浓密了。抓住这个能量球，一下子把它“搓入”面孔和体内。就这样为自己的形态场充斥能量之后，您一整天都会向空间发散您的意图。而摆锤也会用它的渠道推动您的计划。

每天早晨都要为意图发生器输入能量10～15分钟。把这变成习惯。您不是每天都刷牙并且不会为此感到累赘吗？任何必须做的事变成习惯以后就不再是累赘了。只是不要过于热心，过于强迫自己和世人。力量不在于努力，而在于注意力集中。做出一点努力只是为了让注意力在几分钟内排他性地集中于目标而已。果断、自信、平静、坚定不移地宣示自己的意图。回想一下，海浪是如何平静地、一往无前地冲击海岸。您的意图正是如此，也必然会实现。

可以交给意图发生器的只能是一个目标还是可以有几个目标？

可以有几个目标。这取决于注意力能集中到什么程度。要注意的是，在这段时间内各种念头不能随意飘来飘去，要目标明确。可以把您全部目标的思想形式逐一默念或是大声说出来。那些与摆锤有关的思想形式会同时作为您的意图和摆锤的程序发挥作用。这时不要忘记重复摆锤的名称。其他思想形式会作为您的意图被发动起来。

可以运用“意图发生器”技术寻找爱情吗？还是它更适合用来达到升迁目标？

这个技术可以用于任何目的，包括寻找自己的另一半。创造思想形式，就像在“一杯水”技术中一样，用这个思想形式为发生器输入能量。当您对目标幻灯片做工作的时候，需要详细地想象画面。用幻灯片的本质、即宣示意图对“发生器”和“杯子”充能。只要有意识地、信心十足地把思想形式说出来就足够了，不必仅限于这些技术。别忘了还有幻灯片。要尽量频繁地让目标幻灯片在脑海里浮现。

您在书中说对具体的人进行反转没有意义，会吃亏。可是如果说结果恰恰取决于人，那如何能够把它视觉化呢？我是一名建筑师。是不是该对设计竞赛评委进行反转、使之产生肯定的反应呢？虽然可以说，我作为幻灯片反转的他人的肯定反应是设计杰出、配得第一名的结果，因此，在这种情况下我影响的不是他们而是设计？

不能对具体的人进行反转，因为这样做您有可能冒险“触及”他的灵魂并因此触犯隐私，这可能会让灵魂不喜欢。更何况您没有能力直接影响一个人，因为他有生命，有灵魂，拥有自觉的意愿，而非来自方案空间的一个模型。不过间接地、通过摆锤来对人产生影响是可以的。所谓黑魔法和白魔法利用的就是这一点。

摆锤有接触我们意识的通道。如果把程序赋予摆锤，它就可以对目标客体的态度、动机、评价和行为产生影响。尤其是可以对考官或评委的意见产生影响，这没有问题。问题仅仅在于如何确立与相应摆锤的关系。如果您是摆锤的宠儿，那就再容易不过了。如果您为摆锤工作，那么，当您按照“意图发生器”技术行动时，您也是“有关系的人”。大学生也可以被看作高等学校的“雇员”，因此，把“高分”程序添加到摆锤中也是可行的。所以说，不是您在反转具体的人，而是摆锤亲自选择“需要的人”，那些为了让程序得以实现必须影响的人。

在任何情况下反转的恰恰应该是您想被评价的对象，自己或是自己的工作，而绝非是具体的人。如果您没有接触摆锤的通道，那就只好不借助它的力，只用“我是天才”或者“我的设计是天才的作品”这样的意图来为自己的形态场充能了。比如，您目前还没有与您想得到工作的机构摆锤接上关系，因此无法把顺利对话的程序添加到该摆锤之中。这样的话，将要发挥作用的就只有您的意图了。尽管无论如何都值得尝试顺应摆锤。为此需要尽可能多地获取有关它的信息，深谙其精髓，试着在精神上融入您想去工作的那个单位。届时，可能性自然会大大提高。

至于进行爱情反转或类似的反转，那是绝对不应该的。这样做几乎确定无疑会失败。爱不能强求或灌输。爱是最大的一个谜，关于爱能够了解的只有一点：它自己产生，是自发的，不可理喻的，预见不到的。任何人为唤起爱（不管是自己的还是别人的爱）的尝试与其说荒唐，不如说过分。这样的爱不会是真正的爱，它是人为的爱，如同“僵尸的爱”一样。副作用一定会迸发，现在不迸发，将来也一定会。

是否可以在博彩中运用“意图发生器”技术？

不能，在博彩中发挥作用的只是概率理论。人们有时会说，不存在偶然性，但在这种情况下选择的确是偶然选择。请您想象一下转动的球桶，这里面哪有规律可言？有的只有偶然性。这里有谁、以什么方式可以对选择产生影响？谁都不能，无论如何都不能。没有相应的机制。

我欠银行一大笔贷款。我自己的生意随着金融危机的到来彻底完蛋了，再说对做生意的兴趣也全都没了。我原先做体彩投资。找到一些专业预测师。投了 5 万卢布，两周内就翻了两番。一切简直棒极了。目标幻灯片我转了，钱来了，银行也不来烦我，可是突然在某一天，一项体育赛事都没对上。所有的钱都赔进去了。

因为我迷恋足球，因此开始对通过赌球挣钱产生了兴趣，不是作为主要收入来源，只是想把我的爱好与对投资的职业兴趣以及以此额外挣些钱结合起来。从思移力的角度看，我一切都做得对：没有赋予这件事特别大的重要性，但对于一切却都是细致考虑周全之后才下的注。我百分百相信注下得对，但却总是出现一些奇怪至极的、通常很少出现的规律，因此我输多赢少。对此可以做何解释呢？要知道，我喜欢这件事甚至都不是为了钱，而是在把我的利益与爱好结合起来。我应该赢钱才对。要知道，如果对胜利充满信心，胜利就一定会来，不对吗？要知道，对于外在意图来说不存在“不可能”这个概念，不对吗？这件事我做了一年左右，但值得肯定的结果却依旧没有。

外在意图在以下这种情况下奏效：当您来到方案空间的超市，在那里自由选择自己的东西。这里的关键是选择的自由。谁都不能把您的东西从您这里夺走。可是当您与庄家游戏时，您试图拿走的是别人的东西。难道这一点不明白吗？根据同样的原则，属于庄家的东西谁也从他那里夺不走。他可以从您这里夺走，因为您卷入的是他的游戏，不是您的。

我已经不止一次地警告过，试图赢摆锤是无望之举。为此至少要做到的，是必须成为丧失一切情感、激情和愿望的机械会计师。当您没什么短处可供勾连的时候，您就可以赢。可是问题在于，您总是有短处可供勾连。作为一个活生生的人，您天生不是无可挑剔的。

还有一种情况下您可以赢：如果您是摆锤的宠儿，即您处于金字塔的尖顶或者博彩机构属于您所有。那样的话的确可以总赢，因为在这种情况下这是您的东西。宠儿的地位特殊。

可是您不属于罗德柴尔斯家族吧？那么，金价游戏就不是您的游戏。您不像摩根人那样有印钞的权利吧？那么外汇交易就不是为您准备的。在这些游戏中究竟谁是主人？那个确定规则的人。他，只有他，总是最后的赢家。您充其量只是一个被利用的筹码。为了巩固您对虚幻成就的信心、把您锁定在游戏中，只是偶尔会让您赢两把。

摆锤把您留在游戏中只是为了挤出尽可能多的能量。怎样能够做得最好呢？让您坐过山车喘不上气来：一会儿是头晕目眩的上升，一会儿是急剧的下降。直到把可能榨出的一切都从您身上榨干为止。如果您倍加小心，玩得“有头脑”、“考虑周密”，那您被留在游戏中的时间就会长，就像对待奶牛一样，不完全榨干，但也不让它喘息。

生活就这样在不断的压力状态中进行，而这是摆锤需要的。要知道，在博彩业中摆锤最贪心，胃口最大。不要跟它们玩博彩游戏，这游戏不是您发起的。可以玩上一两次，然后毅然决然地退出游戏，再也不要卷进去。在这种情况下，危险大于冒险的代价。这就如同是毒品：您相信试一次就能够再也不碰它了吗？要是您做不到呢？

第11章 出 列

为了避免机体迅速老化，需要退出共同的、直接迈入矩阵的队伍，开始专业性地、有意识地行动，而不要像在沉睡的提线木偶社会那样行事。

如今所有的人，不管是女人还是男人，年轻人还是不很年轻的人，全都想成为健康、体态匀称、漂亮的人。因此在接下来的章节中我将提供如何达成这一目标的信息。话题将涉及水、空气和食物，因为我们喝的、吃的、呼吸的东西是其他一切的基础。其他一切说到底都是派生的。我一点都没有夸大其词。一切都由此开始并沿着因果的链条延续。作为物质元素，水、空气和食物形成健康和外表并决定精神的延续——自由能量的大小、内在素质、世界观、事业和家庭生活的成败、控制现实的能力。

有人可能会觉得，所有这一切与思移力没有直接关系，而有人对健康是什么概念根本就不感兴趣。嗯，那是时候未到。随着年龄的增长您的观点会彻底改变。如果就“概念”来谈话，则非常多的人根本就想象不出何谓拥有好的健康和高度的能量张力，因为他们从未体验过这些。

机体作为我们灵魂的物质外壳在时辰未到之前不会让人特别不安。它能够正常地走、有时甚至跑，能够驾驶汽车、活动手脚、张嘴闭嘴、过夫妻生活、满足最简单的需求、解手，总之，表现得完全适宜。可一旦把这样中等水平的机体放到极端环境中，它就会立刻无精打采，开始哭爹喊娘。

健康目前没出现任何问题还什么都说明不了。机体在20岁之前是生长、发展的。20岁之后开始反向过程。存在这样的规律，非常令人不快的规律：如果没有发展了，则蜕化就开始了。事实上这就意味着，如果20岁之后您不为发展付出任何努力，那就是说，您在蜕化。如果从前老天让你生来健康，那么40岁之后，而对于有些人来说要早得多，为健康简直就不得不斗争了。如果你不这样做，你会看到自己“赤裸裸”的蜕化过程。

不存在“水平状态”的健康和能量。要么向上，要么向下。这种运动几乎是看不见的，但结果却不知怎么会立刻、突然出现：橘皮纹不知从哪儿钻出来了，或是肚子凸起来了……

所以呢，为了让这个“突然”不出现，用选择发展之路来取代消极、不光彩的蜕化不是更好吗？为此需要退出共同的、直接迈入矩阵的队伍，开始专业性地、有意识地行动，而不要像在沉睡的提线木偶社会那样行事。下面的信息许多人会觉得不同寻常，与普遍规范背道而驰。的确，如果您果断出列，那么您就在矩阵的界限之外了。您要开始做的许多事情与其他所有人完全不同，但与其他人相比您将获得的能量和自由要多得多。您将做的事情一开始会让您吃惊。之后您会开始让周围的人吃惊，让他们惊慌失措、甚至激怒他们。再之后周围的人看着您身上发生的变化，会以您为榜样。

第 12 章　衰老机制

> 活的水、空气和食物是抗氧化物。死的水、空气和食物是自由基。前者为细胞充电，让机体年轻；后者夺走电量，加速老化过程。

我们不仅是放射能量的发光体。就物质基础而言我们是生命水独特的水滴。老人是干涸的水滴，当然，如果他不臃肿的话。当水离开机体的细胞时，机体就在老化。那水为什么离开机体细胞呢？其中一个原因是：自由基像泵一样从细胞中吸出能量之后就会吸出水。许多人肯定都听说过自由基和抗氧化物，但这是些什么东西，他们只有模糊的认识。

自由基是吸血鬼分子，它们是不饱和正电荷分子，像野兽一样饥肠辘辘，因为它们少一个自由电子。这些吸血鬼寻找在哪儿能抢来一个自由电子。它们从没有防护的细胞中挖出它。其结果是细胞丧失能量——生命力，所有的后果都由此而来。自由基是机体老化的主要原因之一。抗氧化物正相反，它们是携带自由电子的负电荷分子。这样的分子是献血者，它们中和自由基。

随着老化过程开始，一切情形都足够简单：您的外表是您健康的反映；您的蓄电池、即细胞中有多少电量，您就有多年轻。健康情况直接取决于机体的洁净程度。机体的洁净程度取决于您用什么喂养它、怎么喂养。机体细胞的电量，或者换句话说，它们的“活性”，也直接取决于您所吃食物的“活性”程度。

活的水、空气和食物是抗氧化物。死的水、空气和食物是自由基。前者为细胞充电，让机体年轻；后者夺走电量，加速老化过程。这就是要知道的主要内容。真理总是简单，表面可见。就像考兹玛·普鲁特科夫①所

① 19 世纪 50～60 年代家喻户晓的俄国作家，实际上是五位作家共同的笔名，主要创作讽刺小品。——译者注

言："简单的大家全懂，复杂的谁都不需要。"

一般人习惯的食谱由用火烹饪的食品构成，这是死的食物。正相反，活的食物是没有遭受热加工的食物。水与空气的情况类似。寻常人呼吸和饮用的东西是死的。而且不仅仅因为众所周知的环境污染。我们要这样说：我们知道的仅仅是系统听话的分子应该知道的东西。许多其他与生命攸关的事物根本就没跟我们讲。天然的、活的自然生成的一切在与技术文明接触的时候遭到根本的改变，尽管这些改变不总能被人看见。

自然界除了人没谁用火为自己制作食物。熟食能够做到的只是维持生存。这不是人类理智的成就，而是它在劫难逃的错误。在熟食和罐装食物中一切有益的物质都变成无机的、死的物质。有机物与无机物是天壤之别。能够被吸收的只有包含在活的（而非熟的）植物中的有机的、活的微量元素和大量元素。植物与我们不同，它们不仅能够收集周围环境中的化学无机物，而且能够把它变成动物机体接受的形式。正是因为这个原因，它们分布在食物金字塔的底层。那些没被吸收的物质怎么样了？机体不得不把它们剥离出来，但负荷太大，它根本应付不了。大自然不可能预先知道，地球上生命体中的一个（更准确说，是唯一的一个）想要把活的食物变成死的。

这就出现了一个奇异的画面：人们努力留心表面的卫生，而对于内部卫生很少有人去想。与此同时，一个普通人的体内有整整一座垃圾场，它是看不到的，但就重量来说有几公斤（往往还会有十几公斤）。排泄系统来不及摆脱废物，无奈把这一切脏东西到处乱塞。其结果是身体开始飞快地变脏，变得像一个从来不打扫的破旧卫生间。

机体的储备是巨大的，因此人有时能维持到七十岁甚至更长。不过一切都在走向终点。已经处在人生的半途，所有的人都开始体验到积垢的后果：疾病、体重过重、没精打采，总之，力量已经不如从前，一切都不像从前年轻时候的样子。

问题就在于：生物场对排泄不畅的反应非常灵敏。脉络被堵住，能量渠道变窄，能量流变成衰弱的小溪，这些都导致生命力的丧失。机体的日常积垢是自由能量短缺的原因，如果不说它是唯一的原因，那也是主要原因。普通人的身体中保留着死亡细胞、蛋白质和脂肪，这些如垃圾一般充斥细胞间的空间，堵塞淋巴管和血管。这些垃圾妨碍所有系统发挥正常功能：它阻碍各细胞的"交流"，降低相互传导的电能信号的力度。能量衰减随之引发肉体中出现病理破坏，出现挣脱不出的恶性循环。

有一个基本原则，简单明了，其正确性不容置疑：活的机体应该获得活的食物。该原则弗兰克·波滕杰尔博士第一次提出来的，早在20世纪初他就做了一个令人信服的实验。十年内他用生食喂养了一组猫，它们全都身体良好，耐力强。第二组猫得到的是煮熟的食物，结果是动物身上有了人类的各种疾病：肺炎、瘫痪、牙齿脱落、委靡不振、神经衰弱，等等，也就是说，机体的所有系统实际上都有毛病。第一代猫仔生出来就虚弱、有病，第二代中有许多死胎，到了第三代，猫开始不孕。

发生在人身上的例子更为震惊。苏联时期俄罗斯一些州的集体农庄农民有这样的习惯：他们早晨去田里，一去就是一整天，晚上才回到家里，如果家里没人，他们会一大早就把粥或汤锅坐到加热炉上，这样回来的时候粥或汤就是热的。那些地方有这种习惯的人寿命都不长，不知是什么原因都过早地离世。原因实际是明摆着的：每加热一次，食物就会变得更死。

自然康复系统奠基人之一爱德华·霍维尔得出了一个更重要的结论。他的发现是：把生食和经过烹饪加工的食物区别开的主要成分是酶（酵素）。他强调说，这些“生命能量测量单位”在温度超过41℃时会遭到破坏。他为什么给了它们这样一个崇高的称号——“生命能量测量单位”？

酶是使生命成为可能的物质。我们机体内进行的任何化学反应中都缺不了它们。在活体中没有酶就没有任何积极的活动。它们是“工人”，如同建筑工人建造房屋一样构筑机体。营养物质、维生素、矿物质只不过是建筑材料而已。正是酶在保障“建筑工地”上的一切运动。而且它们充当的不仅是加速化学反应的惰性催化剂。研究表明，在发挥作用的过程中酶有一定的辐射性，催化剂是谈不上这一点的。酶由蛋白质组成，就像电池一样，这些蛋白质充斥着能量。

我们的机体从哪里获得酶？我们一出生就继承了一定量的酶潜能。这种数量有限的能量储备是为一生准备的。这就如同得到一定数额的启动金一样。如果一味花销，就会破产。同样的道理，您消耗酶能量的速度越快，生命力的枯竭就越早。当您达到那样一个时刻，这时您的机体再也没有能力产出酶，您的生命就终结了。电池没电了。

人们食用经过热加工的食物，这样做就是在没心没肺地消耗自己有限的酶储备。爱德华·霍维尔博士认为，这是各种疾病、早衰、早亡的主要原因之一。生食含有酶，这些酶能够使生食实现自我溶解：食物轻易就可以被吸收，因为它主要是在自我消化。

乌戈列夫院士做过一个典型的实验：他把煮熟的青蛙放入装着胃液的杯子，另一只杯子里放入生的青蛙。生青蛙完全溶解了，而煮熟的青蛙只是表面发生了一点变化，因为它的酶已经死了。

所以，如果您食用丧失了酶的烹煮食物，机体就会被迫调出自己的酶储备以消化食物。这样就会导致有限的酶储量减少。

请您想象一下：您打算对自己的房子进行一次大修。有两种方案可供选择：一种是有人把必需的各种材料都运送过来，堆在一起，然后人都走了。您只好自己来着手抓这件事，花费很多精力和时间完成全部繁重的工作。另一种是工人带着材料过来，他们亲自把所有的活都干完，而您在这段时间就是休息，做您自己的事。

食用加工食品和生食之间的差别就有这么大。人吃烹煮食品的时候，全部的生命力都用于繁重的消化工作了。应该直接去做自己分内之事——净化和恢复生命组织——的这些“工人”酶被迫把一切都放下，去完成不属于它们该做的工作。它们再也无暇顾及机体，于是机体走向荒芜。

人们突然不再平静地走路、坐卧，而是像傻瓜一样到处乱窜，尽管他们筋疲力尽，这样的情景您可以想象出来吗？生食者和“寻常人”机体工作机制的区别就是这样：一个闲庭漫步，另一个在跑没有终点的马拉松，直到气力衰竭倒地为止。

还有一个已知的衰老原因是“海弗利克极限”。美国科学家莱昂纳德·海弗利克发现，机体细胞可分裂的次数是有限的，大约50次，在此之后细胞就会死去。海弗利克极限与DNA端粒有关，细胞每分裂一次，端粒就会随之缩短，分裂一定次数之后端粒会小到不能再小，无法继续分裂，于是细胞就死亡了。

不过这还不是全部。大量实验过程中得出的主要结论是：除细胞分裂以外，端粒长度变短的根本原因是自由基在发挥作用。换句话说，机体来不及过完规定的寿命，因为人自出生以后就在有针对性地用死的食物自杀。

我们由此得出的结论是：人的机体与电池类似，电量枯竭，则生命结束。您食用经过热加工的食物时，电量消耗速度很快。可如果您的食谱中只有活的食物，则电池几乎不会撂挑子。请您想象一下：您有一个很少接通电源的灯笼，这样的话，电池可以数年不换。而如果您的灯笼一直亮着，您自己清楚，一直该做的事是什么。只不过您身上的电池不可能更换，它的电量会用完，您会悄无声息地“熄灭”。

找回从前的充沛精力是可能的，甚至可能得到您从未有过的健康！不过为此需要做的是：把死的厨房变成活的。您的厨房中有什么？灶台、煮锅、煎锅？如果您想打破时间的魔咒，让自己生命的沙漏倒流，那么，所有这些杀死食品的设备很快就会从您的厨房里销声匿迹。

第 13 章　潜在的威胁

混用不相容的食品、食用精粉食品、热加工的食品、氢化脂肪、速食食品都是潜在的威胁。

完全不必成为健康生活方式的辩护士，迂腐、荒唐地遵循某些原则行事。但健康饮食的主要规则最好还是去遵守，否则身体会给您带来一大堆麻烦。

对于机体来说主要的垃圾来源是一餐同时混用不相容的食品，结果是它们不是被消化，只是在腐烂。作为备选方案，有一个很好的原则，即分食制。这个您肯定听说过。该原则就是不要把相互不融合的食品混用。比如，正餐之后半小时再单独食用甜品和水果，不要同时混用蛋白质和碳水化合物，等等。如果您愿意，正确饮食的书不难找到。不必严格遵守，但毫不在乎地乱吃也不好。分食制会大大减轻您身体的负担，也就是说，您会有丰富的自由能量去做别的事。当然了，分食制也是甩掉多余体重唯一有效的方法。任何其他方法只能暂时有些改善，更别说它们还有副作用了。

垃圾的第二个来源是精粉食品。麦粒中所有有价值的东西都蕴含在胚芽和麦皮中。高级精粉是通过去除麦粒的胚芽和麦皮得到的。这样做使所有有价值的东西都丧失了，留下的只是主要由淀粉组成的死的部分。麦粒的这一没有生命的部分是大自然作为建筑材料而预先设计出来的，是一个特别的、装着脂肪的小桶，这些脂肪是为胚芽准备的。肝脏会被污染，黏液状的淀粉在机体内沉淀下来，肠壁会受到袭击。这种情形如何发生，眼睛看不到，但它们却看得到精粉食品是多么诱人。最有益的面包是粗面的、未发酵的面包。面粉等级越高，它对机体的害处就越大，价值就越低。

垃圾的第三个来源是一切经过热加工的食品。比如，您在商店购买的果汁中保留的营养成分很少，哪怕它们是“百分百的果汁”。您注意了，这些果汁是用浓缩汁制成的。浓缩汁是怎么获得的呢？通过加工、蒸发而成。然后还要往里面添加人造维生素。试问，根据定义应该包含维生素的食品中为什么要添加维生素呢？因为加工过后里面已经根本没有维生素了。只有您自己用榨汁机做出的鲜榨果汁才有营养。

活的果汁还包含有机的、活的水。水龙头里流出的水是死水。这种水简直就是化学物质，机体细胞很难吸收。您知道大多数的熏制品是如何做出来的吗？使用的完全不一定是传统方法，传统方法制作的还多少可以接受。最常见的是在所谓“发烟液体”的致癌溶液中腌渍，然后进行加热处理。加热处理后的食品中不仅几乎所有的维生素和微量元素被破坏殆尽，而且会形成致癌物——毒素。

第四个来源是氢化脂肪，或者另一种叫法，即反式脂肪。这首先指的是各种人造黄油、精油、脂肪含量低于82%的黄油、各种植物油的混合油，还有蛋黄酱和番茄酱。反式脂肪是通过对精炼植物油进行化学热加工得到的，精炼植物油的制作方法也是一样。为了把所有的油从初榨后的油渣中提炼出来，运用的是化学溶剂（比如类似于汽油的正己烷）。之后溶剂会从这种恶心的混合物中蒸发掉，得到的产品就是通常摆在商店货架上的东西。这种“营养食品”经广告大肆宣传，变成“纯净油”，对身体“有益”，不含胆固醇，等等。实际上，植物胆固醇是机体必需的，而反式脂肪却是真正的慢性炸弹。

反式脂肪毒性极大，会在机体内积累起来，引发一系列危险疾患：官能紧张、粥样动脉硬化、心脏病、癌症、肥胖、先天病患儿、免疫力降低、效率低下，等等。反式脂肪束缚消化酶发挥效力，各种后果都是由此引发的，主要后果就是食物不是被消化，而是在体内腐烂，尽管我们看不到。反式脂肪进入机体细胞，在细胞中长期沉积，覆盖细胞膜，结果就是细胞无法充分获得营养，而且积累毒素。只有在完全放弃食用含有反式脂肪的食物两年之后，它们才会从机体中被剥离出去。反式脂肪出现的时间相对来说不长，是由战争年代饥饿引发的技术进步导致的结果，因此机体不清楚该拿它们怎么办，既消化不了，也摆脱不掉。

反式脂肪最为丰富的来源是煎炸快餐食品、糕饼、点心。在饥饿的战争年代发明的人造黄油是一种连老鼠和蟑螂都不吃的“食品”。就性能来说它们与日用肥皂差别不大，甚至不会变质，就像洗涤用品一样。可就是这种化学代用品几乎进入到所有的糕饼之中。人造黄油是这样被造出来的：把那种用化学方法得到的“精炼油”加热、加氢。结果得到的是大自然未知的同分异构体混合物，这种混合物是柔软的固体，有令人恶心的气味和颜色。为了让这种“食品”具有商品的品相，还要往里面添加一堆各种各样的化学物。

所以说，如果您还没活腻，糕饼类食物您最好使用质量好的黄油亲自制作。蛋黄酱以及番茄酱也可以用天然食品手工制作。

垃圾的第五种来源，也是最为普及的来源，是形形色色的速食食品。它们是合成产品，是可以立刻食用或稍做加工就能食用的产品。包括所谓“加水即食”的快餐菜、速食汤，各种各样的人造膨化食品、快餐早餐、罐头、巧克力棒、薯片以及形态各异的美味脆角或脆条，当然了，还有可以用来去除马桶积垢的碳酸（加气）饮料。

美国曾经做过这样一个“可笑的”实验：给一组老鼠喂食膨化食品，另一组喂食这些膨化食品的包装纸盒。两周过后第一组老鼠去了另一个世界。第二组老鼠活的时间竟然更长！

合成食物食用者的寿命究竟会缩短多少，这一点尚不清楚，因为快餐食品进入日常生活、被广泛食用的时间实在不长，总共只有二十来年。可就在这段时间里，比如，美国，快餐食品最为流行的国家，已经从食用天然食品时的奔跑之国变成深受肥胖之苦的国家。而且他们对这个可怕的现象并未特别在意。国人都在沉睡。爱心无限的妈妈们心里想：如果孩子“胖乎乎的”，那就意味着一切正常，孩子胃口好！醒醒吧，梦中人！把你们养肥是要送去屠宰场，就像屠宰牲口一样！肥胖可不是富足的标志啊，那是国人退化的标志。丰满也不是健康的标志，而是病理标志！

第 14 章　身体的寄生物

将近80%的现有疾病要么直接由寄生物诱发，要么是寄生物在我们机体内活动的结果。尸检结果证明，90%解剖的尸体中寄生着大寄生虫和各种最低级的单细胞微生物。

我们已经涉及过意识寄生物这个主题了。还有身体的寄生物，它们是最阴险的敌人。阴险表现在：首先，当代的医学实验室实际上无法（不管听起来有多奇怪!）诊断机体内“客人们”的存在。这是事实。（诊所根本没有配备必需的设备。老掉牙的分析几乎什么结果都得不出来。）其次，寄生物的存在很少通过直接的症状表现出来。身体的寄生物表现得悄无声息，它们没兴趣表现自己。人可能自我感觉不错，可与此同时他体内在发生什么事啊！……我们最好不去详谈。

许多人会厌恶地把手一甩：噢不，这跟我没关系！这是遥远的某个地方、是非洲的事，或是无家可归的人才有的情形，我洗手、刷牙！我自我感觉好极了！

似乎不是这样。良好的自我感觉具有欺骗性，那是时候未到，等到污染的程度超过一定的限度，情况就不同了。尽管在此很难说有什么限度可言。如果说我的体内有一些生物靠我活着，难道我可以无动于衷吗?

很少有人清楚这一点。实际上，形形色色的寄生物，从各种各样的寄生虫到最低级的单细胞寄生物和细菌，数量多得令人难以想象！如果从未进行过专门的清洁，没有一个人会确定无疑地知道他体内有什么。只有解剖师在尸体解剖时能给出明白无误的回答。对病人尸体进行解剖通常会发现其肠道里有蛔虫。

这个人得的是什么病？随便什么病。几乎所有疾病的金字塔塔基内都有寄生物的污染。它们寄居的地方不仅可能是肠道，而且可能是任何内部器官，包括大脑和血液。长期以来正统的医生都激烈抵触这个事实。怎么可能是这样？血液是无菌性的！血液内不可能有任何杂质！那是没把它放到高倍显微镜下，在高倍显微镜下会看到，血液里漂浮着一团一团未消化的食物、细菌、甚至寄生虫的幼虫。不久前还公开了一部录像片：手术过程中从一颗跳动的心脏里把钻在肉里的寄生虫剥离出来，用镊子把它们夹出来，它们扭动着，往肉里钻着。

时辰未到之前，在这种恶心的共处中，人的自我感觉多少还算好。可一旦越过界限的那个时刻来临，从前的健康就会开始像纸房子一样眼睁睁地土崩瓦解。给病人作出诊断，而诊断出的结果是由什么导致的却并不清楚。医生不知道真正的原因，因为大多数医生对原因不感兴趣：他们的事是用自己在医学院学习的方法治疗病人，只要病人还活着，就给他治疗。

这就是我们丑陋但却真正的现实状况。科学家和医学工作者把他们还没来得及在自己的学位论文中写透的东西全都排斥在外。只有等到写透了，那才“科学”，才“论证充分”。而目前应该做的，就是把所有未知的、未研究过的全都宣布为反科学的亵渎言论。就像一些生硬的科学家对超自然现象置若罔闻一样，许多正统医学的拥护者也认为没有必要关注寄生物问题。不管是超自然现象还是寄生物问题，研究起来、解释清楚都不容易，就是说，对其予以鄙视更容易。

不速之客在我们体内都在干些什么呢？首先，它们贪得无厌地吞噬营养物质、维生素和微量元素，尤其是锗和硅，没有它们机体的功能就不能正常行使。其次，它们排出的毒素对所有的器官造成污染。它们也是需要“上厕所”的呀。这个“厕所”就在您的体内。肝脏和肾脏拼尽全力不是去保护机体免受看得见的伤害，而是去排除毒素，排除看不见的敌人活动的产物。

其结果是疾患早早晚晚会把人打败。像急性呼吸道疾病、癌症、艾滋病、糖尿病、肝炎这样的疾病拥有同一个首要病因，这个病因又平淡又可恶，那就是寄生物。

任何传染性疾病也是上述首要病因导致的后果，哪怕后果是间接的。当人的机体再也无法应付使其中毒的毒素时，它就丧失了免疫力，患上了疾病。

不久前世界卫生组织终于还是公布了报告（事实是你逃避不了！），从报告中看出，将近80%的现有疾病要么直接由寄生物诱发，要么是寄生物在我们机体内活动的结果。尸检结果证明，90%解剖的尸体中寄生着大寄生虫和各种最低级的单细胞微生物。根据抽样诊断的有关资料得知，97%的居民身上有各种各样的寄生物，蛔虫、蛲虫和各种线虫的污染率尤其高。25%以上的居民受到细菌污染。

由于这个问题很少被研究，所以相关统计数字很有可能被低估。密切研究寄生物污染问题的那些治疗师的经验表明，百分之百的人受到了这种污染，只是污染程度和形式各有不同。人到中年时体内寄生物的总重量达到几公斤到数十公斤，依体重而定。其中不仅包括寄生虫，还有最低级的单细胞微生物以及细菌，它们无处不在，寄居在任何器官中和细胞之间的空间内。体内有不速之客的可能不仅是无家可归的非洲儿童，还有可能是任何一个认为自己文明并且自认是遵守正常卫生习惯的人。现实生活中的污染途径遍地都是：从烤肉串、腌肥肉到握手。很容易！在娘胎里的时候也包括在内。

除了显而易见的肉体伤害，身体的寄生物直接影响人的意识。它们是怎么做的，是通过化学方式还是其他什么手段，从本质上说并不重要。主要的，是这样的影响存在，尽管谁都不愿相信这一点。

许多寄生物实际上把自己的主人变成了僵尸。某种生物爬进人的身体、开始支配他，这种典型的情节完全不是从幻想小说中来的。有关这一点，生物学副博士叶莲娜·克拉斯诺娃这样写道：

血吸虫使宿主僵尸化的技术达到了无比高超的水平，它们的幼虫寄居在蚂蚁体内，成虫居于有蹄类牲口体内。这样的幼虫善于控制蚂蚁的行为：它们刺激蚂蚁的大脑，迫使它爬到草尖，在那里一动不动。这样血吸虫就会使自己连同中间宿主一起被牲口吃掉的可能性增大。但在天气炎热时幼虫会放松控制，因为蚂蚁干渴而死对它们不利，所以它们会让蚂蚁往下爬，在湿润的土壤上凉快。

弓形虫对宿主做的是什么事啊！这些单细胞寄生虫的中间宿主是老鼠，而最终宿主是猫。弓形虫热衷于让猫捕猎成功。它们寄居在老鼠的大脑中，但却不是大脑中随便的某个位置，而是负责识别猫尿气味的那个区域。正常的老鼠闻到这种气味以后会跑掉，而受到弓形虫污染的老鼠却正相反，这种气味吸引它们。

就人来说可以举出下面这样的例子。如果一个人总是污言秽语（不是骂人，而是说脏话成性），想都不想就到处乱丢垃圾（比如，边走边想都不想就丢掉酒瓶子或包装袋），或是把自己的负面情绪一股脑倾泻到周围人身上，那我可以绝对肯定地说，他体内有蛔虫。寄生物的天性如此：它们通过抛洒污物（原义和转义上的抛洒）进行自我传播。

体内有寄生物的另一个表现是：关于这个题目，人什么都不想听，这个话题让他愤怒。他拼命食用的恰恰就是有助于寄生物生长和繁殖的食物，即非天然的、合成的、死的食物。天然食物，尤其是活的素食对寄生物非常有害。这个问题我们以后再谈。

该如何把不速之客从体内清除出去呢？一些民族本能地把具有强烈抗寄生虫性质的植物加入到自己的食谱中。比如，对于英国和以色列人来说是大蒜，对于印度人来说是多种调味料，墨西哥有辣椒，俄罗斯有洋姜、萝卜和芥末。经常食用这些东西有好处。不过用这样的方法远远不能把所有寄生物都清除掉。

必须首先经过抗寄生物的一套程序。今天已经有足够多的方法了，在互联网或书店什么都可以找得到。有药物疗法，也有民间手段。您可以选择那种合您心意的方法，重要的是，那确实得是一种有系统步骤的方法，而不仅仅是某种广告推荐的、似乎一下子就能让您摆脱异物的神奇药物。

不过这也还是不够。可以不必怀疑，一批客人被赶走了，会有其他客人取而代之。那些老客人是怎么定居下来的？就是说，新客人也会如法炮制。结果如何呢？该经常清理自己、吃各种药片？挣脱不开的循环往复……不过出路是有的，您很快就都清楚了。

如上所述，如果说问题如此之严重，那为什么全世界的医生都没有敲响警钟、没有加强该领域的研究、没有挨个治疗全体居民的寄生虫病呢？他们为什么寻找某些不存在的治疗癌症和艾滋病的药物呢？为什么不开始想尽办法进行治疗，以避免隐蔽但显然致病的伤害呢？为什么只治标却不关注本呢？为什么不把清洁机体当作主要的卫生原则、把正确饮食当作健康的首要基础来宣传呢？为什么做这一切的只是很少数量的热心治疗师呢？

那是因为医生们本人的饮食就不正确，他们不清理身体，体内有寄生虫。寄生物控制着他们的意识，因此他们实际上并不关心如何让人健康这个问题本身。似乎荒唐透顶。问问任何一个大夫：他是否希望患者被治愈，再也不生病。当然，任何一个正常人都会做出肯定的回答。这是显而易见的！不，完全不是显而易见。事实上情形如何呢？您好好想想，自己来判断吧。

第 15 章 矩阵设计师

矩阵中的人看不到现实的本来面目，不明白一切从何而来。这对身体和意识的寄生物有好处，对建设矩阵的建筑师和倡导者有好处。

可以想象，下面的话题有人不喜欢。

我接触思移力已经一年了，突然就上了您的网站，订阅了电子读物。这不，里面登录了一篇有关身体寄生物的文章。不是说我疑惑还是不疑惑，也不是相信还是不相信，我只是搞不懂，这样的文章所为何来？为了吸引公众眼球？一直不断地提供点猛料？对于您分享的那些知识我的态度没变，可关于寄生物的文章我根本就没当真。

尽管 2.6 万多名读者中只有一位表达了自己的“疑惑”，但可以推测，其他一些人只是没说出口而已。我已经提醒过了，意识和身体的寄生物能够对其携带者的行为及心理产生影响。“悄无声息的客人们”没兴趣让人讨论它们的存在，公开自己的身份，因此“无声晚会的主人们”对此也什么都不希望听到。当然不是所有人都如此，而是那些听着卡洛斯·卡斯塔涅达《原力童话》音乐书继续酣睡的人。这样更方便啊。你来给我们讲思移力创造的奇迹，我们睡我们的，就是别挑起不方便的话题，说到底，是别妨碍我们享受。

假如我在“吸引公众眼球”，那就真的不会谈论在我们的社会不受待见的事物。人们喜欢什么、不喜欢什么，我清楚得很。正相反，我没邀请任何人跟我走，而且，您能想象吗？看到有人退订我的电子读物时，我很高兴。这是一种特殊的净化。与已经懂得什么是思移力的人们同一个社会中要愉快得多。

这种知识的精髓蕴含在一个简单但却无人发现、被非常模糊地意识到的真理之中：摆锤世界中的生活安排就是为了让意识混沌，转移注意力，少去关注事物的现实状况。矩阵中的人看不到现实的本来面目，不明白一切的“什么、目的为何、为什么”的源头从何而来。他缺失视力，视力完全被蒙住了。

意识如何变得混沌呢？非常容易。让我们再次回忆一下航海家辛巴达的童话吧。有一天，航海家们来到一个国家，当地人非常热情地欢迎他们，给他们吃美味佳肴。这样的饮食航海家们一连吃了很多天，渐渐地，他们的身体变成了肥硕的肉膘，意识变得模糊。他们对现实不再有客观的评价。原来，喂养他们是为了送去屠宰。我一再说没有童话，没有幻想小说，这一切都是已经实现或是将要付诸实现的我们现实的各个方面。我们直接吸纳的东西，即食物、水和空气，是让意识清明的直接工具。当你食用活的、天然的食物并且饮用活水时，意识的澄澈程度十分清晰可感，这一点是被检验过的。不过关于这个问题以后再谈。

注意力是如何被转移的？通过直接进入我们内部的东西、通过信息来转移注意力。比如，注意力聚焦于疾病本身、但同时却忽视原初的病因。有病就该治病。还存在社会的和个人的问题。这些问题也应该治疗，通过心理学的方法、“self-help（自救）”的方法，等等。而应该实际去研究的真正病因却故意被隐藏起来了。这样做对谁有好处？起点就在这里。看起来可能是对从事治疗的人有好处。可如果顺着因果链条追溯到源头，那就会看出来，事物的这种状况恰恰对身体和意识的寄生物有好处，对建设矩阵的建筑师和倡导者有好处。对于在建设中被启用的矩阵组件变得有好处已经是后来了，因为这些组件开始想要的正是系统需要的东西。

所以说，思移力所做的不是对问题进行“诊治”，而是消除这些问题产生的原因。原因并非总是显而易见，正因为此这里提出的话题显得“不合时宜”。下面我们接着谈。

第 16 章 活的水

活的、负电荷的水富含自由电子，是最为强劲的抗氧化剂，它提供能量，使人有活力。水龙头里流出的死水饱含自由基，具有杀伤力。

水乃生命之根本。有关能量、健康和长寿主题的任何论述都需要由此开始。但在人们的意识中该事实是如此耳熟能详，所以大家都同意这种认识，随之就把它抛在脑后了。论述还没来得及开始就在此结束了，转去讨论似乎是更为具体的问题了：借助各种神秘实践提高能量，寻找奇效药物和“长生不老药片”。离奇之处就在于：对于水，这个最为简单、日常生活中司空见惯的东西，人们习惯于一无所知。真是咄咄怪事啊！

我在这里将要讲的是水的性质，这些性质如此简单、显而易见，同时，对于那些对此闻所未闻但却不想过早衰老、过早一命呜呼的人来说，这些性质又是那么振聋发聩。我将让事物回归其根本，因为最可耻、最愚蠢的死源于无知。

我们从水是应该喝的这一点开始。或者，为了让人更明白，换种说法：应该喝水。我说的是什么蠢话吗？或者是某种明摆着的事？不，实际上，这根本不是明摆着的。当然了，众所周知，没有水人就会死。可是许多人根本就不喝水。我指的是干净的水。

任何饮料都是食物。而且完全不是因为某个自然派狂徒曾经做过这样的分类。只是因为我们的机体是把饮料当作需要以某种方式进行消化、吸收或排出的东西来接受的。对于机体来说干净的水是清洁和保持水平衡的手段。

我们的机体能够为自己把水从食物、包括饮料中分离出来。可机体该如何做到自我清洁呢？您是用水刷碗、洗衣服、打扫卫生的吧？那机体该做什么呢？如果它得不到用于自我清洁的干净的水，它就不得不想尽办法，从自己的储备中调出水来。您能想象吧？假如您家里没有自来水管，不能轻松地一拧龙头就得到水，您是否得想方设法搞到水呢？我们可怜的机体被迫做的就是这样的事。

因此，需要喝水是为了让机体能进行自我清洁。任何食物，甚至包括天然食物，都会对机体产生污染，更别说合成食物了。您不会使用柠檬汽水或茶水洗碗吧？有些幼稚的生食者差不多是在自豪地宣称，说他们几乎或是根本就不喝水，不想喝，说是全部的水他们都是从新鲜蔬菜和水果中获得的。这可着实不该。我们的机体要求不高，也很不挑剔，但这并非意味着不值得去照顾它。水必须有意识地去喝，哪怕不渴，每天不少于一升半到两升，要像打扫卫生一样有意识地去喝水。

还是那些生食者，还是带着自豪地夸耀，说他们自己不用香皂和洗发香波，因为他们的身体干净得很，这一切都是多余的。当然了，身体是干净的，但却不是无菌的，周围的整个环境、包括植物在内浸染的各种工业秽物还是会经由皮肤排出来。每天在皮肤表面形成的死亡细胞难道也不应该清除掉、洗干净吗？

很重要的一个问题是：什么样的水是该喝的？普通的自来水于此无益，它是纯粹的技术性的水，可以用它擦地板、洗车、刷马桶，但却无论如何不能喝。人在地球上开展了极为活跃、非常肮脏的活动：一直在进行制造、焚烧，经常在做放射性的、化学的实验，产出垃圾，排出废料，为田地施肥、打药……目力所及，一切都与对环境的污染有关。由于水的循环是在我们被污染的大自然中进行的，所以这种水无论如何都不可能是干净的，除非从史前的冰中采集它。瓶装的所谓“纯净水”也不值得信任。您千万别太天真。没有任何人能保证这种水不是从普通的自来水管接来的，这种事常有人做。

如今种类多样的过滤器也不值得去指望。过滤器是为那些轻易就被“令人信服”的广告所俘虏的无知之人准备的。广告说，这水用“我们的超级过滤器”净化了，你放心饮用吧。（请注意：别忘了，您的注意力是怎么被转移的，被转移到哪儿去了！）现实中的水含有杂质，用普通方法是不可能过滤掉的。这些杂质是重金属盐类、放射性核素、各种各样的化学物质、城市公墓的尸毒，等等。请您醒醒吧，别让自己落入商业设计的圈套，比您更有意识的人凭借这些设计赚钱呢，您的钱。商业模式很简单。制作一个有文化水准的广告，让人信服，然后就财源广进了。如果不久之后有人开始售卖似乎“有益呼吸”的空气，那也不奇怪。

进行初步的过滤当然是需要的，哪怕用来洗澡呢，不过这样的水终究是不能喝的，尤其是氯化水。水龙头接的水千万不要立刻就烧。沸腾时氯会变成不能溶解的化合物，比氯本身的毒性更大，而硝酸盐（水里也有硝酸盐）会变成毒性更大的亚硝酸盐。至少，必须把水在敞开的容器中放置一昼夜以上。

不过化学污染还不是最主要的。信息污染造成的伤害也不小。山泉水携带着未被触及的、活的大自然的信息。而自来水充斥的是什么呢？您想象得到，流经工业净化系统、位于地下和地下室中的交错的管道系统以及高层建筑一套套住宅的水啊，它吸入的信息污物会有多少！一座大城市的全部负面信息都被录入到无辜的、乍看之下干净的水里，就像录入到磁带上一样。您打算把这一切都倒进自己身体里吗？任何过滤器在此都起不了作用。瓶装的所有液体，其情形也是一样。

所以，如果说过滤器于事无补，那究竟该怎么办呢？清除有害杂质唯一可靠的办法是蒸馏。或者选用另一种方案——融冰。冷冻时所有的杂质都会被排挤出去、被冷冻起来。冰的中央会形成“盐水”，需要把这部分倒掉。蒸馏和融冰两种方法都能把化学污染和信息污染从水中排除掉。

您大概会感到惊奇：好吧，冰融水可以理解，可蒸馏水怎么样呢？包含在水中的盐可是机体、特别是牙齿必需的呀！

唉，此乃误入歧途的典型，这是客气的说法，要是实话实说，那就是白痴的原型。而这种原型在饮食领域多得是。

实际上，融在水中的无机盐机体是吸收不了的。吸收的只是有机的、包含在活的植物中（而非煮熟的植物！）的微量元素和大量元素。您尽可以服用化学制剂、吸吮铁钉、吃黏土、舔食某些盐矿石、饮用矿物质水，这一切做法都没有意义，可能的效果只是中毒，而永远得不到什么有益元素。与我们不同，植物不仅能够积累周围环境中的化学无机物，而且能把无机物变成动物机体可以接受的形态。无机物会被人体排出来，但并非全部都能排出，机体应付不了，因而随处乱抛这些垃圾，抛到包括血管壁和关节中。这时候人及其血管还都是那么年轻。如果血管老化了，如同一套老旧的卫生设施，您自己清楚会怎么样……

您认为什么样的水对机体而言是最优化的？显然，是新鲜的雨水，这是大自然决定的。（当然了，是大气层没被污染的情况下。）不知为什么，这个事实早就被忘记了。而蒸馏水在人们的意识中是技术处理过的水，这种认识根深蒂固。可实际上并非如此：雨水不也是蒸馏水嘛。山区的长寿老人饮用的就是这种冰雪融化后形成的水。他们长寿正是因为饮用的是没有盐分和杂质的水。

请您想一想，上了年纪的人为什么总是冻得发抖、裹得里三层外三层，而年轻人穿得单薄但却不冷？因为年轻人“血热”。可为什么“血热”呢？一个简单的原因就是：年轻的血管还干净，因此血液在血管里自由自在地奔跑，释放出的能量更多。而人到中年的时候，血管里差不多一半的空间被占据，就是水中包含的这些“有益的”盐沉积在血管中。

饮用硬水的居民点的人更频繁地患有心脏病、脑梗、关节炎、动脉粥样硬化和其他疾病，这都是盐分沉积决定的。如果家里有蒸馏器，问题轻易就能得到解决。可以在专业药店买到或订购，最好是效率足够高的，而不是一滴一滴采集蒸馏水的那种机器。

如果您还对水这种寻常物是否值得让人那么操心费神感到怀疑，那您就该看看蒸馏器上结成的水垢有多少。那会让人印象深刻的。不得不经常清除结成的水垢！等您明白您的机体再也无需完成类似的工作时，您的怀疑就会消除了。与您在蒸馏器上看到的水垢相比，热水器上的水垢根本就算不了什么。

人一生平均要喝 75 吨左右的水。我们假设 1 升水中含有 1 克盐分。其结果就是：机体不得不排出 75 千克积淀的盐分。（请您想象一下 75 袋 1000 克包装的盐！）并非所有沉淀的盐分都被排出去了！留在体内的有多少？如果考虑到这 75 吨水中干净的水所占比重微乎其微，主要是饮料，而且是含糖的饮料，那情形是怎样的呢？如果再加上每天的食用盐呢？您能想象出机体所做的工作是多么艰巨了吧？它磨损得那么快，这不奇怪。可怜哪！

出于同样的原因，无论如何不能常规性地饮用矿物质水或矿泉水。这种水只能暂时性地产生疗效，而且还得是直接来自治疗能量尚未丧失的水源地的矿泉水才行。用瓶装矿泉水“治疗”无异于用鞭子抽打肾脏。也许，这样做在某段时间内会“刺激”肾脏，可是您不觉得这样的方法十分可疑吗？

作为一种化学物质，盐也不该当作食品食用。当然了，前提条件是您主要食用天然食品。据我的观察，人们想要腌渍的只是死的食物，而对活的食物是不会这样做的。吃盐根本就是一种有害的习惯。摆脱它非常容易：无盐的生活只需承受三、四天的“痛苦”，之后对盐的需求就会完全丧失。“血液是咸的，机体需要盐，动物喜欢舔食盐，盐随汗水流失，蒸馏水把机体内的矿物质清洗掉……”等各种各样的说法全都是危言耸听，一派胡言。美国著名自然疗法倡导者保罗·勃莱格的书《水与盐：振聋发聩的真相》对此有更详细的阐述。

没错，血液是咸的，那些吃多了盐的人的血液确实是咸的。他们血液里积淀的盐多得都来不及“清洗”。盐与尿液和汗液一起从机体内排出去。请您注意：盐不是丧失，而是排出去。试问：如果盐对机体那么必要，它干吗要摆脱盐呢？

水被净化之后就要让它活化了，因为净化后的水暂时还是死水。该如何理解“活水”这个术语呢？水具有这样一种性质——以毫伏为单位的氧化还原反应。活水具有负电荷，这证明水中有自由电子。死水正相反，死水中电子数量不足，因此它的电荷是正电荷。对于我们来说这意味着什么？

我已经说过，就物质基础来说我们是一种特别的、有灵性的水滴。老年人是干涸的水滴，当然了，如果他不是个大胖子的话。水离开机体细胞时机体就在老化了。水为什么会离开机体细胞呢？其中的一个原因是：自由基如同水泵一样从细胞中抽取能量，然后抽取水。

活的、负电荷的水富含自由电子，因此这样的水是最为强劲的抗氧化剂，它提供能量，使人有活力。水龙头里流出的死水饱含自由基，因此它具有杀伤力。

具有负氧化还原反应的活水在大自然中是碰不到的，据我所知，其原因在于：水的这种状态不稳定，电子在数小时内会挥发，由此它会变成中水，之后变成死水。具有正氧化还原反应、但正电荷水平低的泉水是存在的。这当然是好水。不过，借助电活水器自制活水实际上是很容易做到的事。只需30~40分钟，您就会得到整整一升鲜活的抗氧化剂。它的治疗性能可以保持5~7个小时。而电水壶是为那些更喜欢自由基的人准备的。从这个角度说，使用电水壶根本就是自虐。

我不用开水泡茶，绝不。我取用干的山楂果、杜松果、花楸果和少许木槿花瓣，用咖啡磨把醋栗、越橘和酸梅的干果磨碎，用冷的活水冲泡。还可以添加薄荷、柳叶茶或其他草药。成分越多，营养越丰富。（我不喝咖啡，但却为了自己的目的使用有滤网的玻璃咖啡壶，因为用这样的壶可以更容易地把“茶渣”与水分开。）10~20个小时之后加入蜂蜜，这样，妙不可言的饮料就制成了，我肯定这样的饮料您一辈子都未曾品尝过。任何昂贵的红茶、绿茶都可以去睡大觉了。

水还有一种重要的特性，那就是酸碱平衡（pH值）。活水具有碱性反应，它的pH值大于7。尽管这种碱性几乎尝不出来。死水的反应是酸性反应，其pH值小于7。死水酸化我们的机体，而活水正相反，它碱化机体。为什么需要让机体碱化呢？

问题在于，所有的内部环境都应该是碱性的，否则机体会失常、停机，就像使用不洁汽油的发动机一样。健康人血液的 pH 值是 7.43，如果该指标低于 7.1，人就会死亡。您瞧，仅仅是这点差异就能让我们生死两隔。胡吃海塞死的合成食品的人用不着怀疑，他们这是在把自己推向死亡边界。他们的机体已经承受不住攻击，机体的储备在消耗殆尽，它在举手投降。救护车的医生会给这样的病人注射碳酸氢钠，目的就是“碱化”在血管里已经几乎不能流动的酸性血液，以此使病人不至于在送去急救的半途中死掉。

当您感觉不舒服的时候，您想喝的不是茶水或可可，而是某种醒神的饮料，比如，矿泉水。这就意味着机体已经在恳求了：嗨，总得给点活的东西喝吧！不过，矿泉水根本就不是活水，它是死水，酸性的水。

我们来看看物化指数。下面排列的是一个饮料单，按照益处从大到小排列，直至有害饮料。

活水：氧化还原反应 = -350/-700（取决于活化时间），pH 值 = 9.0/12.0

新鲜的冰融水：氧化还原反应 = +95，pH 值 =8.3

迅速冷却的开水：氧化还原反应 = +218，pH 值 =8.2

自来水：氧化还原反应 = +160（通常会更糟，达到 +600），pH 值 =7.2

绿茶：氧化还原反应 = +55，pH 值 =7.0

红茶：氧化还原反应 = +83，pH 值 =6.7

咖啡：氧化还原反应 = +70，pH 值 =6.3

活性炭泡过的蒸馏水：氧化还原反应 = +250，pH 值 =6.0

矿泉水：氧化还原反应 = +250，pH 值 =4.6

滚沸三小时以后的水：氧化还原反应 = +465，pH 值 =3.7

可乐：氧化还原反应 = +320，pH 值 =2.7

上述数据是“汉娜”公司在室温条件下得出的。制作活性水使用的是活性炭蒸馏水。使用净水的话，活化剂不会有反应，需要哪怕强度不大的一点导电性，因此需要用活性炭或石英砂对水进行矿化处理，再说这样做，水的治疗性能会有所提高。

从数据中可以看出，冰融水的氧化还原反应值是正值，也就是说它依然是死水，其优势在于 pH 值高，而且去除了杂质和有害信息。有一个事实肯定会让您吃惊：开水、甚至自来水比茶水有益。茶水使氧化还原反应值有所提高，但同时却明显降低了 pH 值，这就让它的所有“益处”都化为乌有了。

由此得出的结论是：如果您真的想饮用有益的液体，那就用电活水器对活性炭和石英砂泡过的蒸馏水进行活化处理，这将是最佳选择。如果没有蒸馏器，则可以饮用冰融水，或至少利用一下新技术——膜过滤器。如果不想或没有可能制作冰融水，那就把自来水放置一昼夜以上，最好里面泡上活性炭和石英砂。不管怎样都必须对水进行活化处理。您使用电水壶吧？那为什么不把它换成电活水器呢？

珊瑚粉会明显改善水的性能。世界闻名的珊瑚俱乐部在推广这种产品。不久前发现，日本冲绳岛的居民比他们的同胞寿命长得多。原来，这个岛富有一种独特的、使水产生疗效的珊瑚：pH 值有所提高，氧化还原反应值向负值领域转化，水的结构得到改善。在家里没有珊瑚当然可以应付，但出门在外或是在工作单位、手头没有活水器时，这种神奇的粉末恰好用得上。

总之，活水的力量体现在哪里呢？活水提供能量，中和自由基，净化机体，延缓衰老过程。它还能溶解沉积的脂肪。您用什么刷洗油腻的餐具？用碱性材料。活水就是机体的洗涤剂，因为它是碱性的。如果多余的体重让您焦心，那么，只要您的注意力依然被转移，转移到什么节制饮食制，什么这个不能吃、那个不可用，它就会继续让您焦心。实际上该做的只是不喝习惯喝的饮料，多喝一些干净的活水，分食，不把不相容的食品混吃，多余的重量自然而然就会消失了。

不过，活水的主要长处还是在于它碱化机体。就像我已经说过的，仅仅进行抗寄生物的清理不足以摆脱“客人”，旧的去了，新的会取而代之。如果机体保持高的 pH 值，就不会有新的“来客”。寄生物无法在碱性环境中存活，只有腐败或酸性环境才适合它们生存。

可以肯定的是，纯粹的生食者没有寄生物，因为活的食物也在碱化机体。死的食物正相反，它们酸化机体。我不呼吁您立刻转向生食制，但饮用活水却没二话可说。（远非每个生食者都饮用活水，甚至不是全都知道活水。）可以很有把握地说，常规性地饮用活水足以使机体的碱化程度达到要求，因此对于摆脱寄生物来说成为纯粹的生食者也可能并非必需。类似的研究还没人做过，所以没人能给您一个具体的回答。不过，如果有可能在专门的机构中（这样的机构有，但不多）做个诊断，您可以亲自检验一下，抗寄生物清理以及随后的活水生活产生的效果如何。

这样的研究对系统非常不利。有一次我想找几张 pH 值试纸，多普通的石蕊纸片啊，但却没弄到。您在摆着大量电水壶的商店货架上也找不到电活水器。这不奇怪。干吗让人们睁开眼睛、看到患病的真正病因呢？你等着瞧，要是那样，人们就什么都明白了，就不再生病了！这是无论如何都不允许的。应当转移人们的注意力，让他们的注意力集中在疾病和治疗上。治疗，一直到病死为止。

如果您的食谱中还有死的食物，那至少请您多喝些干净的活水，这样就会远离寄生物和其他有害物质

如今新闻报道中经常冒出这样的信息：终于找到了治疗癌症的药物，或是发现了癌症产生的真正原因。听起来甚至可笑，但同时又让人郁闷。“神奇的发现”可真是多啊！而人们却依旧在死去。实际上，早在1931年，奥托·瓦伯格博士就发现了癌症原发的、根本的病因，他为此获得了诺贝尔奖。**当细胞氧不足时，细胞呼吸弱化引发癌症**。可不知为什么没人想起这一点。尽可以深深地呼吸干净的空气，可是如果机体的环境是酸性的，则细胞依旧还是会深受缺氧之苦。与此相关，氧不足会加重机体的酸性，由此形成一个恶性循环，患病就会不可避免。

如果我们机体的 pH 值仅仅提高 0.15，细胞吸收氧的能力就会增加 60%。癌细胞在氧环境、即碱性环境中无法生长。寄生物也是一样。

在此我没发明任何新鲜东西。所有这一切早就是已知。**思移力也不是发明，而是对古老知识的描述**。这知识没隐匿，没躲藏，它就浮于表面。但与此同时这知识又是深奥的，广大公众没有掌握的。这种离奇的原因就在于人们处于白日梦中，没有能力意识到简单的信息。

最后，水还有一种重要性质，即它的结构。我们在《一杯水和一个目标》一章中已经讨论过这个主题。关键的问题是：在进攻性的外部因素、包括信息因素的作用下水的活的结构遭到破坏。人的细胞内液体发生的是同样的事。新生婴儿细胞中的水在显微镜下呈现为无比美丽的雪花。随着年龄的增长雪花开始棱角模糊，变成丑陋的冰块。显然，一系列负面作用（水与食物的化学成分和信息成分以及外部和内部信息）在消灭最初的形状。内部信息乃人的各种想法，在这些想法中占主导的要么是负面情绪，要么是正面情绪。

对于进入我们内部的外部信息，我们并非总是有选择的可能性，就是对自己的各种想法和情感我们也无法明白无误地予以掌控。但对于我们饮用的水进行选择是可以的，也是需要的。机体没有能力吸收结构遭到破坏的水，因此它只好亲自对水进行建构，只有这样水才可以滋养细胞，使之保持新鲜。为此要花费许多精力和资源。假如我们能够饮用结构化的水，机体就用不着做这样的工作。可结构化的水到何处获取呢？

结构有序的水是地球的能量信息场创造的，只在天然矿泉地才碰得到

这样的水。不过这种水的疗效保持时间不长，恐怕不会超过一昼夜。而且矿泉水有一点不足，即硬盐问题。冰融水的结构原来也不完美，所以很遗憾，它不仅是死水，而且是“被弄坏的”水。可以亲自用手掌捧着水、把水结构化。但所需时间足够长。信息录入很快，而在水中造出结构却需要20～30分钟。

不过有好消息。莫斯科的两位科学家伊兹维科夫夫妇创造出名为“阿克瓦季斯克”（直译为“水片”）的设备，它可以解决水结构化的问题。从分子式的图片判断，通过该设备形成的水的结构与著名治疗泉谢尔基·拉多涅什斯基泉的水的结构相同。

我在此提到了一系列显然需要购买的设备和材料。好在它们会长期为您效力。为健康考虑不要舍不得花钱。不要以为我在做广告，没人为此付钱给我。我没捞到任何好处，只是在分享有益的、的确有效果的信息。蒸馏器、电活水器、“阿克瓦季斯克”水片、甚至“三乡”珊瑚，您在广告中看不到。这样的东西不需要做广告，它们根据另一种原则得到普及：那些亲身体验过的人口口相传。我向您传达的也是自己的经验。

“水片”制作的活水获得了额外的治疗性能。而且这样的水对每个人的作用各有不同，它似乎知道每个人需要什么。我不会更多地罗列这种令人惊奇的设备的全部优点，网上可以找到用户的回馈反映。令人惊奇的是，这个小东西没有声音，不用电，但效果给人留下的印象却十分深刻。水变得非常美味。浴室使用“水片”后水变成祖母绿的颜色。您可以亲自检验一下。

这个话题说到最后，我想说的是，我在此罗列的远非水的全部性能。不过我认为，这已经足够了。还有多少性能没研究过啊！科学家们承认，水是大自然最令人惊奇的东西，对它的发现才刚刚开始。它的本来面目是活的水啊！对待它的态度就应该是当作活的水来看。带着爱和感恩的心饮用它，就是因为它如此有疗效，如此洁净，它也会回报人以爱和感恩。

对于饮用水来说是否只用水片就足够了，还是依然需要同时拥有三种设备，即还要有蒸馏器和电活水器？

如果没有可能把一切都备齐，那最好的方案是选用“水片”。使用它既可恢复水的结构，还能改善水的其他各种性能。不过为了让水变成理想状态，只有经过全套的过程才行。

制作活水的顺序是什么？

1. 蒸馏。

2. 蒸馏水中泡入活性炭和（或）石英砂，放置一昼夜以上。

3. 用电活水器对水进行活化，时间在30分钟到1小时之间。

4. 使用“水片”对水进行结构化，时间在20分钟到1小时之间。

您书中写道：“自来水：氧化还原反应值 = +160（通常会更糟，达到+600），pH值=7.2；活性炭蒸馏水：氧化还原反应值 = +250，pH值 = 6.0.”就是说，如果要在自来水和活性炭－石英砂水之间选择的话，饮用自来水更有益处？

这取决于水。每个地区的水，其性能都各有不同。在这个和那个之间进行选择没有意义。如果有了蒸馏器，那为什么不把电活水器备齐呢？

水片作为一种设备让我不知所措。有许多肯定的说法，但批评也有。您怎么看？尤其是有关水片的构造，这一切是如何发挥效用的？并且亲自制造类似的设备是否有可能？是否有其他选择？

批评从来都会有，任何领域、任何事都会有批评的声音。利益相关方为了推销自己的产品时尤其会如此。我不是利益相关方，我什么都不推销。

“水片”的构造和原理没有被彻底解密，很可能是出于保护生产专利的缘故。独立制造这样的东西没有意义。就我个人来说，所有选择中我更倾向“水片”。我的世界为我选择的都是最好的东西。借助汞合金技术我亲自为自己创造了这样的现实。并且把自己的经验传达给您。

勃洛托夫的书中有这样一段话：“只有在胃液酸度大大降低的情况下，寄生虫才能在胃和肠道中滋生。”对于体内环境pH值的信息我已经关注很多年了。这样和那样的观点似乎都对，但我却怎么都无法形成单一的认识。

的确，胃液是酸性的，它是在食物消化过程中分离出来的。但这并非意味着水也可以喝死的、酸性的水。总的来说，蛋白质在酸性环境中消化，而碳水化合物在碱性环境中消化。为了维持胃的正确环境，应当在餐前15～20分钟和餐后一个半到两个钟头的时候喝水。当然了，也不要混吃不相容的食品。机体自己会搞清楚，什么时候该接入什么样的环境。勃洛托夫的研究形成了自己的一套独特体系。里面有许多微妙之处，因此不能脱离上下文，只是简单地从中截取某个片段，并由此得出结论。一些体系论证表明，人就其生物性来说是食草性的，而另一些体系却言之凿凿地证明人是杂食性的。在一种体系中起作用的是一些原则，而在另一种体系中是另外一些原则。该选择其中的哪个体系呢？我的建议是不要摇来摆去，而是简单地接受上帝的体系：人是靠素食活着的，人的环境是碱性的，寄生物在碱性环境中无法生长。与此相关，水和食物应该是碱性的、活的。（酸水果最终提供的也是碱性反应。）

有关碱性环境的问题。就酸奶和生态失调您怎么看？酸奶有益，可微生物缺失怎么办呢？

出现生态失调不是因为食谱中缺少酸奶。如果您以为可以仅凭发酵的酸性食品就能治愈生态失调，那就大错特错了。机体中有自己的、特别而又种类多样的微生物系统。让该微生物系统经常性地受到一种菌、比如酸奶或发酵食品菌群攻击，您这样做的同时就是在抑制其他种类的微生物。这样的食品最好避免，要么就别经常食用。对此观点可以争论。不过，大自然中没有一种动物用酵母发酵面包制作酸奶。全都喝天然奶，而且只在婴儿时期。如果主要用天然素食滋养机体，它自己会比任何教授都更好地弄清楚自己的微生物系统。

“选择蒸馏器把我搞得一团乱麻。该选择什么样的、到哪里去弄？”

该选择效率足够高的，每小时能产出 4 升蒸馏水，这样一天就可以产出 30 升左右。这样的蒸馏器功率是 4 千瓦。如果没有专门的药店可以买，可以去网上找找看。

需要注意的是，标准的蒸馏器蒸馏的是流动水，所以，如果家里没有自来水，那就需要仔细阅读该设备的使用说明书。

如何使用活性炭和石英砂呢？

把水放置一昼夜以上。可以使用石英砂或活性炭泡水，或者两种石头同时使用。石头的量为一升水 100 克。

如今我只喝别墅的井水。水很好喝，我们家的人都喜欢。可以使用电活水器活化它吗？或是还需要进行其他操作？

当然，用电活水器可以活化任何净水。这种或那种水源中的水有多干净，很难说清楚，为此需要特别的设备去测试。需要考虑到的是，井水、矿泉水和自流井的水，其硬度足够大。应该对其进行蒸馏或冰融处理，这件事必须得做。您自己来决定，对于您来说，减少麻烦或健康，哪个更重要。

可是要知道，人们自古以来就在饮用矿泉水啊！如果大自然提供了这种天然的水源，那干吗要去发明什么呢？

大自然中有许多水源，因为水无处不在。不是每个天然水源都无害，尤其是现在。不是所有人都只是饮用矿泉水。最健康长寿的人饮用的是山区的冰融水和雨水。

我住在自己的一栋房子里，房子里的水是地下水，井里的水。因此，水里没有氯和工业杂质。难道说这水也是死水？可以用它实施“一杯水”这个技术吗？

它是死水，因为它的氧化还原反应值不是负值。实施“一杯水”技术最好使用结构化的水。这种水的分子式已经序列化了，因此能更好地录入信息。（尽管对清除原有信息的水——蒸馏水或冰融水——可以顺利地输入新信息。）井水或泉水的结构有多好，只有借助专门设备才可能确定。

如果在大自然中碰不到氧化还原反应值为负值的水，那干吗要与大自然作对呢？

在这种情况下我们不是在对抗大自然，而是在帮助它。氧化还原反应值越低，水的治疗效果就越好。如果可以把水做得更好，那为什么不去做呢？

用银泡水能达到目的吗？

如果没有其他方法使水变得对微生物无害，这不失为一种办法。除此之外银实际上什么都提供不了。

我手头十分拮据，甚至购买一种设备就要用 2～3 个月的时间。也许，可以暂时简化净化水的过程？

可以按照相应技术制作冰融水。第二步是购置阿克瓦季斯克“水片”或电活水器，它们的价格大致相当。等有钱了再添置蒸馏器。出门在外或在工作单位时，就像我已经说过的，使用“三乡”珊瑚粉。

最好用什么器皿冷冻水？

最好用不锈钢锅冷冻水，别的器皿有可能遭到损坏。

我觉得，使用反向渗透装置可能解决问题，这种装置越来越流行。根据调查结果看，这种装置达到的去盐效果不比蒸馏器差。

任何过滤装置都去除不了信息污染，信息污染的危害性不比化学污染的危害性小。谁能保证您用的水在这个方面是干净的？除非您生活在大自然的某个人迹罕至的角落。

看来，用活水器得到的也可能是死水。那这种水有什么用呢？

把死水倒掉，或者一昼夜之后重新用来活化。它保留的时间也不长。还可以用它来做防腐剂，浇到花的叶子上防止害虫，按照一定的程式治病。如果愿意，您可以找到各种必要的相关信息。

电活水器的说明书中说，把水当药用时要半杯半杯地喝，与食物和药物（如果在吃药的话）分开用。而从《活水》杂志上却是（我的理解）：原则上需要用这样的水（活水）取代其他所有饮料。或是用这种水泡出草药饮料。也就是说，无论如何都不是每天三次半杯半杯地饮用。您是否饮用活水？什么时候想喝、喝多少？是否依然还是应该把它当药来喝？每小时一次少吗？

我当然饮用活水，但不只是在想喝的时候才喝，而是有意识地去喝，每天喝1.5～2升。就像把许多其他有益食物和饮料当成药物一样，把活水也当成药的是那些习惯于先毁了自己的身体、然后去治疗的人。先生病后治疗，有人有这样的习惯或规矩，谁知道呢。一群怪人……我们先把自己的机体弄得伤痕累累，然后努力去治疗，然后再不管不顾，然后再治疗。各人有各人的喜好。我本人的喜好是不胡吃海喝，免得日后去治病。“如果你的食物不会充当药物，那你的药物就会变成食物。”

最近一个月来我大大改善了家人饮用水的质量（活性炭、冰融水，抵制矿泉水）。同时开始搜寻电活水器和蒸馏器，就在这时我突然有了一个想法：饮用鲜榨果汁会不会更简单？

我说过的，果汁是食物，不是饮品。机体自我净化必不可少的恰恰是净水。您试试不去刷洗用来喝果汁的杯子，您会看到杯子怎么样了。

茶菇汁和印度米汁在民间早就已经很流行了。这些饮料以糖为主制成，不过，据我的理解，它几乎完全是用这些蘑菇加工而成。这样的饮料是否有益？

当然，这些饮料有治疗性能，能治很多病。但经常喝这样的饮料不好，因为具有发酵功能的蘑菇和菌类对于机体来说是不相容的。饮用它们应该适可而止。因此这类饮料的疗程最好是1－2个月。对机体而言没有什么饮品比净水更好。

我弄到了一台电活水器 AП－1。用它得到的产品（活水）是有某种异味的液体……像是溶化的粉笔，有隐约可见的沉淀物……味道倒也说不上恶心，但也不怎么好……用来活化的水既有普通的自来水，也有通常往办公室送的水，好像是矿泉水。对水进行电活化处理30分钟。味道都一样。就应该是这样，还是我有什么地方做得不对？还有：到哪儿可以更详细地了解如何使用活水和死水？

活水的品质取决于用来活化的水的品质。让水达到碱性状态也不必要。一切做到有度就好。活化时间取决于水的矿物化程度，也与电极和陶瓷胆的洁净度有关。

如果活水器指针处于绿色区域，那就需要把活水时间缩短到10～15分钟。陶瓷胆中的死水应该有酸味，而活水会有轻微的碱味，或者根本就无味。碱味也不该有，如果有，那就意味着活化时间必须缩短，或是使用清除掉硬性盐的水来进行活化。

当你对活性炭和石英砂泡制的蒸馏水进行活化时，指针会处于黄色区域或根本不动，就在0上。在这种情况下活化时间是40分钟到1个小时。所以要注意观察指针的情况。

电极和陶瓷胆必须经常清洗，每两周清洗一次。这样做的时候要把设备断电，然后冲洗，但不是用水，而是用6%浓度的醋，冲洗后放置半小时，然后小心地用水冲洗干净。有许多书论及活水和死水，您可以在书店、网店中找到。

我想带着活水去工作单位。活水制成后用什么容器保存更好？目前我保存水用的是水片瓦罐。如果制成的水更多，我会倒进塑料桶保存。

活水的性能保留的时间不长。氧化还原反应值1小时后就会向正值方向转化，提高50～80个单位。7个小时之后它依然还是好水，但已经不完全是活水了，因为氧化还原反应值已经转为正值了。放置水片的瓦罐是存水的最佳方案。如果随身带着活水，那最好装在玻璃或塑料瓶里。我认为，不必一定用暖水瓶。用塑料桶装水只会保留水的结构。我不知道能保留多久，也许是一周，也许是一个月。我只知道，圣泉地的水的结构可以保留几乎一年。至于用水片结构化的水，其结构能保留多久，这样的数据我没有。

如果加热，活水的性能是否会有所丧失？（制作饮料需要加热。）如果不会丧失，那最好用什么方式对其进行加热？用明火、电水壶、微波炉？

用微波炉或水壶把您加热，您是否会丧失自己的性能？想象一下，如果微波炉或电水壶足够大，您能钻到里面去，情形会如何？对了，会死。活水也是一样，它会变成死水。

有一种担心：水的碱性超标，大大超过机体的碱性，这是否会破坏平衡并造成伤害？

不需要让水的碱性过大。一切有度就好。活水没有造成伤害的能力。让机体的 pH 值向更好的方向转化，这个它能做到。

蒸馏是为了清除信息？难道水片做不到这一点？蒸馏是为了取代过滤？只用膜过滤并加入石英砂、活性炭放置一昼夜，这样不行吗？

水的结构与水中录入的信息不是一码事。可以改变水的结构，但是，我再说一遍，信息只能通过冰融或蒸馏洗掉。

АП－1 活水器会产生大量的白色沉淀，如何把它过滤掉呢？沉淀的是什么东西？水用的是矿泉水。

沉淀的东西正是我说过的硬性盐。矿泉水是硬水。活水器使部分盐沉淀下来，但却不是全部的盐。可以用几层纱布过滤。

可以一直使用活水（蒸馏器、活性炭、活水器、水磁片处理过）做饭吗？

做饭可以使用活性炭、石英砂泡过的蒸馏水。对水进行活化、结构化，然后去煮，这样已经没有意义了。

我买到一台意大利 Euronda 公司的家用蒸馏器（5 小时蒸馏 4 升）。得到的水味道好，但每次蒸馏过后机器里留下的东西很吓人。用手摸起来沉淀物细小、油乎乎的，气味恶心，令人作呕。

瞧瞧，现在您亲眼看到之前喝的是什么水了。据我所知，您用的是台式蒸馏器，它的蒸馏容器里的水会被完全蒸发掉。但这不是好事。蒸发容器中的水越脏，蒸馏水的质量就越差。我的设备蒸馏的是流动水（型号是 ДЭ-4，生产厂家是“秋明医疗器械”，每小时产出 4 升蒸馏水），一直有新水补充到设备的蒸馏容器中，而且每获得 5 升蒸馏水我都会把容器中的水换掉。所以说，不管您用的是什么蒸馏器，里面的水要换，不要让水达到“恶心的状态”。

在互联网上我既找不到蒸馏器，也找不到电活水器……

在网上找到所有设备不成问题。电活水器、阿克瓦季斯克“水片”都可以找到。蒸馏器您先到专门的药店或医疗器械商店找，然后到网上找。如果您不住在俄国，那就在自己的国家找。只要寻找，而且非常想找到，那就一定会找到。

去网上看阿克瓦季斯克水片的有关信息时，最扎眼的是它结构不复杂但价格够高。因此我去看了有关诈骗的各种说法。

我已经说过了，竞争厂家都没睡大觉。摆锤之间的战斗无休无止。有关“水片”别人都写了些什么，我不关心。水变得更好喝，这是事实。浴室中的水（有专门用在浴室中的水片）有了祖母绿的颜色，完全感受得到全身放松了，这也是事实。许多其他事实和反馈意见网上都找得到。

我们住在生态环境相对干净的一个古老村落。饮用的是矿泉水，水似乎不是很硬。我们在用电上受些局限，而据我所知，所有的蒸馏器都是用电的。可以用什么代替它吗？水片再加上活性炭和石英砂是否足够了？

如果你们那个区生态干净，可以什么都不用，蒸馏器、水片和石英砂都可以不用。矿泉水自己就应当能很好地被结构化，其成分中也有硅元素。当然了，最好把硬盐去除掉。哪怕用膜过滤器呢。如果这个也没有可能做到，那就在食谱中多加入一些天然素食，它们会净化血管和关节中的沉淀物。夏天有许多新鲜蔬菜，冬天可以吃萝卜、芜菁（芥菜头）、柠檬。

使用活水器后水中有白色絮状物。它们不沉淀，而是到处飘浮。这正常吗?

水是硬水。要么应当缩短活化时间，要么转用蒸馏水，或是用反向渗透过滤器过滤一下。

蒸馏过后水有种难闻的气味。

可能是蒸馏器质量不好。在这种情况下，用水之前把它倒进宽口容器放置两昼夜。总的来说，蒸馏水最好用搪瓷大桶保存，桶里可以撒入石英砂粉和活性炭粉。

海员通常饮用蒸馏水，因此他们中的大多数人开始掉牙、掉头发。

海员和航天员生病是由于其他原因。在封闭容器中长期保存的水会丧失太阳的能量，因此喝这样的水可能生病。蒸馏水必须装在透明或敞口的容器中，这样光可以照到水。刚做好的蒸馏水应该在有光的地方放几个小时（不一定直接被光线照射），然后可以用餐巾把水桶盖上，免得水中落入灰尘。

我是医生，看到您把人们引向歧途，我很沮丧。蒸馏水是不能喝的！机体需要钙！您想干吗？把人们都变成残疾吗？而且蒸馏水会清除机体中的矿物质。

您脾气可真大呀！好吧，我们来看看关于水和钙卫生部是怎么说的。根据官方资料，成年人每天的钙需求量平均是1000毫克，儿童是1500毫克。不过，这样的量摄入的途径十分复杂，除非专吃芝麻。我们再接着看：俄罗斯医学科学院人的“生态与环境卫生科学研究所”的卫生专家证明，饮水中的钙含量应该不少于30毫克/升（钙的极限浓度是140毫克/升）。您可以算算，就算一升水中的钙含量是30毫克，要想摄入1000毫克钙，每天得喝多少升水？大约3水桶。

至于说蒸馏水会清除机体中的矿物质，我同意。问题是：清除的是什么样的矿物质呢？是沉淀在关节内和血管壁上的盐分，是这样的，这一点毋庸置疑。也会清除细胞间的各种垃圾。不过，如果没有细胞自己的同意，是不可能把这些细胞内的任何矿物质清除掉的，因为我们的细胞有细胞膜，细胞膜有相应的功能。如果把您搁进浴室，哪怕一刻不停地用水浇上几个钟头，盐会从您体内出来吗？您自己想想吧。

为什么需要活性炭和硅呢？

这种东西众所周知啊。尽管每个人的认识有所不同。所以我最好解释一下。

首先，活性炭和硅积极参与清除机体垃圾和毒素的工作，这是我们大家为达到目的所需要的，因为在干净的机体中能量才能自由流动。

硅是微量元素，没有它机体就根本不可能行使功能。硅匮乏时其他所有微量元素和维生素都吸收不了，许多各种各样的疾病会滋生，“病因不明”。不仅如此，能量从大脑向躯体的传输秩序遭到破坏，对生命保障过程的控制会受到损害。硅对于孕妇尤其必不可少。形形色色的寄生物大量吞噬硅元素，它们利用硅元素建造自己的纤维组织。这还是迫切需要摆脱贪婪的不速之客的一个原因。

以硅物质为主的天然石英砂本身就是有机物。它们是上亿年前活的生物群死亡时形成的。这就意味着硅不仅是化学矿物，还是有机的、容易吸收的活性元素。适用的是灰色或黑色的石英砂，药店里可以买到。

如果您饮用蒸馏水的话，为什么就不能往水里丢几块这样的石头、泡上两三天呢？举手之劳的事嘛。而且机体如此需要它。石英砂记住了白垩纪时期古水的信息，也会以它自己的方式结构水、活化水、净化水。微生物和杂质会沉淀下来，因此，如果用石英砂泡未净化的水，泡过之后就要把底层 3 ~4 厘米的水倒掉。石英砂水可以煮沸。石英砂本身不能煮。

由于结构独特以及成分中有硅元素和硅酸盐，活性炭也可以对水进行净化。古时候（某些地方至今依然如此）有用石英砂或活性炭淘井底的习俗。

三百多年前人们就知道，活性炭岩层中流出的水具有治疗功效。第一次官方提及这件事是 17 世纪初，与玛尔法·伊万诺夫娜·罗曼诺娃王后的名字联系在一起。她当时被驱逐，在扎奥涅日耶的陀尔乌伊墓地病得奄奄一息。当地农民告诉王后那里有治病的泉水，他们自己自古以来就用这样的泉水治病。生命水帮助王后治好了病，还生了一个儿子。在此之前她生的七个孩子都夭折了。而新生儿米哈依尔·费奥多洛维奇·罗曼诺夫成了新王朝的开朝皇帝。一百年后彼得大帝在奥涅加湖畔建了“马歇尔水源”疗养区。他还下令让所有士兵的背包里都带着活性炭岩块，这样可以在行军打仗时对水进行净化。

活性炭的结构十分奇特，由中空的球型碳分子富勒烯组成。它们是由六角形和五角形构成的小球。（不久前还认为碳只可能有三种形式：钻石、活性炭和卡宾碳。）正是富勒烯在对水进行结构化，使其具有治疗性能。它们以某种不可思议的方式有选择地对机体产生影响，使机体摆脱不需要的、有害的物质，同时帮助它弥补欠缺的物质。

有二十多亿年历史的活性炭的奥秘至今还没有被揭开。有一种推测，认为活性炭是撞击地球的辉腾星的遗留物。该推测的根据是：活性炭只在一个地方——卡累利阿——才有，其他岩石的富勒烯也只在陨石坠落地才能遇到。

活性炭清除水中的各种有机氯化合物、硝酸盐、亚硝酸盐和过量的铜、锰、铁，去除异味，让水变得清澈。它的确会把盐分和微生物充斥水中，但浓度不大，对机体来说是最优浓度，它还让水变得如此洁净，半小时之后无需烧开就已经可以喝了。

富勒烯转入水中的量是顺势疗法的剂量，使水成为有疗效的水。这样的水还用于治疗和预防各种疾病：贫血、过敏、哮喘、胃炎以及肝脏、胆囊和肾脏的疾病，还有糖尿病和心血管疾病，免疫力下降、周期性疲劳症状出现时也可产生效用。此外，活性炭让机体变得年轻；这样的水饮用和洗漱都有益处。

水应该用活性炭泡二三天。石头的量是100克/升。如果用来泡制的水不是蒸馏水，则活性炭和石英砂都必须每周好好清洗一次。我认为，石头的使用期不要超过一年，因为它们不可避免地会被一层硬盐蒙上。如果石头表面出现沉积物或黏膜，就必须把它们放入浓度为2%的醋酸溶液或盐水中浸泡2小时；然后用普通的水冲洗2～3次，浸入食用苏达溶液2小时，然后再次冲洗。

第一次使用之前需要好好清洗活性炭，而且不要往水中放置过多的活性炭，因为开始时石头的矿化性过强。

您恐怕已经清楚了，我本人不喝只是蒸馏过的水，而是要用活性炭和石英砂对蒸馏水进行泡制，我也建议您这样做。如果您倾向认为无盐的水根本就是有害的，而且迄今为止还坚信溶解在水中的盐可以被机体吸收，那就尤其需要这样做。好了，祝您健康！石英砂和活性炭不仅让水含有硅元素，还让它含有钙、铁、镁、钾、磷和其他必需的微量元素。与普通的水不同，活性炭对水进行矿化的程度微乎其微，对机体无害。

一些人说蒸馏水不能喝，而您说该喝；另一些人说机体需要盐，而您说不是这样。该相信谁呢？

是的，有这样一些书，书中“科学地”证明，说蒸馏水无论如何都不能喝，相反，水中还需要加入盐，总之，盐对于机体根本就是必不可少的（尽管很奇怪，没多久之前还有一个民族又一个民族，整整一族的人对盐是什么东西压根儿就没有概念）。完全可以同样去证明酒啊、肉啊、糖啊……是机体必需的。可以继续罗列下去，还有什么是您在意的？您在意什么，离不开什么，都可以去证明它们的必不可少。所以说，如果您想让人向您证明有害的产品实际上有益，那这样的人必定找得到。这类书受欢迎恰恰因为人们乐意听到有人让他们相信自己的生活方式正确。嗯，人喜欢吃所有咸的东西，他习惯了这样（实际上这不单单是习惯，而是依赖），立马就会有人送上一本书，说，盐嘛（酒、肉、糖……），是机体需要的。就是这样的把戏！于是，人抖擞起精神，更享受地听命于自己的依赖，而且还把这个告诉所有的人。

只好再次重复一个显而易见的真理。无机矿物质（盐就是这样的东西）不可能被机体吸收，对机体没有任何价值，因此就该去掉它。（机体将如何把这盐从自身中去掉，这当然是它应付的问题。）无机物只有植物有能力吸收。正是由于这个原因植物位于食物金字塔的底层。大自然就是这样安排的。您试试去“科学地论证”大自然这样做是犯了错误。总的来说，有非常多形形色色、相互矛盾的健康理论。就我掌握的资料，任何一个信守自己理论的专家都可以揭示出一系列谬误和有争议的问题。如果把所有专家集中到一个地方，他们永远都不可能形成一致的意见。每一个专家从自己学说的立场出发公正地、言之凿凿地进行判断，都会确定一点：只有我们的精确才是最精确，只有我们的正确才是最正确。有多少专家就有多少观点。尤其是针对水——大自然中看来被研究得最不透彻的物质——这个主题。但没等到他们相互之间达成一致，我们就全都一命呜呼了。

究竟该信任谁？当然，只有自己。您原来是怎么想的？请您试着说服我，让我相信就是这个或那个专家洞悉的是颠扑不破的真理！我的知识也并非最后的例证。只有大自然的法则是唯一可靠的出发点。请您去观察大自然所做的事情。地球上的饮用水是通过蒸发净化的。假如没有雨水，就不可能有河流、湖泊、泉。动物舔食的不是煮过的、文明人食用的盐，而是矿物。（通常是这样，但远非总是如此，远非所有动物。）它们为什么这样做，科学家不清楚（或者装作自己清楚）。

需要听从的是自己的声音。我们每个人内心都还有源于大自然的知识的火苗。文明在用各种通用的手段熄灭这火苗。能把它点燃的只有活的水、活的空气、活的食物。遗憾的是，有能力明白这一点的远非每一个人。只要对死的食品还有依赖，自觉性就不会来临。听听耶稣基督的话吧：“你们不明白生命的词语，因为你们在死亡里面。”为了获得自觉性，需要摆脱依赖性。我一直在朝着这个方向引导大家。其他的路是没有的。

第 17 章 水晶音叉

事物的本质呈现出来，现实开始露出自己的本来面目，一切都变得明明白白，出现的正是拥有和行动的决心。通过改变主要的、根基性的组成部分，即水、食物和空气。

您所说的这一切胡言乱语难道值得关注吗？这个不要吃，那个不要喝，不要呼吸……没有这些废话思移力在我这里就已经起作用了。

肤浅。思移力当然会起作用，怎么会没作用呢。问题仅仅在于作用有多大。是您在为自己选择您所能支配的能量水平有多高。有人想要尽善尽美，而有的人收获一点就心满意足。我针对的是前者，所以才会提供接下来该往哪里行进的信息。是您自己在决定您需要什么，不需要什么。也许过一段时间您的观念会发生变化，谁知道呢。而暂时您可以单纯地了解信息。了解信息并非意味着同意或是不同意、争辩或是不争辩、排斥或是不排斥。您明白吗?

您控制现实的能力直接与自由能量的值和意识的清晰度成正比。在潜意识的梦境中您无能为力：发生在您身上的是梦境，梦支配着您，因为意识处于消极状态，“方向盘无人控制”，意图的能量不起作用，于是发动机熄火了。这是一级水平，是低级的。

在有意识的梦境中您几乎已经苏醒了，这是二级水平。不过，如果意识中的一切依然没有足够的清晰度，您还是没有能力影响梦的进程，您会如同发癔症的时候一样乱走，仿佛毒品在让您东摇西晃。

我们在各级水平构成的梯子上继续上行。假设您清晰地意识到这是梦，您也明白自己这就有可能控制正在发生的事。可突然间真相大白：您的力量不作为。尽管您明白自己在睡梦中，但却什么都做不了，噩梦缠着您不放，而您无能为力。这证明能量水平低。您要么是病了，要么是喝醉了，要么只是单纯的身体虚弱。

下一级水平是：如果您的自觉程度和能量水平已经足够高了，您就会有能力创造想创造的一切：飞、影响梦中人物、让他们服从自己的意志。不过，选择梦的脚本您暂时还做不到。为什么？能量不够。

当您能量不断充实的时候，您会上升到更高的台阶，在那里您会获得决定梦境进程的能力，获得在梦境中成为随心所欲主人的能力。

可就在这时，您进入一种精神抖擞的状态。是什么变了？现实变得不那么听使唤了。在梦里现实是有弹性的，只要稍稍有点意图，一切立时就都俯首帖耳了。可在白日梦里现实却如同树脂，没有弹性，不会一下子就听从指挥。可原则还是原来的那些原则啊！能量值和自觉性越高，受您支配的力量就会越大。最高水平是洞明（或曰清明），这时的意识是如此清晰，你能看到自己过去肉身体现的一切形态，能意识到宇宙的全部本质，而能量达到如此高的程度，你可以自由地飞翔，能移动任何物品。有人需要这样，而有人不需要。所以我才说：是您在选择自己的能量水平。您若是不想继续行进，又有谁会强迫您？

现在来谈谈如何提高自由能量的水平，如何通过最简单、最自然的方式——通过水、食物和空气——使意识达到最大的明晰程度。我书中写的一切都被实践检验过了。意识中的确在发生看得见的变化。感觉是非同寻常的，难以用语言表达，不过我愿意把它们定性为澄澈。事物的本质呈现出来，现实开始露出自己的本来面目，一切都变得明明白白，仿佛眼珠上的一层白膜脱落下来。在能量方面感受到的是轻盈、力量、高度的警觉。换句话说，出现的正是拥有和行动的决心。这一切——不管是意图的力度，还是明晰性——都在循序渐进地逐日提高。不需任何冥想和专门训练。一切都简单而自然：通过改变主要的、根基性的组成部分，即水、食物和空气。

古时候，当大自然还干净、原始的时候，水和空气是不具有危害性的。现在危害性有了。曾几何时原始人身上还具有超能力。为什么如今要通过对自己的强制手段才能培养出这些能力呢？如果回到自己原初的、婴儿时期有过的纯净状态，一切都会轻而易举、自然天成。那时候有的是灵魂的力量，但却没有理性。让二者统一的时候到了。不是把统一作为获取的能力来培养，而是把它作为应有但却失去的能力来复归。洁净身体、净化意识、觉悟过来、苏醒过来、回忆起来。这就是古代知识讲述的自然途径，这种知识就是这么简单，没有花样。

“吃什么，您就是什么。”古印度文献中有这样的话。可是该如何理解它呢？我是胡萝卜或是小香肠？不对，我是甜美的糕点？当然不是这个意思。就对待外在意图的态度来说人如同铃铛。如果他用不自然的、非天然的食物污损自己的机体，机体就会长满苔藓、不再发出清脆的响声。对于喑哑的铃声外在意图不会作出反应。“蒙上苔藓的铃铛”本身也一样不会感知意图的运动。可如果人的身体和意识干净，它就会与力量形成共振，像水晶音叉一样发出铮铮的脆响，力量也会因此而服从它。

在洁净意识之前必须先洁净身体。如果一个人搞不懂这一点，那么我会说，他让人联想到的已经不是“蒙上苔藓的铃铛”，而更像是无论怎么吹都不会有响声的羊角。您读一读伪经福音，那里什么都有：有生食描述，有洁净机体，也有抗寄生教程。

比如，如今已经广为人知的爱色尼福音书，这部福音书是用古爱沙尼亚语写成的，长期收藏在梵蒂冈的秘密档案馆中，最早是由埃德蒙德·舍克利翻译的。下面就是出自其中的几个段落：

许多病人和不洁净的人听从了耶稣的话，一起往河岸去了。他们甩脱自己的鞋子和衣裳，他们开始斋戒，他们还把自己的身体奉献给了空气、水和阳光天使。大地母亲的天使把他们揽入自己的怀抱，从里到外掌握住他们的身体。于是他们全都看见了，看见所有的邪恶、所有的罪孽和所有的污秽匆忙离开他们。当他们受洗的时候，水天使进入他们的身体，于是所有恶心的东西、他们过去罪孽的所有污秽都从体内流了出去，硬的、软的污物如同山上的瀑布从他们身体里倾泻出来。他们的水流过的土地那么脏，那么臭，谁都无法再在那里停留。魔鬼离开他们的身体，魔鬼的形状是大量的蛆虫，在水天使把它们从人子们的五脏六腑赶出来以后，它们恼怒但无能为力地扭动着。在此之后阳光天使的力量降临到它们身上，被阳光天使炙烤的蛆虫在绝望的垂死挣扎中消失得无影无踪。天使们让人们摆脱了撒旦，望着撒旦的丑陋百态，大家全都吓得发抖。

“不要以为水天使只从外面把你们搂进怀里就足够了。我实实在在地告诉你们，内里的污秽要比外面的污秽多得多。从外面洁净自己、内里却依旧不洁的人就如同棺椁一样，外面光鲜亮丽，里面却充满各种各样可怕的污秽。因此我实实在在地告诉你们，要让水天使也从内里洁净你们，这样你们就能摆脱过去的全部罪孽，内里变得干净，就像是阳光中河里泛起的水花。

“因此，你们去找到一个大南瓜，南瓜的茎与人的身高等长。把里面的东西全都挖出去，让它变得中空，把太阳烤暖的河水灌到里面。把它挂到树枝上，面对水天使跪下，让南瓜的茎进入你们的肛门，让水能流入你们的肠道。然后你们要跪在水天使面前，向掌管生命的上帝祈祷，祈祷他宽恕你们过去的全部罪孽，向水天使祈祷，祈祷他让你们的身体摆脱不洁和疾病。然后让水从你们的身体里流出来，水会把属于撒旦的不洁和臭气全部带走。你们会亲眼看到、用自己的鼻子闻到污染你们身体殿堂的全部不洁和秽物，以及住在你们身体里面、给你们造成种种痛苦的全部罪孽。我实实在在地告诉你们，洗礼在让你们摆脱所有的这一切。斋戒期的每一天你们都要重复完成洗礼，直到你们看到从你们体内流出的水变得如河里的水花一样洁净。然后你们要走到河边，在那里，在水天使的怀抱里感谢上帝，感谢他让你们脱罪。这种神圣的水天使的洗礼标志着新生命的诞生。因为从今以后你们的眼睛将会看见，你们的耳朵将会听见。

“因为我实实在在地告诉你们，谁行杀戮之事，谁就是在杀戮自己，谁吃被杀戮兽之肉，谁就是在吃死亡之躯。因为他血液中每一滴它们的血都会变成毒液，他呼吸中的它们的呼吸会变成臭气，他肉中的它们的肉会变成脓肿的伤，他骨中的它们的骨会变成石灰，他内脏中的它们的内脏会变成腐肉，他眼中的它们的眼会变成蒙住眼珠的白膜，他耳中的它们的耳会变成硫黄软木。它们的死会变成他的死。

“为避免成为撒旦的奴隶，你们不要杀生，不要食用无辜牺牲品的肉。因为这是苦难的路，它引导你们走向死亡。你们要履行上帝的旨意，让上帝的天使能在生命之路上为你们服务。所以，你们要听从上帝的话：“你们看哪，为了让你们拥有食物，我把结籽的所有植物都给了你们，它们长满大地，我还把结果的所有树木给了你们。地上的每一只兽，空中的每一只鸟，地上爬的、有生命气息的一切，我都把绿色的植物给它们充作食物。在地上活动、生活的所有的生物的奶汁也应该成为你们的食物。就如同我把绿草给了它们一样，我把它们的奶汁给予你们。但你们不应该吃肉和血。

“不管是人、兽，还是将成为你们食物的东西，你们都不要杀戮。因为如果你们接受活的食物，它就会以生命充实你们，可如果你们杀掉自己的食物，死的食物也会杀掉你们。因为生命只会来自生命，而由死得来的从来都是死。因为杀掉你们食物的一切也会杀掉你们的身体。而杀掉你们身体的一切也会杀掉你们的灵魂。这样，你们的身体会变成是你们的食物的东西，就如同你们的精神会变成是你们思想的东西。因此，你们不要把被火、寒冷或水毁灭的东西当作食物。因为用火烧过的、腐烂的或者冻坏的食物也会烧灼、瓦解或者冻坏你们的身体。不要像用煮熟的、冻坏的、腐烂的种子播种自己土地的愚蠢农人。秋天到来的时候，他的田地里什么都产不出来。他的悲伤无比巨大。要像用活的种子播种自己田地的农人，播种之后他会收获活的麦穗，而且比他种下的要多百倍。因为我实实在在地告诉你们，只以生命之火活着，不要借助死亡之火制作自己的食物，死亡之火杀死你们的食物、你们的身体，也杀死你们的灵魂。”

“不用火我们该如何制作我们的面包呢，夫子？”有几个人非常迷惑地问。

“让上帝的天使制作你们的面包。把麦子濡湿，让水天使能够进到里面。然后把它交给空气，让空气天使也能拥抱它。从清晨到傍晚把它放到阳光下，让阳光天使能降临到它上面。三个天使祝福之后你们的麦子里很快会孵化出生命的胞芽。然后把你们的籽实捣碎，做成你们的祖先逃离奴役之地埃及时做过的薄饼。然后当太阳出现时重新把它们放到阳光下面，等到日照当空，你们就把它们翻到另一面，让阳光天使也能拥抱它们的这一面，就这样把它们放在那里，直到太阳落山。因为水、空气和阳光天使哺育养大了田地里的麦子，他们也同样会做出你们的面包。通过生命之火让麦子生长、成熟的太阳一定会用同样的火烤熟你们的面包。因为太阳之火赋予麦子、面包和身体生命。死亡之火却扼杀麦子、面包和身体。活的上帝的活的天使只为活的人服务。因为上帝是活人的上帝，不是死人的上帝。

为了让你们的肠道不像冒着腐臭水汽的沼泽，不要用火煮食物，不要把食物混在一起。因为我实实在在地告诉你们，在主的眼里这会引起厌恶。

“如果你们在自己的身体里把各种食物混在一起，身体的宁静就会被打破，你们的身体里会卷起无休无止的战争。”

被称之为伪经的是不正统的作品，它们包含着偏离官方信仰的内容，因此受到教会的排斥。它们为什么受到排斥？因为它们让人感到不方便。

在此阐述的思移力的各种观点对于许多人来说也一样不方便（不适宜）。但这可不是我杜撰出来的。就像伪经中已经说过的，“你们的眼睛从今以后会看见，你们的耳朵会听见”，也就是说，最终的结果不仅是身体得到洁净，意识也会变得澄澈，这就是需要这一切的原因。所以说，如果有人认为我是在此胡说八道，那他的声明就是找错了对象。如果思移力的某个部分对于有的人来说将成为“伪经”，这丝毫不会让我沮丧。我还是会去做应该做的事情。

第 18 章　活的空气

> 活的空气含有负氧离子，这是储备着自由电子的献血分子。如果空气中主要是欠缺电子的正离子——吸血分子，那空气不仅会变得僵死，而且具有腐蚀性。

您可能会觉得，我像个狂人一样紧抓天然性不放。有什么办法呢？如果身体的寄生物、意识的寄生物、化学品、合成品和其他矩阵污物从四面八方向你涌来，有什么办法呢？如何躲开这一切、保护自己不受伤害，该往哪儿逃呢？当然，可以像“减速派”那样把自己与文明隔绝开，住到大自然中一个无人惊扰的角落。

（“为生活减速”这样的现象确实存在：当一个高收入、春风得意的顶级经理人突然间“丧失理智”时，他会抛弃一切，遁入偏远地区，去过自然的生活，换句话说，是“逃离农场”。看起来，终归还是有这样的人的，他们苏醒过来，意识到生活，哪怕是在矩阵的金质小格子里、但却一直处于斗争和压力状态中的“生活”不是生活。）

不过，这也不是最好的出路，更别说不是每一个人都有这样的条件。文明还是有其优点的。但要依靠自己的力量去避免为文明付出代价。你若不关心自己，没人会关心。就连思移力也不可能为您洁净食品、水和空气，这事得您亲自去做。

为了生存，当代人的确处于不断的压力和斗争状态。我们没有发现这一点是因为机体的储备量足够大。但储备不是无限的。一切都会有用完的时候。

周围的环境变得非常不利于生活。此刻我说的话题新鲜吗？这在我们的意识中是如此老套，我们早就习以为常、不再关注了。意识正是这样才变得浑浊、陷入迷梦中的：对，周围的环境是在受到污染，那又怎样，我们活着呢。这与开着一辆非常昂贵的汽车（您的机体对您来说贵重还是不贵重?）不顾一切、没命地在一条坑坑洼洼的石头路上狂奔没什么两样。车走着呢，那就好。

最新的科学数据（科学也有其优点!）显示，人体80%的内部储备只用于保障生存（80%这个数字极有可能被低估了）。这已经是非常让人忧虑的信号了。让人忧虑和奇怪的还有：几乎任何地方都没提到居室的环境污染。

这不足为奇。这种情况就是我前面提过的现象：系统的工作方式就是让意识混沌，让注意力远离真正重要的关键问题。为什么周围人只谈论的尾气排放、烟囱和大城市里可怕的烟尘，而用具有腐蚀性的合成材料制造的衣服、鞋、餐具、甚至儿童玩具却很少让人担忧?

因为健康的组件（人）对系统不利。为了让系统组件规规矩矩地行使职能、同时又没有多余的自由能量，他们应该在健康与患病的边界苟活。出现多余自由能量的螺丝钉通常会脱离机器，随心所欲地到处溜达。而这是无论如何都不允许的。如果大家全都企图跳出自己的小格子，系统就会土崩瓦解。（当然了，大家全都不想，因为根本就不懂。因此我才说思移力不是为所有人准备的。）

有趣的地方是什么，是系统如此具有破坏性的行为却以看不见的、隐蔽的方式呈现出来。系统可以装作（它甚至装得很成功）关心全民健康和幸福，可实际上您的健康绝对不会让任何人烦心，所有巧舌如簧的美丽辞藻只不过是一架屏风而已，是为了转移视线，为了吸引注意力。

实际状况是：向大气层排放的气体和其他废物对人机体的影响不像室内空气的影响那么惊人，那么具有破坏性。而城市人在室内度过一生中90%的时光，只多不少。（真想惊叹一句：哦，那些在露天工作的人多么幸福!）

仅凭一个事实就已经可以判断出我们呼吸的东西有多么重要：人一昼夜水和食物的用量是3公斤，而空气的用量超过20公斤，而且都与肺中的血液直接发生关系。

室内空气是由什么组成的呢?肉眼看不见的粉尘，细小颗粒物，螨虫，气雾剂，颜料、油漆、家用化学品（包括干洗后的衣物）、人造革和充斥当代居室处充斥的各种塑料的挥发物。就连硬金属也有气味，它们的分子也像液体的分子一样会挥发。如同其他化学物质一样，塑料的挥发性非常强。

什么样的榆木脑袋会以为塑料的气味无害?什么样的非人怪胎会用塑料制造衣服、鞋子和儿童玩具?你，那个开始用挥发毒气的塑料制造DVD

光盘包装物的丑八怪，是谁？你躲在什么地方实施你那些贻害无穷的计划？快现形！真想看看你，矩阵的螺丝钉，是个什么嘴脸。

这些挥发物让人头疼、疲倦、易怒、莫名地焦躁、过敏、消沉，降低工作能力、思维的灵敏度，而且当然了，会促进早衰。外面的灰尘和微粒会被毁灭，但室内的却正相反，它们堆积、增多。内部的空气总是比外部的空气毒性更大，大十倍、百倍，哪怕是在大城市。就是这样。但这一点没人在意。

还有，室内空气不仅有毒，而且是死的空气。这是什么意思呢？跟死水大致上一样。活的空气含有负氧离子，这是储备着自由电子的献血分子。这样的空气在山区、海边、瀑布边、森林中有。如果空气中主要是欠缺电子的正离子——吸血分子，那空气不仅会变得僵死，而且具有腐蚀性。自由基会夺走细胞的能量，加快机体老化，与提供能量、使人年轻的抗氧化物对立。

大家都知道，雷雨过后呼吸很轻松，因为空气新鲜，它简直就是活的。这是负氧离子高度集中的结果。离子化的氧能被更好地吸收，这意味着，除了其他好处，患癌症的风险会降低。活的空气解除疲劳、减轻压力、改善睡眠质量、提升脑力和体力方面的工作能力、提高警觉性，潜能和性能力也会得到提高。可这个没人在意。

相反，死的空气让生命委靡，让头脑迟钝，引起压抑和忧惧，遏制潜能，压迫神经，是孕妇流产的原因。总之，它降低自觉意识，人会陷入迷迷糊糊的白日梦态，行动起来如同机器人。试问，谁在意这个？再显然不过了，在意它的是系统——矩阵。

不过，室内的死空气、毒空气问题很容易解决。不是用过滤器，不。过滤器解决不了问题，因为它过滤的只是有限的空气。而且和任何电器一样，过滤器扼杀负氧离子，产出过多正离子。应当同时让整个室内面积里的空气都得到净化和活化。这有可能吗？当然。文明带来的既有毁灭之果，又有创造性的果实。只不过在毁灭之后应该紧跟着对等的创造才行，但这样的事却没有发生。因为系统需要这样。

最早的空气离子机是齐热夫斯基吊灯，早在20世纪上半叶就由亚·列·齐热夫斯基创造出来了。他第一个证明负电荷产生惊人的效果——能让人健康、年轻。

这种效果产生的原因之一是：血液的分子周围包裹着充电膜，因此血细胞相互隔离。在负电荷减少的情况下这些细胞会开始粘连、结团。结果是血液的流动性降低，血细胞不再完成自己的职能，能量下降……形成恶性循环。

机体的所有细胞都如同蓄电池。它们需要不断充电。细胞充电依靠负离子完成，负离子实际上就是抗氧化物。离子经过肺叶进入血液，在整个机体中扩散，恢复细胞的负电荷。其结果是交换过程活跃起来，能量得以提升，机体焕发生机，就像换了新电池的灯泡。而如果空气是死空气，则细胞的电荷下降，代谢变缓，由此“灯泡熄灭”，许多各种各样的疾病出现。

如今已经研制出许多比齐热夫斯基吊灯更有效的、改进了的离子机。它们既净化空气，又使空气活化。净化原理很简单。负氧离子附着于空气中的微型颗粒，使其降落到地面。由此实现整个室内的净化。在此之后需要做的只是经常进行扫除，仅此而已。

离子机还会产出臭氧，不过浓度低。总的来说，臭氧是极为厉害的氧化剂，对于机体来说是自由基。不过，如果臭氧的量小，它是有益处的，因为它会中和化学合成物，杀死微生物，以此使净化收到额外效果。

齐热夫斯基在最早的实验中就已经发现，活的空气减缓实验鼠的老化，把它们的寿命延长了40%。与此同时，室内没有负离子的动物很快就死亡了。

齐热夫斯基写道：“我们在离子化环境中工作40年，一直没有发现这样的空气会产生不良影响。我们没有一个同事证明吸入负离子会得病或感觉不适。我们对人和动物进行的专业性观察使我进一步确信：负离子哪怕在高浓度的情况下也会对大家有好处，不会造成伤害。”医学院在做大量检验工作的过程中印证了这一点。医学工作者还不得不承认一个事实：负离子具有多种治疗作用，而负离子缺乏则可能酿成灾难。

齐热夫斯基1938年写道：控制公共室内空间和居室中的空气离子化如同控制照明、温度和湿度一样，会成为司空见惯的事，这个时代为时不远了。他是多么天真啊！这个时代没有来临，齐热夫斯基却锒铛入狱。预料之中的事。系统总是让那些妨碍它的人保持中立，或者清除他们。

然而这丝毫不妨碍我们国家自斯大林时期开始的领导人为了个人健康使用离子机。比如，勃列日涅夫就下令把机关、包括别墅的所有房间都装上齐热夫斯基吊灯。

不过，高层领导的态度丝毫没有促进离子机的推广和普及。系统当时和如今都不允许。这并非说明摆锤的宠儿们什么都没懂、什么都没意识到。相反，他们是矩阵最清醒的组件。但宠儿们也免不了俗，不能随心所欲，他们尤为屈从系统的利益。不管利用离子机多么有助于提高农业、畜牧业、养禽业的效率，事实再明显也于事无补。“普及离子化”思想不能广泛传播的主要阻碍是它具有让人康健、让自觉性提高的“副”作用，系统根本不需要自己的组件康健、自觉性提高。

哪怕为医院装上离子机也好啊！特别是有心脏病、癌症、肺病病人和早产儿的医院，对早产儿来说没有什么比负氧离子更重要了。还有生产有毒产品的工厂、装配电子等设备的车间、潜艇呢？在那里工作的可都是活生生的人啊。而且是超负荷工作。但没人在意。

在上世纪 60 年代加勒比危机时期，我们的潜艇士兵在水温 30℃左右的马尾海域执行任务，待了 3 个来月。舱内温度一直在 50℃上下！您想象一下，人的机体有多大耐力。水兵们是扛过来了，可为这 3 个月他们要损失多少年的寿命？10 年？20 年？我真想知道。哪怕宇宙飞船装上离子机也好啊！除非宇航员想考验一下自己机体的强度。

实际上，为了进行这样的考验根本不必飞到宇宙或满是电子产品的金属壳子里潜入深水。您没发现看演出或电影散场从剧院出来时会感到头疼，或是有压迫感？这完全不是因为接受了过多信息。问题就在于，在依靠人工通风、人群密集的封闭空间里根本就没有负离子了。那种地方哪来的负离子呢？人们呼出的只有正负荷离子。通风系统和空调也在扼杀负氧离子。在电加热的桑拿房（与用活火加热的天然桑拿房不同）休息不成、放松不成，得到的是与其相反的结果。这个您不清楚？安装空调设备的大型商场、配备电脑的展览厅、快餐店、地铁以及许多其他人群和设备密集的各种室内空间，这些都是您呼吸死空气的地方。

可谁都没想过为室内装上离子机。装离子机的好处显而易见：来访者会感觉自己更舒适，就是说，他们想再次拜访这个地方。但这些机构的主人看来根本就没得到这种信息。这对矩阵系统没好处，所以在这个问题上才存在普遍的无知，这种无知看起来像是不可能产生的误解。人们似乎不可能如此无知，是吗？但实际上却是：可能。

当然，室内有死空气还并非意味着人立马就会昏厥、喘不上气。症状通常表现得没那么显眼，不会引起关注。前面已经说过，机体的储备很丰富。可干吗浪费它们呢？况且死空气中毒的后果可能是很严重的。

雷蒙德·钱德勒在他的芝加哥系列侦探小说中描绘过，夏天这个城市典型的热风会导致多么严重的后果：芝加哥的环境中充满电流，人们变得焦躁、易怒。这样的风显然充满正离子。对人产生同样作用的类似的风在其他许多城市同样存在。

弗雷德·索伊卡和阿兰·艾德莫顿斯在《离子的影响》一书中这样写

道："正离子中毒的人所描绘的症状与求助医生、心理医师和心理学家的人的症状一样或相似，用医学术语表述这叫神经官能症，具体表现是失眠、莫名的不安、解释不清的精神委靡、经常感冒、暴躁、突发性的恐慌、犹豫不决、不自信。"

汽车中的电力系统以及采暖、通风和空调系统同样扼杀活的负离子。不仅如此，汽车运行过程中与空气的摩擦会在车体形成正电荷，该正电荷吸附残余的负离子。其结果是司机得到过量的正离子。由于正离子的浓度提高，人的警觉性会降低，您可以自己得出结论，这对车祸产生的几率会有什么影响。

某些国家交通警察局的统计数字描绘出这样一幅画面：当风从大陆吹来的时候，车祸的发生数量提高一倍。这是为什么呢？很显然，与海风相比大陆风裹挟的正电子更多。

乘坐汽车长途旅行的小孩子容易任性胡闹，夫妻容易吵架，尤其在车窗通常关闭的冬天。那为什么不给自己的车配备车用离子机呢？这太容易了！但人通常不这样想，更准确地说，他根本就不想，为了自己好他甚至连一根手指或一个脑细胞都懒得动一动。

在飞机里，人工通风、采暖和空气摩擦构成的是同样的画面，其结果是同样造成正离子过多。而这也没人在意。一听到有关生态、有关健康饮食的讨厌说辞，大家只知道无奈地摆手跺脚。

如今对于生态的理解不应该只考虑环境。早就该为内部生态——自己的机体——的洁净担忧了，因为这种洁净具有非常重要的意义，这种意义大多数人没有意识到，而我不得不一直提醒人去关注。维·米·勃隆尼科夫院士除此之外还研究精神生态问题。思移力学派和勃隆尼科夫学派的思想体系和目标是吻合的：塑造自觉的人。必须明白人是理性的，是智人，这是我们的过去。未来属于有意识的、觉醒的人。睡在矩阵格子里的玩偶没有未来。

如果说20世纪之前的一切都是天然的，那现在的一切则是合成的了。居住环境彻底地、根本地改变了，这就意味着生存原则也发生了变化。难道这一点人都不知道吗？所以我才被迫不去讨论控制现实更复杂的问题，而是解释基础事物，没有这些是不可能往下进行的。

离子机有各种各样的，大房间用的，中等的，汽车用的，还有挂在胸前个人用的。可以在医疗器械商店或互联网上找到。（到底还是有这样的设备，真是谢天谢地！）需要根据您打算安装的地方、面积多大来选择设备。要特别注意臭氧浓度，臭氧浓度应该最低才好。如果产品说明书中对臭氧只字未提，这样的设备最好别买。需要寻找严肃对待自己的事业的厂家。

我使用的是“生态”责任有限公司的离子机“超级加号涡轮”。我的选择基于以下理由：1）该设备是根据莫斯科国立免疫学研究所血液科学中心的推荐研制而成的；2）产品说明书中标注臭氧浓度符合卫生标准；3）空气离子化后的浓度与在自然条件下一样；4）吸附0.3~100纳米的颗粒。

设备的作业盘必须可以清洗，因为它们不可避免会蒙上一层油、泥。（显然，油、泥蒙在这里比蒙在我们肺里要好。）作业盘的暗盒每一至两周需要用皂液清洗一次，然后用干净的水小心冲洗，放置数小时晾干水分。

离子机可以昼夜工作。尽管里面没有风扇，但如果把手掌靠近，可以感受到徐徐轻风。一开始活空气的气味可能会让您觉得不寻常。应该习惯它。慢慢地您不会再感到有任何气味。当设备开始发出沙沙响声的时候，那就意味着作业暗盒该清洗了。不过洗过之后、安放回去之前必须晾干它。

离子机还有一个好处，可以把它当香炉使用。作为香炉它简直太理想了，因为普通香炉里的香油膏需要加热，这样就会影响香油膏作用的发挥质量。取一个普通的蚊香片，把它固定到离子机上，往上面滴5~7滴香油膏。这样您就可以强化活空气的有利效果，给自己创造好情绪，提高工作效率，解除疲劳，减轻压力。

您瞧，一切又简单又匠心独具。谢谢您，亚历山大·列昂尼多维奇·齐热夫斯基。

第19章　再回到从前！

活的水、空气和食物是抗氧化物。死的水、空气和食物是自由基。前者为细胞充电，让机体年轻；后者夺走电量，加速老化过程。

我想谈谈《音乐思移力》。您知道吗？看到您的照片、听到您的声音以后，我自然是有点吃惊。我产生兴趣不是因为无所事事的好奇心，真的。问题在于，我曾经对生食和其他类似的事物非常感兴趣。不过我一直都关注那些呼吁健康生活、拒绝一切文明福利以及诸如此类事物的人的外表。我得实话实说，没有一个人的外表给我留下印象。

比如现在很红的X先生。没错，他外表看起来是不错，但却符合他的年龄！这就是问题所在。再比如Y先生，照片上的他是个老爷爷，怎么看都不是年轻人。还有那个Z……总之，外表（暴露年龄的秃顶、皱纹和其他种种，用一种说法就是："一目了然"）没让人有听从建议行事的特别意愿。更准确地说，如果一个人的外表跟没遵循类似食谱的人没什么两样，那就搞不懂了，作出如许牺牲有什么用?！不管怎么说，比如，说什么这个人的内部器官就像20岁人的器官，等等，我不是特别相信，因为外表终归是内在状态的反映。

总之，您的照片和声音（我一开始还以为读稿子的是个20岁左右的年轻人，所以那无论如何都不可能是您本人）给我留下了印象。虽说随着对思移力的接触我实际上放弃了肉食、甜食和其他"有害物"，但不知怎么最后的一步却还是没迈出去……

现在我抖擞精神接着往下走了……谢谢。还有件事想问问。思移力问世还不满十年，是吧？之前，在结识思移力之前，您遵循生食原则吗？总之，生活方式健康吗？

您提出的是一个关键性的问题。大概在32岁之前吧，我实际上喝酒、抽烟，什么都吃。总而言之，什么事都干过。是否值得思考什么该吃什么不该吃、什么有害什么没害，我连想都没想过。机体还有足够多的储备，因此它（机体）还没让我知道有它这么个东西。

确实，在用完标准的早餐（白面包、黄油、香肠、鸡蛋、牛奶咖啡）之后（我）白痴的脑子里有时会冒出这样的念头：感觉怎么这么笨重？用过标准的、“普遍接受”的午餐之后接着工作时，白痴又感到惊讶了：为什么那么困？已经不是工作、而是苦役了。不是生活、而是一连串的战斗了。机体已经忍无可忍、提出要求了：我不想工作，我想去海边！谁需要这样的生活呢？

您想象一下，发生的是多么奇异的事。一开始你不能把自己（也就是自己的意识本身）与肉体分开。我是我，有我的全部想法和五脏六腑的我，对吧？不过随着时间的流逝，倦怠的机体就像一匹被役使的马，开始让人不安。到了某个时刻你会疑惑、忧心忡忡地意识到：你已经完全不是从前的那个个体，完整的个体。这就是精神实质，有着自己的全部愿望和志向的精神实质，而肉体的可能性却是有限的，更何况这些可能性还日益受损。原来一切真的在很快完结、过去。

90 年代初的一天，我偶然得到了根纳季·彼得洛维奇·马拉霍夫的书《机体净化和正确饮食》，这本书迫使我认真思考。我的澄澈之路就是由它开始的。惊奇之处就在于，原力那时就已经把我引向唯独它知道的地方。让这本书问世的不是别人，而恰恰是彼得·利索夫斯基，我的第一个出版人［“维斯（整一）”出版社］。

有趣的是，在与彼得·利索夫斯基合作数年之后我才了解到是谁首次出版了马拉霍夫的著作。在此之前我还以为让我们走到一起的是思移力，我是作者，他是出版人。而实际上我们两人的路多年前、在我连想都没想过思移力这种事物时就已经交集了。那时还没有“整一”出版社，白痴的脑袋里还没有任何合理的想法。

在马拉霍夫著作的影响下我开始把一系列食品从食谱中逐渐剔除掉。37 岁起开始分食。40 岁起开始生食（不是一下子，而是循序渐进）。就这样，我用了整整 15 年彻底转向活的食物。为什么这么久？因为我很长时间都没有彻底意识到这有多重要，多需要。

现在，回顾过去，我再清晰不过地看见：假如当时我没有踏上这条天然饮食之路，思移力就到不了我这里，我的余生就会如服刑一般备受折磨、压抑、庸碌无为。原力不会选择我，而是选择别的什么人，因为我根本就什么都不懂。因矩阵食物变得浑浊的理性不可能容纳知识。沉睡的理性也许会掌握这种知识，把它当作信息、规则汇编来掌握，但却不可能有意识，更别说传达给别人了。

现在我明白：我越是接近活的饮食，我的意识就越是透亮。如果你们中有人踏上这条路，然后重新阅读思移力的书，他就会洞悉很多内容，这些内容之前阅读时隐藏在字里行间，没有点亮那里、理性深处的信号灯。天然饮食和意识的明晰之间存在直接的联系。

非常奇怪的是，关于这一点迄今为止任何地方都没有清晰、公开地谈及。所有的精神导师中您能哪怕说出一个生食者吗？据我所知，耶稣基督是最后的一个（参见《爱色尼福音书》）。我本人就本质而言虽非导师，而是中继器，但却得了真传。（白痴已经明白了！）结果就是：思移力是不是“灵修秘术中的灵修秘术”？（套用对勃隆尼科夫学说的表述，他的学说被称之为“非传统中的非传统”。）

现在我感受到：从我踏上用活食物逐步取代死的和合成的食物这条路以后，我的机体没有继续老化，正相反，它更加年轻、恢复生机。也就是说，老化过程逆转了，开始再生了。对我个人来说，这成为推翻老化过程不可逆转的这种固有意见的证据。自然，由于势不可挡的青春力量，我的机体内肯定发生了某种按照公认说法是“不可逆转的变化”。不过，我已经强烈质疑这些变化真的不可逆转。从自己身上我发现，很多东西依然有能力更新和再造。目前我还无法得出任何最后的、大的结论，但趋势十分明显。

您信中提到的 X 和 Y 先生宣扬的虽然是健康的生活方式，但外表与年龄相符，这正是因为他们不拥护天然饮食，而 Z 先生起步太晚，机体的老化程度已经相当严重了。再说对于何谓健康的生活方式，不同的导师可能会有完全不同的认识。就连生食者自己也常常会三天打鱼两天晒网，因此外表有时看起来不很健康，关于这一点我们以后还会再谈。

请考虑一点：不管是导师、医学和健康领域专家，还是任何派别的追随者（也包括生食派，现有形态的生食派），都不要把我归入其列。我是在中转知识，传达给我并由我自己的经验检验过的知识。我自己也还在路上。所以您要做的事就是考虑接受还是不接受这种知识。听从自己心的声音。

可以借助思移力改善自己的外表、恢复青春吗？

可以，只不过一切都取决于您将如何运用这种知识。应当把思移力看作一种统一的、完整的学说。但对于许多人来说更便利的仅仅是其中的一个方面，包含意图和视图化的形而上的方面。在这种情况下单一的态度效果最差。尤其是说到肉体的时候。请不要忘记，我们的世界是二元的，它有两个组成部分：物质和非物质的部分。因此仅凭视图化是应付不来的。

必须有综合态度，从这个和那个方面来看待事物的态度。但主要关注点应放到物质组成部分上。一切都足够简单：您的外表是您健康的反映；您的蓄电池——细胞中有多少电量，您就有多年轻。健康直接取决于机体的洁净程度。机体的洁净程度取决于您用什么来滋养它。细胞的电量，或者换句话说，它们的“活性”也直接取决于您饮食的“活性”程度。

活的水、空气和食物是抗氧化物。死的水、空气和食物是自由基。前者为细胞充电，让机体年轻；后者夺走电量，加速老化过程。这就是需要搞清楚的重要内容。真理总是朴实无华。

机体碱性化也会促进年轻化。相反，酸性化加速老化。我们已经说过，如果我们机体的 pH 值仅仅提高 0.15，细胞对氧的吸收能力就会增大 60%，这样，细胞就能“自由呼吸”，焕发生机。活的食物让 pH 值往碱性方向发展。正相反，死的食物、尤其是肉食让机体严重酸性化。

此外，碱性环境对寄生物是致命的，它们只有在酸性环境中才过得滋润。如果为碱性环境再配上大蒜和辣椒，那我们的客人简直就会变傻，它们不得不滚到一边或者死去。在外表上就能反映出这一点，面容会焕发别样光彩。

东方人早就知道，食用杏干和甜瓜的人，其外表看起来光鲜靓丽。为什么会这样？因为这些水果大大提高机体的碱性程度。西瓜、梨、黄瓜、杏和新鲜蔬菜具有同样的性能。因此夏天必须大量食用这些东西。到了冬天就吃无核和带核的杏干、蓝莓和海带。

我在市场买杏干的时候，老太太们通常会一边斜眼看我一边念念有词：“对的对的，杏干治很多病，把它煮一个钟头，喝煮好的水。”对的对的，我暗自冷笑（向她们证明什么是徒劳），所以你们才这么病体缠身，满脸皱纹，你们习惯把活的食物杀死。老天爷啊，干吗煮它呢？用活水把杏干泡上一夜，到了早晨，您就会得到让人叹为观止的饮料，外加新鲜的甜美果肉，外加美味的小杏仁。说到底，什么更有疗效，是活的水果、还是“煮死的”水果？一直到死，为了治疗，人们绞尽脑汁，无所不用其极。比如说，新鲜的杏和杏干对机体的碱性化有非常好的作用，可如果把它们做成果酱或糖煮水果，它们就会变成效力极大的氧化剂，比肥肉还要糟糕！

喜马拉雅山区的罕萨人以长寿闻名遐迩。人的平均寿命是 110 ~ 120 岁。老寿星们感觉自己精力充沛，他们保持着积极的生活方式，妇女到 65

岁还有生育能力。居住在同样条件下的临近部族的人通常到65岁左右会离开人世。二者的区别就在于饮食。罕萨人的食物是活的食物，而且在他们的食谱中杏占主要位置，夏天食用鲜杏，冬天食用杏干。他们不做糖煮水果。主要食用新鲜蔬菜和水果、谷芽、天然羊乳酪。（偶尔也的确吃肉。也许，正因为此他们才活得“没那么长久”?）

等到您开始以天然的活食物为主导，从食谱中排除一切兴奋剂和松弛剂，包括茶和咖啡，镜子里反映出来的变化就会很快显现。这一点在您的眼睛上反映得最明显。您的眼神会变得如孩童的眼神一般清澈、明亮，顺便说一句，这给人留下的印象将会比没有皱纹给人留下的印象深得多。为什么会发生这样的事?

您肯定见过酒鬼浑浊的眼睛。这证明他们机体的负重到了极限，能量严重衰弱，通过眼睛透射能量的通道实际上已经封闭了。这种人的能量可以比作有洞的破桶。桶壁上的洞是由于摆锤密集吮吸能量所致，摆锤如同接受还贷一样按期接受一定的份额，所以才不得不一直索取。这是最后的一个阶段了（当然，如果不算烈性毒品的话）。

那些“饮酒有度”的人情形会好些，但在许多方面具有相似性。他们的眼睛也不完全清澈。那些压根儿不喝酒但却吃死的食物、用“社会性”毒品（香烟、咖啡或茶之类东西）娇纵自己的人，他们的眼睛也蒙着一层膜。所有这一切是不同的阶段、不同的份额，但本质却是同一个：污染机体、堵塞能量流，这是没完没了的征程，是向摆锤银行借贷和还贷的征程。

停止接受兴奋剂、松弛剂和死的食物会发生什么情况呢?机体会净化(不是一下子做到)，摆锤们会松手，“桶上的洞”会补上，能量会恢复并自由、强劲地流动起来，包括通过眼睛这个渠道。正因为此眼睛才会开始闪耀内在之光。正是这一点会真的给人留下印象。

(在此要作个预先说明。我个人不建议从死的食物急剧转向干净的生食。为什么，我们以后会说。为了眼睛净化的效果能显现出来，哪怕放弃兴奋剂，转向以活食物为主导的食谱也好。)

还有一个保证外表健康年轻、长寿的重要条件，那就是运动。我再说一遍：“现状”这种状态是不存在的，要么是发展，要么是退化。如果您在自己的发展中停住了，那么，必然开始退化。生命就是如此，就本质而言它是不断的运动、活下来，这一点是逃脱不了的。所以运动是必不可少的，这样做的时候需要有意识。步行半小时到达上班地点，别坐车，这是给机体真正的礼物。如果没有可能或愿望做更剧烈的运动，做一套藏传健身操“藏密回春瑜伽”（以后对此会有更详细的描述）是必不可少的最低限度。

哪怕只凭两个原因也必须运动：第一个原因是物质交换活跃、机体净化，第二个原因是肌肉组织和骨组织保持紧密。比如，如果把一个人放进宇宙一年，在那里不必克服重力，一切物理负荷都消失了，骨头、肌肉全都萎缩到一定程度，返回地球后轻轻摔一跤都足以骨折，两腿移动会成为不可思议的事，总之，力气根本就不够用。正是出于这个原因宇航员非常注意身体锻炼。

因此，只要您处于运动之中，在跑道上奔跑，您就会逃开老态和乏力。可一旦您停下来，跑道立时就会把您往回拉。这一点要记在心上。

好了，现在我们终于接近思移力形而上学这部分的内容了。为了让老化过程逆转，必须重新设置自己的超意识程序。总的来说，这是理解起来十分复杂的题目。如果简要地说，则人有意识、潜意识、超意识。人的意识处于物质空间，笼统地说，这是人的理性。潜意识分布在过渡空间，控制着全部的生命保障：条件反射、呼吸、血液流动、食物消化等都属于此。超意识处在方案空间。这是一种独特形式的人的原型，是他的面模、字模、模板，人据此“量身定制”自己。正是在那里录制这个人长什么样子、什么时候变老之类的信息。需要矫正的就是这个程序。

原则上说这样的事有可能吗？当然。人在生命进程中一直在自主或不自主地对它进行矫正。超意识是人的计划案，他的世界观、对世界的感觉、对自身的感觉以及其他许多东西都在其中。这里录入了比如“我是好人还是坏人、我成功还是失败、我健康还是病弱、我富有还是贫穷、我漂亮还是丑陋、我是年轻人还是老人”等信息。由于多种因素这一切都随着时间的流逝发生变化。

所以说，这个心理模板可以有意地去改变。这当然不那么简单，但却是完全可行的。不那么简单是因为理性的固有模式和社会的影响在妨碍人们对自己的模板进行重新定制。比如：大家都该在什么什么年龄变老、什么什么年龄死去，等等。可以说，这里发挥作用的是“您信什么就会是什么”这个原则。如果周围的人都强调，说奇迹不可能发生，那相信奇迹就不容易。不过，在思移力中没把相信当成实现目标的方法来考虑。为实现目标采用的是另一个工具——意图。必须通过把自己的注意力集中于目标来把具体工作做完。具体需要做的是什么呢？

您应该把年轻化当作自己的一个目标。需要让这个念头在心中燃烧、渗透。值得这样做，因为您很快就会让所有人眼睁睁地看到您容颜的改变！为了让注意力牢牢地聚焦于目标，用我们的术语说，就是必须把意图挂到钩子上。可以成为这种钩子的有下面这些“仪式”，前两种本身就已经会对健康和外表形成直接的物理影响。

一杯水。每次喝水时都用这样的思想形式为它充电：“我的机体在净化、更新和年轻化。废渣和毒素正从机体中排出去，机体终于在轻松、自由地呼吸。所有功能都在恢复、正常化。所有器官都在净化、更新。一切都走向正常。拥有健康的身体和强大的能量。健康反映在外表上。我看起来年轻、迷人。”您还可以加上：“谢谢你，我亲爱的水。谢谢有你，如此鲜活、如此有疗效、如此干净。谢谢你帮助我。”对食物也可以用思想形式这样充电。

洗漱。每天晚上睡前需要用活性炭水洗漱。如果除了活性炭石块外往容器中放入活性炭金字塔，效果会增强。如果不放活性炭金字塔，而是放入洗浴专用“水片”，则效果会更明显。洗漱时的思想形象应该是这样的：“这是治疗水。我的肌肤在恢复、再生、润泽。我有健康、光滑、柔韧、鲜活的肌肤。我看起来一天比一天漂亮。我看起来年轻、迷人。”思想形象中不允许有一个“不”字和不希望看到的事物。比如，像“我的皱纹在舒展”这样的句子一个都不能有。不希望的事连提都不要提。只用肯定表述。洗完之后不要擦干，让水自己干，这样可以让设定的程序得到巩固。

镜子。每次照镜子时都忽略不看自己的所有缺点，只关注优点，强调说自己会更好。构成这样的思想形象：“我看起来一天比一天好。我身体健康、能量充沛。健康反映在外表上。我看起来年轻、迷人。我眼睛熠熠生辉。我的眼睛里闪耀着我漂亮的灵魂。我是非常有魅力的人。我是发光体。”

因此，同时从双面镜的物质和思想两方面行动时，您会得到十分引人注目的结果。这一切都起作用，得到了验证，因此对于类似奇迹的“不可能性”您可以放下心来。祝您再回到从前的旅行愉快！

第 20 章　逆衰老过程

> 人的机体如同电池，电量没有耗尽之前有生命。因此，当您食用经过热加工的死的食物时，电量损耗很快。可如果您的食谱中只有活的食物，电池就几乎不会用完。

我经常收到意思归于一点的信件：“是否可能借助思移力保持年轻、获得健康、改善外表、提高生命张力？在这方面您是怎么做的？您如何饮食？做什么操？”

在《现实的思移力》和《现实的主宰》两本书中已经讨论过健康和能量问题，但我还是要再次返回这个主题，因为它时髦。当然了，如果您还不到 35 岁，也许是 30 岁，这一切对于您，尊敬的读者，可能无趣。不过，一切早晚都会结束，到那时静观“自己灵魂的殿堂（躯体）”，您不得不忧郁地感叹：“你好啊，啤酒肚！”或是“你好啊，橘皮纹！”

下面将要谈及的内容可能又会有人觉得与思移力无关。完全不是这样。涉及健康、能量的一切都是思移力最为重要的组成部分之一，不管您喜欢还是不喜欢。没有足够的自由能量是根本不可能控制现实的。

我本人怎么吃、做什么操压根儿没有意义。每个个体都有自己的特殊性、口味和喜好，因此整齐划一的方案是不该存在的。只是出于给出个图解的目的我才可能讲讲自己的个人喜好。我本人成功地做到了什么？

我和小时候的同学每几年见一次面。每次我都感到震惊：曾几何时他们多么娇嫩、年轻，如今老得真厉害啊。我没有变化（原来什么样，现在还什么样）同样让他们震惊。于是从前的同班同学开始拷问我：怎么做到的？我回答说，我只使用天然养护用品，只食用天然食物。可他们甚至听不懂我说的是什么。真是离奇（尽管在摆锤的世界里这更顺理成章），当代人很少知道是什么在扼杀他的美，是什么在夺走健康和能量。

首先我要重复一遍前面已经提到过的说法：所谓“现状”是不存在

的，有的要么是发展，要么是退化。意思是说，从您的身体长成、定型的那一刻起，它的退化过程就随之开始了。如果不关注“灵魂殿堂”，它很快就会变成废墟。嗯，这个过程在您看来也许没那么快，因为长期以来您每天自己面对自己，因此几乎看不出变化。可请您看一眼周围的人：他们老得多快啊！以电影和戏剧演员为例：您看见了，就在不久以前他们还那个样儿，而现在变得多么厉害。您恐怕不希望以飞快的速度跟自己的老态见面吧。

有人可能会说：生活就是这样，必然性是不可能战胜的，需要忍耐、接受。见鬼！我个人什么都不想忍，尤其是不想听糊涂人垂头丧气的格言。无知体现在尽管人们受到良好的教育，但却对健康生活方式的基本原则没有概念。

当然，大家都知道，喝酒、抽烟有害，锻炼身体有益；吃肉有害，吃蔬菜、水果有益。对这个问题的认识几乎到此为止。无知，众所周知，保持着胜利者姿态的无知，正是它把天然饮食归于节制饮食方式中的一种，要么就是把天然饮食当作愚蠢的怪念头完全排斥掉。天然饮食方式到底是什么？是怪念头还是21世纪——第三次浪潮的文明时期——人们的饮食方式？对我来说这已经不是问题，因为结果我在自己的脸上看到了。

天然饮食方式或曰生食方式是食用未经热加工和化学加工过的食品的方式。不要与素食主义混为一谈，我认为，若运用不当，素食主义会给健康造成严重伤害。我不再重复为何必须采用天然饮食方式、它能带来什么，这一切在《现实的主宰》一书中有详细描述。我只做个类比。人的机体如同电池，电量没有耗尽之前有生命。因此，当您食用经过热加工的死的食物时，电量损耗很快。可如果您的食谱中只有活的食物，电池就几乎不会用完。请您想象一下：您有一个灯笼，如果您很少打开电源，电池数年都不用换；可如果它一直亮着，您自己清楚，一直需要做的是什么事。只不过您的个人电池不可能更换，它的电量会用完的，您会悄无声息地“熄灭”。

天然饮食食谱中可以有什么？很简单：可以生食的一切。如果不经热加工的食品口味差或根本不能吃，那就不该吃。比如，生肉令人生厌。更何况生肉中有解构性向量——程序，该程序对您来说只意味着一点：自我毁灭。这是曾经活过、拥有相对高水平意识的生物的尸体，这就意味着，在被杀的时候该生物意识到自己被杀，于是这一最后的思想形式作为程序刻入它的身体。这就是意味所在。

现在来说说具体进入我的食谱中的东西：首先是青叶菜，新鲜蔬菜和水果，海洋植物（海带、海藻），燕麦糊，海产品（扇贝、鱿鱼、虾、偶尔会有稍稍腌过的或冷冻过的鱼，鱼子酱），花粉，各种坚果，包括核桃、松子、巴旦杏仁（可以有少量的芝麻酱），蛋黄，不加盐的酸白菜，蓝莓，伊拉克枣，干杏，偶尔有巧克力（可可含量超过70%），很少吃黄油和硬奶酪。我允许自己食用的唯一一种经过热加工的食品是少量没发酵的芽麦粗粉面包。这实际上就是全部了。我没感到体力不支。这不完全是纯粹的生食，纯粹生食采用的是清一色植物性食品，不过目前这样的食谱完全适合我。您可能会有自己的喜好。

还有一些微妙之处。我不会同时混用不相容的食品。比如，用过海产品之后我不会立刻吃水果。在沙拉里我总是加入一汤匙天然苹果醋或是柠檬汁（这会很好地净化整个机体），一茶匙蓟籽粉（恢复和更新肝细胞）。不用葵花籽油和橄榄油，只用蓟籽油、苋菜籽油、松子油和亚麻籽油（净化血管）。不用糖，而用蜂蜜。不喝咖啡和茶水，饮用的是活水泡制的各种草叶水、花水（减缓衰老过程）。不喝“包装”果汁，只喝鲜榨果汁。不喝普通的水，只饮用活水，蒸馏的、用石英沙和活性炭泡制的、电活水器加工的活水。不吃盐，不喝矿物质水和甜汽水。

现在说说海产品。您肯定会感到惊讶：难道这些东西可以生食吗？不仅可以，而且美味得多。开始的时候确实会有些不习惯。不过，如果您食用生鱿鱼、生虾一两个月，之后再去试着把它们煮熟食用，那时您就会明白，之前吃的这些食物是多么令人生厌。煮熟的蛋白质是有缺陷的，它被破坏了，更难吸收。而且生的海产品，尤其是贻贝和扇贝，除了蛋白质以外还包含各种必需的维生素和矿物质。您可以把这些海产品汇合在一起，小份食用，就性能来说这会比一公斤做熟的肉和蔬菜功效大得多。

当然了，还应该知道怎么制作。取200～300克鲜冻海产品（可以把不同种类混合），用冷水冲洗干净，解冻（可以放在微温的水中），切开，加入新鲜土茴香、万能的中式调味料（或是高丽胡萝卜调味料①）、三分之一个柠檬挤出的果汁。

调味料最好自己制作，因为成品调味汁中通常会加入盐、谷氨酸钠（味精）。自制调味汁成分如下：红甜椒、香菜、姜、姜黄、大蒜、黑胡椒、肉豆蔻、肉豆蔻花、芥末籽、葱。所有这些自然都是粉末状。如果谁

① “高丽胡萝卜”是俄国家喻户晓的沙拉，酸甜辣口味，调料可以买到成品，主要由糖、盐、醋、尖椒和植物油构成。基本用量大致如下：1公斤胡萝卜调入1汤匙糖、2汤匙浓度为9%的醋、一茶匙盐（平匙）、50克植物油，辣椒粉根据个人口味适量。——译者注

更喜欢辣一些，可以加入尖椒。

只是不要放盐，盐一点作用都没有！而且不必把这些与任何东西混起来，包括面包。葱、蒜、洋姜——可以。当然，海产品应该真的是鲜冻的。如果解冻之后闻到馊味，那就不能吃了。生虾是青灰色的。橘红色已经是煮熟的了。确实不是每个人都能吃生鱿鱼。阿根廷鱿鱼（个大，皮上有浅色斑点）对于生食者来说太硬，如橡胶一样。为此最好选用个头不大的、紫色的那种。

海鱼也可以这样食用，只是它无需解冻，所谓鱼排更美味，自然不要加盐，使用同样的调味料。确实，不是每种鱼都味道好。最好选用红鲑鱼、金枪鱼、鲣鱼、鲅鱼、毛鳞鱼。鳟鱼和三文鱼如今可以人工养殖了，不清楚喂它们什么，这是所谓“海洋畜肉”，味道似乎还好，不过我建议最好避开。淡水鱼无疑不能生吃。我们这个时代唯一生态干净的食物只有海产品。所有植物中最干净的是海洋植物。您明白，这是所有食物中最古老的食物了。我们的血浆就其成分来说甚至与海洋植物相似。

海白菜（海带）需要亲自做（其他东西也是一样），因为所有的“正常”人都煮它，我不知道为什么这样做，大概是为了把里面的所有营养全都毁掉。再说煮过的海带味道不怎么好。如果没有卖冷鲜海带的，可以在市场上从朝鲜商贩手里买到干海带。制作方法见附录2。

现在，让我们说说垃圾。有一种观点认为，生食海产品会中毒，或是肠道里因此可能有“客人”（细菌）入住。我多年的经验表明不是这样的。当然，前提是不用五花八门的鱼和蛤蜊做实验，不吃有馊味的海产品，不接触生的、晒干的淡水鱼。我们这个时代奶制品中毒的可能性要大得多。嗯，如果主要食用活的食物，定期吃大蒜、辣椒和洋姜，肠道里肯定不会有虫子，而且这样做会十分有益。不过，如果在您的食谱中植物性生食的量不大，我建议您最好不要仿效我生食海鲜，在这种情况下我不能保证您会完全摆脱被寄生虫缠上的危险。

说实话，被寄生虫缠上的其他方式多了去了。比如，虫卵可能在任何日常物品上滋生：钱币、电话听筒、公共交通工具的扶手、空气中——到处都有。所以啊，生食海鲜和跟一个可爱的人握手有什么区别呢？反正都得要么一直服用抗寄生虫药，要么接受“客人”。就我来说最好是食用寄生虫受不了的东西——活的食品。通常只有在腐烂的环境中寄生虫才会活得滋润并且得到繁殖，腐烂环境是由死的食物形成的。抱歉说到这么讨厌的细节。

禽蛋中（没破的、用热水悉心清洗过的禽蛋）有食用价值的只有生蛋黄。您不必为胆固醇不安，说那里面没有胆固醇，纯属天方夜谭。更准确地说，蛋黄中含有的恰恰是有益的胆固醇，是机体必需的。真正坏的、堆积在血管壁上的胆固醇源于动物脂肪和煎炸食物。蛋白不好吸收，因此最好别吃它。至于煮蛋或煎蛋，那简直就是没价值的死食物。就沙门氏菌我要说的是：如果您害怕传染，那就干脆别吃蛋，不吃蛋完全没问题。煮得半软的蛋摆脱不了沙门氏菌，而煮硬的蛋吃起来没有意义。如果您绝对不怕生病，那什么都威胁不了您——您的意图就是这样发挥作用的，就算偶然感染，意图也会保护您没事的。

为什么不喝公认的饮料而最好饮用药草茶？首先，因为几乎所有的“茶用”药草都是效力高强的抗氧化剂（延缓衰老过程）。比如，作为抗氧化剂，寻常的柳叶菜比绿茶有效得多。其次，药草茶比普通茶好喝得多。药草越多，香味越丰富，越好喝。自然要放蜂蜜。其三，我想说的是，有咖啡因挺好，但没有咖啡因更好。总的来说，使用任何兴奋剂和松弛剂都会让您落入摆锤的魔掌：一开始它们把能量放贷给您，之后索取的利息不小，就这样持续一辈子。谁是输家显而易见。

就像维克多·佩列文说的，最好的迷幻是彻底的“干净”，那样就压根儿没有任何兴奋剂，没有任何松弛剂。如果再配以天然饮食，那机体就会完全和谐，生命力提高，意识清澈，通向方案空间的渠道打开——创造潜力显著增长，显著增长的还有意图力，即控制现实的能力。您个人需要还是不需要这样，这当然是您的事。

就我个人来说，比如，我偶尔会喝点酒、抽点烟，但由此已经体会不到从前的麻醉效果了。为什么？因为机体的振动频率更高了，摆锤们已经勾不住我了，相应地，它们不为我提供能量，因为它们的工作频率更低。如果再次回到死食物的饮食方式，那就可以喝酒、抽烟并由此得到自己的那一份能量贷款，亦即被麻醉。而我对所有类型的死的食物几乎已经产生了常规性的厌恶。机体很快就会习惯好东西，不想走回头路。

针对“每天喝上一杯干红葡萄酒非常有益”这样的说法我十分怀疑。最可能杜撰出这种传说的是那些喜欢喝点小酒的人。可不管做成什么样，任何类型的酒精都依然是毒，尤其是每天都喝。大脑会因为酒精萎缩、退化，这个事实从事解剖的医生清楚得很。一杯石榴汁对机体才是真的大有益处。自然了，果汁应该是鲜榨的。为此需要成熟的、放置一个月以上的石榴，放一个月以上是为了让果肉干一干，否则口感会太涩。遗憾的是，家用的石榴榨汁机实际上是不可能弄到的。您瞧，天然饮食如此不普及，连生产厂家都不去琢磨生产这样的设备。把石榴切成两瓣以后，可以用手把果汁挤出来。另一种方法是借助绞肉机。把石榴切成四瓣，转动手柄，果汁就出来了，人们十分需要饮用这样的果汁。如果口感太酸或太涩，那就往里面加点水。对于保持健康来说这是最好的东西。作为抗氧化剂，石榴汁超过自然界中所有的一切。

还有就是冷冻蔬菜的问题。同样遗憾的是，冷冻前人们会把它们白灼一下，所以这也已经不是活的食物了。当然了，尽管就营养品质来说，它们大大超过煮熟的蔬菜。更何况煮熟蔬菜的死的无机盐会污染机体。干吗要煮熟它们呢?！用它们可以做出美味的生菜沙拉呀。不过我再说一遍，被沸水烫伤的蔬菜怎么说都已经死了。

最后一个建议：应该如何开始食用食物。我们知道，许多民族至今还在就餐前完成各种仪式：把食物供奉给上帝、祈祷，等等。我不认为上帝需要这一切虚无缥缈的东西。而用意图能量为食物充电倒是对您本人可能十分适用。为此请把盘子放到餐桌上，两掌围绕在盘子两边，创造出能量场。如果肉体感觉不到这个场，哪怕脑海里想象它存在也好啊。然后出声或默念思想形式。思想形式可以包含那些您想实现的所有意图。比如："这个食物净化我，提供所有必需的营养。我的机体被净化、更新、年轻。我看起来简直棒极了。我有理想的健康身体，精力充沛，智力发达。我轻易地应对任何问题。我出色地完成自己的工作。财源滚滚。"诸如此类对您来说最重要的意图。宣读完思想形式之后用两手抓住在掌间造出的场，把它揉进肚子。这样，您的食物就会充上意图能量，您可以不用怀疑这样做的效果。

我允诺写的第二点是身体锻炼。我晚上 10 点就寝，早晨 5 ~6 点醒来。立刻饮用一杯活水，开始每天的配套锻炼：专门的背部体操、整体热身、通常在东方搏击术中实际操练的拉伸练习以及勃隆尼科夫院士的瑜伽能量操。这一切做完需要两个小时。在此之后洗热冷水反差浴。每个动作都不是随便完成，而是配以相应的意图：应当把注意力集中于此刻你正在做的动作、尤其是计划达到的目的。更详细的说明在附录 1《意图发生器》中可以读到。每周做 3 次力量练习（哑铃、拉力器），不过力度不要过大，只是为了让肌肉保持弹性。每天在海边散步 1 ~2 个小时。就这些，不多，但也不少。对我个人来说这是必不可少的，更准确地说，是最佳的底限。对您来说一切可以与此不同。请听从自己身体的声音：它应该想要运动。运动应该带来快乐。如果身体不想运动，那就是说，机体垃圾超标，应该立刻、彻底清除。

最后来谈谈天然化妆品、洗漱用品。为什么化妆品、洗漱品应该是天然的呢？就是因为它也是食物。您使用的东西越接近自然，您的能量频率就越高。这意味着各种摆锤将难以勾住您。如果您只消费合成食品（消费品），那就想想吧：您身上有许多挂钩，各种摆锤会一直用这些钩子勾住您。您的食谱中合成物越多，您的自由能量乃至自由就会越少。

在大众传媒中做广告的普通化妆品、洗漱品是以动物类产品、矿物原料和炼油产品为基础制造的。天然化妆品、洗漱品的主要成分是植物。正统的自然派尽量不用任何化妆品、洗漱品。比如，用草木灰刷牙，只用水洗头发和身体。当然了，天然饮食时身体的确干净，不管是体内还是体外。而且没有任何异味。不过，我本人所持的是另外的观点。终究还是该洗澡的，同志们！

只是不要使用广告推荐的那种化学用品。需要按照自己的方法为自己找到一家物有所值的公司。有产品昂贵的公司，有相对低廉的。在任何情况下天然化妆品、洗漱品都会让您花比普通产品更多的价钱，不过它值那个价钱。质量高得多，副作用小得多。比如，洗脸可以用香皂，根据皮肤类型选择玫瑰皂、松脂皂、茶树皂或其他香皂。把脸打湿，用两手揉搓香皂，直到形成一团泡沫。把这团泡沫涂到脸上，用掌心拍打二三分钟。这就是对您来说天然的、最好的角质层去除术。这样做不会像普通皂那样让皮肤紧绷。类似的独特配方和用品有很多，包括阻止皮肤老化的用品，也包括男性用品。并非不在乎外表的男士既擦护肤霜，也用品牌香波、香水，等等。您个人需要知道和拥有的一切，可以向商店的咨询师咨询，也可以从产品名录和专门的文献中了解。

当然，我并不主张您立刻就转向百分之百的天然饮食，甚至压根儿就不主张您改变自己。不必着急。可以从附录 1 描写的基础物品开始。我本人是循序渐进、一步一步来的。也可以快些。顺其自然就好。直到今天我还在路上呢。而且在这件事上我也不会听从别人的意见，遵照别人的建议行事，这也是我对您的希望。嗯，如果您需要如何逐渐走向天然饮食方面的信息，那就读读《现实的主宰》这本书吧。如果这信息合您心意，那就好极了，我祝您一路顺风。嗯，如果暂时不是这样（我相信是暂时），那就按照您需要的方式生活吧。您可是自己现实的主宰啊！

第21章　不是为所有人准备的知识

实践表明，只有为数不多的人有能力理解和接受思移力。而这为数不多的人里面只有个别人会踏上净化之路、摆脱死亡食物之路。其他人根本就搞不懂这样做是为什么。

您个人转向生食制的动机是什么呢?

动机对我来说有7个显而易见的组成部分：洁净、能量、健康、年轻、清明、自觉性、自由。对我来说它们远非立刻就显而易见。我是逐步走向生食制的，用了相当长的时间，原因就在于：不仅食用相对无害的食物，而且恰恰是食用活的食物有多重要，我差不多刚刚意识到。而且大多数阅读这些文字的人也意识不到，只要他们还继续食用死的食物就不会意识到。我还意识到自己正在挑起的话题是很不普及、也让人感到不方便的话题。实践表明，只有为数不多的人有能力理解和接受思移力。而这为数不多的人里面只有个别人会踏上净化之路、摆脱死亡食物之路。其他人根本就搞不懂这样做的目的是什么。这让人一点办法都没有。我再重复一遍耶稣基督的话："你们不明白生命的词语，因为你们在死亡里面。"也没什么，这不是好，也不是不好，每个人都有自己的路。

首要的组成部分——洁净——决定其他六个部分。在洁净的机体里能量自由、强劲地流动。洁净的机体容易发挥功能，它总是保持标准状态，像钟表一样精确，因此疾病根本无从产生。健康的到来是客观存在，顺理成章，无需为之奋斗。再说洁净本身就让人赏心悦目。

维克多利亚·布金柯在她的《通向生食制的12个步骤》一书中写道：

在大自然中，腐烂的过程期间细菌不会散发气味。难以置信吗？在森林里没有人翻晒树叶，没有人埋葬死去的动物，一切就这样暴露在露天之下。动物屎和鸟屎落在哪里，就一直在哪里。森林似乎应该臭气熏天。好

吧，请您回答我的问题：当您最后一次到森林去的时候，那里的气味难闻吗？我保证您的回答是“不”。甚至完全相反：在森林里的时候，我们深深地呼吸，我们惊叹：“啊，空气多么怡人！”如果在大自然中细菌分解有机材料时没有气味，那为什么我们会把腐烂与气味联系在一起呢？为什么在文明世界中细菌有如此恶心的气味？那是因为细菌很难加工我们人创造的东西。为了检验这一点，请您亲自做个实验。把生水果和蔬菜放进您的肥堆里。您会发现，它们腐烂、分解时没有不好的气味。现在请您往肥堆里加入熟食，比如，通心粉、鸡汤或土豆泥。过几天您就会感到有味儿，从您的肥堆散发出的味儿。气味儿会如此恶心，以至于您的邻居有可能把警察招来。您自己也受不了这种味儿。您只好用土把肥堆埋上。气味源自努力加工熟食的细菌。

显然，有死食物的机体内发生的事与肥堆中发生的事一模一样，只不过速度要快得多。

年轻也与健康一样被客观保留下来。一切都很简单：活的食物不费“电池”。为什么？我已经在《现实的主宰》那本书中写过。您知道，看到周围的人全都在变老、而您还像几十年前一样年轻，那感觉很奇特，很不寻常。对于周围的所有人来说，这也同样奇特，匪夷所思。还是那句话，需要还是不需要这样，只有您自己决定。有时候有人问我：“怎么着，您想活一百岁？”

为什么正好是一百岁而不是更久？这样一个原始的界限为什么会存在？它从何而来？实际上我压根儿就没想过会活多久，也不去追求活得尽量长久。目前这个问题完全不是我操心的事。意义不在于活到耄耋之年，而在于不让这耄耋之年如此无力、无助、不成样子，而耄耋之年几乎总是表现出这样的形态。尽量延长寿命，哪怕超过一百岁，但却状态可怜，这没有意义。意义在于不去随岁月退化，而是在任何年龄段都活得有充分的价值，保持意识清明。

清明、自觉性和自由也是客观出现的，是洁净的结果。这就是所谓存在（物质洁净）决定意识（精神洁净）。这里所指的不是思想纯洁或某种道德意义上的精神无瑕，而是人本质的洁净，人乃是与力量频率共振的调音叉。

若以熟的、而且合成的食物为生，作为能量接受发射体的您就会转向低频区域。这就意味着：一、您的自觉性的水平也会降低。死的食物让意识混沌，这是事实。二、您会轻易就被摆锤抓住，因为它们的振动频率是低频。如果您食谱中的大部分食品由死的植物、肉和合成食物组成，那就想想吧。在各种摆锤看来，您的样子就是这样：您的脑袋里仿佛翘出一个小钩子，勾住它很方便；您的脖子上挂着一个标签，写着：“吃我吧！”对于它们来说您如此美味，就好像烤鸡或烤肉串在您看来很美味一样。

相反，如果使用天然食物，您会逐渐转向高频区域，相应地对于摆锤来说您就会变得无形，它们看不见您。它们似乎已经感知不到您的存在了。您没有什么东西可供它们钩住的了。它们很难让您失控，很难把某些坏习惯、坏程序强加于您，让您“承载”。根本就不可能抓您入网。您会获得自信、内在的中轴、自由。您的意识变得澄澈。“蟑螂”都从脑子里跑出去了。您开始看到现实的本来面目，事物的本质开始向您呈现出来。一切对于您来说都变得透明、清晰。您清晰地思考，清晰地阐释。

究竟为什么需要思移力？为了在白日梦中苏醒并控制梦境。为此就必须拥有上述罗列的组成部分：能量、清明、自觉性、自由。如果长期地、坚持不懈地针对自身做工作，做到这一点是可能的。也可以只是单纯地获得这些能力，仅仅作为能力获得它们。伴随着向干净饮食转变，重要性（面子）的小钩子的确会自然而然脱钩，哪怕不会马上脱钩，但一定会脱钩。这些小钩子包括恐惧感、负疚感、不自信、不安、依赖感、压迫感。自由是自然而然获得的，天眼师的谜语是自然而然解开的。不能说这条路是最短的捷径，一切不会如您所愿发生得那么快，但它是最简单、最自然的一条路，这一点确定无疑。

这些话我为什么一而再再而三地重复？因为简单的真理很难被意识到，哪怕它就浮于表面、显而易见。这就是离奇的地方。有一点已经足够让我们高兴的了：所有这些信息根本就是大众皆可共享的，而不是直面意义上被解密的信息。尽管……大众皆可共享并不意味着具体可感。矩阵系统甚至没有试图隐瞒灵修秘术知识。干吗要隐瞒呢？反正大家全都不懂，全都掌握不了。许多人根本不会去尝试，所以他们才不懂。灵修秘术一词的意思也正是：不是针对所有人的。可您想没想过，它为什么不是针对所有人的？对于我来说这个问题至今没有答案。

第22章　活的食物

转向纯粹的生素食，最初的感觉是：睡眠很好，头发看起来棒极了，有某种新鲜的、祥和的自信感，还有就是一种感觉，感觉到原初的、天然的洁净。

您鼓动大家全都生食，可您自己却食用海产品。那不杀生的理念算什么？

我从未邀请谁跟着我走，更别说鼓动了，我只是在提供信息。我也没有走在任何一个队伍中，没与任何人步调一致或跟在任何人后面走。我没把自己归于生食派、烹饪派、思移力派、精神探索者、导师等派别之列，我没把自己归入任何行列。我自成体系。我有自己的路。一条独特的路，我的路，而且希望你们所有人都是这样。您明白了吗？

说到不杀生的理念，如果把该理念绝对化，那人就得饿死。您没把植物归于活物之列吗？您在案板上切胡萝卜的时候，它也会“尖叫”。煎炸脱氧核糖核酸分子的时候，它们甚至会发出濒死的喊叫，俄国科学家彼得·加利亚耶夫证明过这一点。我们身边的一切天然物都是有生命、有意识的，甚至矿物也是如此。只不过不同的天然物意识水平不同而已。鱼类和低级海洋动物与陆地动物相比位于低级的意识台阶，因此它们对痛苦的感受程度和感受形式与高级动物的感受不同。

如果按照自己的信念您依然认为杀死任何活的机体都不可容忍，那么出路就是：不要食用整棵植物，只食用果子和菜叶。在这种情况下根茎和籽实也只能放弃。这样做也有其意义和体系。不过我本人认为这样的饮食营养不充分，至少在起步阶段会这样，起步时机体正在适应活的食物。如果在此之前长期食用死的食物，则这样的适应期可能会持续数年。

在写出这些文字之前我已经放弃了动物性食物，转向纯粹的生素食，而且十分满意。最初的印象是：睡眠很好，头发看起来棒极了，有某种新鲜的、祥和的自信感，还有就是一种感觉，感觉到原初的、天然的洁净。如今所有不好闻的体味全都没有了。相反，身体出现一种新鲜的、不熟悉的、有趣的、怡人的气味，除此之外这种气味还拥有爱神香的性质。我想，随着机体进一步的净化，还会呈现其他奇妙的发现。

不过我再说一遍：我是逐渐走到这一步的，不是一年，因此我也不建议任何人作出剧烈的转变。生鲜海产品对处于转变期的人来说是很好的食品。

您书中说，每个活的机体都有像是电池的东西，耗电是用来净化机体的，等等；如果我们按照习惯的方式饮食，我们就会把电量耗尽。按照您的说法，食用生的食品时，这个电池不损耗电量，因此可以延长人生的力量储备期，一直精神抖擞、精力充沛。可如果是这样的话，食草动物就应该不死、不病，是这样吧？但就连不吃合成食品的野生动物都会死，行将就木时也会衰弱。

幼稚的问题。行将就木时我们全都会衰弱，甚至会死。电池的电量当然会消耗，但食用活的食物会让消耗速度明显变慢。在这种情况下把人和动物比较是不对的。人的消化系统以及整个机体要完善得多，这是其一。其二，大部分动物的寿命要短得多。局限由基因决定。人可以活 100 年以上，究竟多少年？根据各种资料可知，从 160 年到 300 年，甚至更长。但却无论如何不是 70 年。

逐渐转向生食制应该挺好，这个问题我已经思考好几年了，可是怎么转呢？力量从哪儿来呢？怎么可能拒绝奶酪三明治呢？在《现实的主宰》一书中我读到了叙述生食的那一章，从那以后（已经半年了）我基本上就是生食者，95% 生食。如今我成为生食者比成为三明治控要简单，这一点明确无误，主要的是，如此确定。我是土豆和炖蔬菜的牺牲品。只吃沙拉是好，可是……鱼啊、蘑菇啊我也想吃。如何做到不过度、保持平衡？

当您转向天然素食的时候，不要走极端。如果感觉到身体或心理严重不适的话，尤其要小心。我不支持对机体进行剧烈性的实验。一切都该做得有度，循序渐进。如果您不再食用动物类食品，那就一定要在食谱中加入花粉或蜂花粉、豆芽或谷芽，还有就是海洋植物，否则结果会适得其反。别急着放弃奶酪、淡盐海鱼和半生的蛋（最好是生蛋黄），只有在感到没有它们您也可以应付的时候再跟它们告别。

我本人也有过失败，有过倒退，不过，除了失望没什么大不了的。每天的菜谱中只有活的食物时，能感觉到整个身体都洁净、精力充沛。盘子也干净，体内体外也都干净，而且轻盈，头脑清晰。一旦重新品尝死的食物，就会感到恶心，就好像接触了什么脏东西、要赶紧洗干净似的。跟大家一样，就在不久以前，作为一个“烹饪派”，对于这样不吃普遍接受、习以为常的食物的生活，我本人还感到不可思议，对于饮食领域中的各种奇特做法持嘲讽、厌恶的态度。可是现在，从前的食品我已经几乎什么都不想吃了，慢慢地您也会不再想的。别急。

我很想转向生食制，可不知道怎么做。请告诉我，在哪些书中可以读到这方面的内容。一定要非常详细，而且是从头开始讲。

就我看来，最好的书是维克多利亚·布金柯的《通向生食制的12个步骤》和《保持生命的青叶菜》。可以在网上找到、订购。这些书确实有帮助，能让您明白很多。

我个人不认为转向生食制时有必要严格遵循某些原则。每个人都应该亲自为自己确定这些原则。我可以做的只是提醒一点：您对自己越生硬、苛刻，将要获得的效果就越差。如果遵循“应该”原则强迫自己，生硬的弦绷断的那一刻就会来临，您就会重返老路。最好的原则是循序渐进。

把持自己似乎做到了，可习惯势力有时会把人拉向饭店，而相应的，那里的一切都是美味。您是如何应付去饭店、“像人一样”吃点美味这种愿望的？

相反，饭店里的一切如今对我来说都非常不美味。的确，这样的现实不是一蹴而就的。可我没强迫过自己，没“剥夺甜美”。我的方法是运用不同食品之间的排挤法。不是拒绝了一种食品，而是转接到另一种食品。当您开始逐渐转向活的食物时，您的机体不是会请求，而是会任性地要求从前食谱中的美味。这不是因为机体极度匮乏香肠或煮熟的土豆，而是因为死的食物在唤起极为强烈的、毒品一样的依赖性。您原来不清楚这一点？我们星球的人口都是由贪食者构成的。开始打破习惯时，对待机体应当像对待不谙世事的小孩子一样，要开动脑筋，想点花招。怎么做呢？

比如，干吗要吃不知用什么材料、什么方法、什么人做出来的香肠呢？用天然火腿取代它不是更好吗？火腿至少能让人看出来是由肉构成的。这样做机体会明白，也会同意。OK，今天我们吃火腿。不过，我们假设明天或一周之后，您暗示机体：自家煮熟的小牛肉一点都不比火腿差，比煎肉也要容易得多、有益得多。这一点机体也会同意的。煮熟小牛肉，最后，用几分钟时间往汤里加入白菜、胡萝卜、洋葱和调料，成了，多棒的食物啊！已经比速食食品或油腻的猪肉好得多了。之后，再过一段时间，我们再向机体灌输一个新的主意：只有新鲜蔬菜才能很好地与肉相容，况且新鲜蔬菜还十分有益，所以啊，为什么不用它来取代熟的蔬菜呢？机体喜欢这个主意，它已经有品位了，甚至开始有意用有益的食物喂养自己了，因为它感觉更好了。炸薯条好像挺美味，只是吃过之后有些腹胀，尤其是配上可乐。所以，用蒸锅蒸熟土豆不是更好吗？而且不去皮，也不喝各种乱七八糟的饮料？非常好！机体偶尔还是会想要炸土豆，不过再稍加建议，它就已经会习惯有益的东西，而对有害物会逐渐遗忘的。当我们不把蒸土豆与肉混在一起吃的时候，机体就已经开始喜欢分食了。因为效果明摆着：多余的体重不知哪儿去了，精力更充沛了。有一天您打算去野游。没有烤肉串怎么能行呢？无论如何不行，绝对不行。那好吧。只是请您委婉地、策略地分分机体的心：用鳟鱼或鲑鱼取代习惯的猪肉或羊肉。这原来一点都不比猪肉或羊肉差呀！不对，甚至更好。机体乐了。它再也不需要猪肉或羊肉了。我们身边有这么多各种各样用鱼做的美味菜肴，简直吃都吃不完！之后的某一天，读了读泽兰德的书以后（希望是饥肠辘辘的时候），机体又有了主意：尝尝生虾或生鱿鱼如何？淡盐的海鱼配上调料，这难道不是菜？于是再次眼前一亮：原来，海产品根本就不必用火来烹饪，生鲜的海产品美味得多，让人轻松得多！

我们就这样继续下去。请您注意，意图指向何方：不是放弃一类食品，而是用另外的一类代替和转移这一类。这是两个巨大的差别！您没有强迫自己，而是循序渐进地改变自己的观念和嗜好。想吃甜食吗？请便吧，只是干吗一定要用糖呢？为什么不用蜂蜜？您的动机就在于食用越来越多无害的食物，这样的食物不污染机体，正相反，它净化机体。比如粥，粥有益吗？不，这是天方夜谭。粥污染机体吗？是的。这一点您原来不清楚？那您就需要关心什么样的食品能净化机体并且滋养机体了。

《现实的主宰》一书已经谈到了用什么可以替代平常的粥和通心粉。豆芽——豌豆芽、绿豆芽、鹰嘴豆芽、大豆芽、扁豆芽，不仅更有益，而且更好吃。而且它们对机体的净化效果极佳。净化的同时摆锤的钩子（即多余的嗜好）也会脱落。机体已经自己想要活的食物了，不需要说服它，也不需要逼迫它。

重要的是要正确把握注意力的方向：不是指向“放弃有害的食品”，而是指向“寻找有益的食品”。对于恶习，如果您与之搏斗，那么您什么结果都得不到。与镜子或摆锤搏斗总是会失败。等您开始走向反面（健康、身材好、精力充沛），恶习自然而然就会消失。您明白是怎么回事吗？

您在让注意力脱离镜子并且把它转向新的目标。

食物的情形完全一样。向更洁净的饮食转化的过程本身已经应该不会分您的心了。现在让您感兴趣的与其说是某类食品的害处，不如说是从另一类食品中可能得到的益处。这是值得的。您已经不像周围的所有人一样在退化，而是在发展，发展得让他们羡慕，让自己快乐。就算在您今天的食谱中还有少许死的食物，但它会越来越少，您的机体每天都变得更干净，更年轻，而且您会有别人没有的东西：能量、清明、自觉性、自由。

为什么不能一下子转向生食制?

可以，如果非常想的话。只是应该清楚，急剧的转向会伴随着让人非常不快的效应。危机会降临：消化紊乱，旧病恶化或冒出莫名的新病，可能头痛、牙痛，暴躁，神经紧张，自我感觉糟糕，甚至抑郁。每个人的表现各有不同。当然，一切都会逐渐正常化。不过，危机阶段正是人们忍受不住、重返死食物老路的主要原因，因为事与愿违，预期的改善没有达到，相反，得到的是各方面的恶化。危机阶段持续的时间可能相当长，甚至可能有好几年。机体的各项功能正常时，依赖性很容易对付。可如果破除依赖的过程伴之以自我感觉糟糕，那坚持新路就很难做到了。维克多利亚·布金柯是这样写的：

我在健康研究所遇到的132个食用生食营养餐的癌症病人自我感觉都更好了。他们全都决定成为遵守生食制的人，因此它们的肿瘤变小了。他们中的许多人考上了大学，或是开始寻找新的工作。可是，当他们回到家，圣诞节来临或者生日聚会的时候，他们遇到了诱惑，没有坚持遵守生食制。他们全都死了，他们让自己的孩子和爱人孤苦伶仃，就是因为没有能够抵制住对熟食的依赖。这是苦涩的真相。我认识这些人。我教过他们如何发豆芽。我跟他们的亲人说过话。他们全都拥有家人的支持。可是对熟食的依赖占了上风，因此他们死了。我记得密歇根州的辛迪。她是小学老师，她的三个儿子对她说："妈妈，我们会给你做果汁。你只吃生食，长命百岁。"辛迪的丈夫对她说："你就遵守生食制吧，我们全都支持你。"可是她没做到，因此她的癌回来了。她死了。这又是对您的一次证明，证明熟食是依赖。

这些故事表明，对熟食的依赖比对死亡的恐惧更有力量。比对任何疾病的恐惧更有力量，比折磨和疼痛更有力量。克服我们对熟食的依赖的唯一途径是意识到这种依赖性，意识到这样一个事实：熟食支配着我们的生活。还有就是运用"12个步骤"的教程。

如果您患有医学已经束手无策的病，或者您有强烈的动机，那么一下子转向生食制是有意义的。尽管第二种情况对于第一种情况也是必需的，即您有治愈疾病的强烈动机。的确需要非常想才行。否则您的全部美好意图都会很快偃旗息鼓。因此我才建议一条迂回但却可靠的路：循序渐进，你会走得更远，欲速则不达。

急剧转向生食制的危险性在哪里？

我再提醒一次：身体和心理紊乱的危机阶段会等着您，这个阶段持续的时间无法确定。时间究竟多长、表现为怎样的形式，每个人都有每个人的特点，依身体状况和机体受污染的程度而定。也许是一年，也许是两年，但也许什么特别的状况都不会出现。

决定需要有意识地、负责任地作出。如果您依然还是决定急剧转向，当开始出现暴躁或是抑郁的征兆时，那就应该留意自己的心理状态并且控制自己。这个您应付得了吗？我有时会收到“斗志昂扬的”生食派寄来的信，他们恶毒地指责我，说我在宣传天然饮食制度，但自己却没有严格遵守规则。

请问，攻击性由何而来？要知道，生食派的秉性应该完全相反吧？应该心平气和，自信，包容，息事宁人。当你遇到狂热地鼓噪大家都接受其信仰、对不理解作出极为病态和敌视反应的人时，你会立刻联想到偏执狂和异教徒。但因为生食运动不是任何异教活动，因此结论只有一个：这些人要么正处于危机阶段，要么饮食方法粗野，有缺陷，所以心理自然会失衡。

我给您的建议是：心平气和地走自己的路，不去管周围人怎么看，不要亦步亦趋地追随任何人。让自己成为自己，别人成为别人。

为什么急剧转向会伴随着自我感觉恶化？

我来解释。生食制的创始人阿尔诺德·艾略特早在上个世纪初就有了一个重大发现，可以这样来描述这个发现：熟食进入胃的时候，对机体毒素的清除（析出）就会中止。

听起来很奇怪，不是吗？这是什么意思，由此会有什么后果？

机体中存在毒素和垃圾是由水、空气和食物进入机体决定的。活的食物实际上不污染机体（当然，如果它是天然而非合成食物的话）。不仅如此，活的素食具有奇妙的性能：它们把自我净化机制发动起来。

熟食的情况正好相反。如果食物遭受了热加工，机体内的细菌就会产出大量各种各样的有毒污物（维克多利亚·布金柯书中的肥堆就是一个例子）。这是大自然在惩罚人，因为人在破坏大自然的法则。

但这并非全部。与活的食物不同，死的食物具有束缚毒素清除功能的性质。机体似乎被麻痹了。它随处抛洒这些垃圾：血管壁，脂肪组织，细胞外的空间。而摆脱垃圾、排出垃圾，机体却做不到。

食用引起麻痹的食品的人会发生什么事呢？他变成瘾君子。死食物上瘾与毒品、酒精、烟草上瘾的画面完全一样。没有任何区别。这就意味着人们体验到的与其说是饥饿感，不如说是毒瘾发作。

在例行的摄入剂量之间的间歇期，机体脱离束缚，开始大力摆脱毒素。这是物质层面的事。而在隐性层面还有摆锤，它也在吸吮能量，即收回自己的贷款。其结果就是出现非常不快、有时简直难以承受的状态——毒瘾发作。

人还想要摄入，恰恰摄入此时此刻会排出毒素的那种食品。如果他摄入例行的剂量，毒素的清除就会停止，舒适感就会出现。生活重新变得美好！由此形成一个恶性循环，直到机体因自己排出的废物中毒、死亡为止。

当您急剧从死的食物转向活的食物，机体就会开始集约化的改组，在机体最遥远的角落里的各种各样的污物就会开始析出。这时毒素会进入血液，由此出现自我感觉恶化。

自然，这一切都会伴随着饮食毒瘾发作。您一直想要吃东西，尤其是已经禁止自己吃的东西。改组和净化的过程可能持续很长时间。污染不也是经年累月的结果嘛。不过您应当清楚，一切最终都会正常化，会井然有序。所以，如果您感觉到这种“饮食醉态”，那就怀着这样的喜悦来感知它吧：您的机体会得到净化，会自由自在地呼吸。

是否可以减轻状态，或是以某种方式中和转化期的负面效果？

在转向活食物的饮食制度之前，必须清理一下自己的肠道、肝脏、肾脏，比如，按照机体净化和天然饮食领域的专家马拉霍夫的方法。到书店找找相应的书籍，从中选择合您心意的。而且必须经过一个抗寄生物疗程。这样的话，转向就不会那么让人痛苦了。否则机体很难应付对自己的大扫除，尤其是当身体内存在寄生物的时候，因为这些寄生物开始死去时，麻痹还会变得更为严重。定期去桑拿房也并非多余。身体锻炼、运动、散步，这些都必不可少。不管想还是不想，每天都要喝两升以上干净的水（最好是活的净水），这也是必要的。

为什么体重会锐减？

如果您比照的是某种公认的身高/体重对应关系，那大可不必。这些标准只对食用死食物的人适用。“正常的”人“额外的”体重是由什么构成的呢？由无处不在的垃圾、毒素、脂肪沉积构成，包括肌肉组织中的上述物质。您原来以为如何？如果一个人经常饮酒，他整个人就会变成酒精人。同样的道理，如果一个人不离开死的食物饲料，根据艾略特法则，他的机体就会一直处于麻痹状态，没有能力积极地排出废料，被迫把它们到处乱丢，只为能维护生命保障功能。就是这样的填充物构成平均统计的“标准”。

比如，请您想象有那么一个胖乎乎、圆溜溜的小女人，她喜欢坐在板凳上嗑炒瓜子。您明白她多余的体重是哪里来的吗？不是来自瓜子本身，而是由于她的胃从来都没空过。当代的青年（这真是个神奇现象！）嘴从来不闲着，一直都在嗑着什么，嘎嘣嘎嘣地吃着什么，吸着什么，或是嚼着什么。然后会怀着同样的热忱用各种各样吹毛求疵的节制饮食配餐折磨自己，为的就是减肥。简直让人震惊啊，整个人类处在怎样沉睡不醒的梦里啊！什么都不知道。谁都没有想到，出现多余的体重与其说是因为吃掉大量的食物，不如说是由于胃一直处于负荷状态，哪怕负荷量不大，哪怕负荷的是一块口香糖。

大家都知道条件反射理论的奠基人巴甫洛夫院士和他的狗，但却没人知道、没人记得阿尔诺德·艾略特。这丝毫都不让人吃惊，因为在矩阵系统中任何人都不该知道这一点！您也不要跟任何人说，因为这是机密信息！

所以说，当您开始用活的食物养育自己的时候，机体就会摆脱废料堆，相应地，重量就会减轻。但那是什么的重量，您现在明白了吧？体重还可能长时间地维持低水平，直到整个机体完成彻底的改组。可是等到全部功能都正常化了，体重就会增加、稳定。再说一遍：只是不必遵照公认的标准来作出判断。

大自然本身会确定您该拥有的最优体形。它取决于以下几点：首先是身体负重水平。肌肉摆脱垃圾和脂肪沉淀时，会变成其应有的样子，以此承受住加诸在它们身上的负重。不多也不少。如果肌肉没有得到积极的利用，它们就会萎缩，重量会随之降低。

其次，如果您想增加体重，那就应该食用多样化、有充分价值的饮食，而不是偏食。作为基础可以采用系统化食谱（参见附录2）。春夏两季好的蛋白质来源是各种青叶菜。青叶菜中的蛋白质含量比其他蔬菜和水果中的含量多十倍。秋冬季节可以食用豆芽、坚果、海带。总之，选择多种多样。您想吃就会找到。

比如，在超市里您是买不到活的荞麦的。它通常都被高温加工过。而荞麦芽是如此有益、有营养。不过，如果您很想的话，可以在网上找到。

您对单一生食制持什么态度？

单一的生食制是指一餐只食用一种食品。换句话说，这是严格的分食制。食物在这种情况下被吸收得最好，最充分。这个目标需要去追求。我个人正在努力这样做。不过我没有遵守严格的原则，至少目前是这样。我也吃奶油沙拉，也混用系统化食谱中的同类食品。比如，我不认为南瓜子与葵花籽或一种坚果与另一种坚果不能混吃。照我看，原则不应该是严格的，而应该是理智的。

转向单一生食制需要有机地、自然地达到，而不是教条地、歇斯底里地去做。也就是说，这样的转化也应该是循序渐进的。您应该听从自己机体的声音。（当机体摆脱毒瘾以后，已经可以听它的了。）如果这样的饮食制度没有引起您身体和心理的不适，如果您确实喜欢，那这样很好：您有正确的（规矩的）机体。

严格的生食派对一切都“严格”对待，在此与他们辩论也很难。如果您的信念如此，比如，您认为什锦沙拉是极为有害的食物，那随您的便，这是您的信念。只是请看在上帝的份上，不要把这样的话说给母牛听，否则它会沮丧极了，牛奶都会为此没有的。因为现在它不得不单独挑出每一根草，免得破坏可怕的禁忌：不把两种不同的植物混在一起。

在饮食领域存在很多虚假模式，没被研究到的模式还要更多，因为应当做这件事的学者自己还没学会正确饮食，就连这样的目标都没有为自己确立。

比如，您恐怕知道这样的仪式：往胡萝卜汁中加入一茶匙油。不管在哪儿制作鲜榨胡萝卜汁，都有人向您推荐这一勺。为什么呀？因为有一天一个非常聪明的叔叔（或阿姨）脑子里冒出了一个天才的想法：如果只有用油脂才能溶解胡萝卜素，那么没有这个油脂胡萝卜素就无论如何不可能被吸收，那就是说，胡萝卜汁中无论如何必须加入一匙油。于是周围的人全都惊奇不已：真有你的，多么聪明的叔叔啊！然后就立刻开始遵照他的建议去做了。如果有谁不知道这一点，他们就会马上七嘴八舌地嚷嚷起来：怎么可能，您连这个都不知道！哎呀呀！哎呀呀！当然了，从这一刻起，“见了光的、开蒙的人”就开始严格履行仪式，同时恐惧地回顾着自己愚昧的过去，因为那时候胡萝卜素都没有被吸收。

谢天谢地，母牛们都不知道这件事！否则没有一匙油它们是无论如何都不会同意吃饭的。

您看到愚不可及的模式是如何以聪明的方式普及的了？当然，机体无需任何一勺油都能弄明白自己该怎样吸收脂溶性维生素：干这件事的油脂会冒出来的。因此，您大可就这样简单地喝胡萝卜汁或者吃胡萝卜，用不着不安。只是我还是要请求您，对谁都不要说这件事，因为这个信息严格保密。如果有人缠着您问，为什么您不想加入一勺油，您就说您胡萝卜素过敏，他们立刻就会安静下来，因为在他们看来，过敏嘛，这个正常。

所以说，如果接受一个原则，哪怕是没有丧失意义的原则，并且把它绝对化，就有可能出现“针对白痴的严格规则”。

不过，理智的规则是不应该遭到鄙视的。我愿意从中分离出以下这些：首先，食谱应该尽可能简单。不要用大量不同的成分加重一道菜的负担。不要把水果加入蔬菜沙拉，这是角色倒错。水果和浆果最好与其他所有东西完全分开食用，只在上午食用。如果您不得不混吃食品，或是一餐同时食用它们，那就请您只对同类食品这样做，比如，苹果和梨，杏和李子，甜菜头和胡萝卜，等等。不要太迷恋搅拌器。如果有咀嚼能力，那就最好咀嚼整个的食品，让唾液酶发挥其功能，让牙齿发达。搅拌器更适合用于儿童饮食以及制作青菜浓汁，因为青菜咀嚼起来很难。不要太迷恋蔬果汁。如果有可能，最好吃整个的水果和蔬菜。这样做可以使它们被更好地被消化，因为皮和纤维中含有的辅酵素会与酵素同时保留下来。比如，整粒葡萄大大超过葡萄汁。最好选择应季蔬菜和水果。首先成熟的是浆果，您可以扑向它们，把过季水果放到一边。之后是樱桃、杏，请您多吃。然后黄瓜出现了，那就以黄瓜为食。西瓜和甜瓜成熟了，用它们减肥吧。等等，以此类推。到了冬天该青睐干果、坚果、海洋植物和发芽菜了。不要迷恋大棚蔬菜。它们可能沾满了化学品。冬天最好食用海洋植物和酸白菜。

能量充沛的时候我确实体会到了不可思议的感受。我原来遵守的是生食制，直到我们去休假旅游，那时候只能什么都吃。然后回家了，又只能什么都吃，其中的原因我已经不认为是对热加工食物上瘾，而是越来越大的外部社会压力，更准确地说，是亲属——妻子、父亲、岳父、岳母（其他人的意见我通常很少在意）——对心理造成的压力。他们不是一次性地把一堆该如何饮食的建议劈头盖脸地提给我，而是每天不断重复那么几句话：“怎么可以这样”或是“应该吃点那个，或者这个”。当你日复一日地听到这种话时，某种群聚效应就开始积累起来，然后吃他们推荐的东西就已经比每天反复听这些句子更简单了。由此产生一个问题：在这种情况您可能做何建议？

如果您熟悉思移力，那您就应该明白，周围人恰恰会用那样一些本来就让您不得安宁的问题来骚扰您。在您本人没有放过自己，没有安下心来之前，他们不会善罢甘休。您要记得，您可是站在镜子面前啊。让自己成为自己、别人成为别人吧。

我们假设您决定彻底改变自己的外表：您买了一件自己通常不会穿的新衣服，打了舌钉，戴了耳环，变了发型，对自己还做了不同寻常的什么事情。您非常喜欢这样，但暂时感觉不大自在，因为您还不习惯新的自己。而且您觉得周围的人都带着不赞成或嘲讽的眼光在盯着您。无疑，这种情况会持续下去，直到所有的这些念头在您的脑子里偃旗息鼓为止。

您的饮食情况也是一样。很快您就会习惯并且接受自己的新方式。等到您内心的矛盾冲突解决了，周围的人全都会立刻平静下来，接受您现在的样子。重要的是，不要强迫任何人转向自己的信仰，不要对不理解作出敌对的反应。

聚餐是我们生活中不可分割的组成部分，因此周围人不可避免地会感到疑惑，会试图让您相信，您是在胡扯。不要努力让他们改变看法，这样会让他们不安，因为他们强烈怀疑您是对的。心平气和、快乐地走自己的路，不用辩解，不用向任何人证明什么。您朝气蓬勃的面貌是最最好的证明。

您与亲朋（爱人、孩子、亲密的朋友）的交往和关系是怎么改变的？在当代社会中烹饪升华为一种艺术，因此生活全部或部分地与饮食（食物/酒）联系在一起。在您个人改变的过程中，您周围的亲朋是否由于您趣味的改变而有所变化（意思是旧交离开、新朋友出现）？您是否感到自己有点孤单？

什么变化都没有。如果您接受自己现在的样子，别人就会自动认可。外在的形式，亦即周围的现实，首先是由您内在的内容塑造而成的。如果您按照自己的信条生活并且您没有矛盾冲突，镜子反映的就会是这种和谐的形式。可是如果您备受怀疑折磨、不接受新的自己的某些方面，那么从外部——世人的镜子里——您就会看到一个类似的画面：来自周围人那个镜面的不接受。在这种情况下要么需要放弃这些新的方面，要么忍一忍、习惯这些方面，直到它们成为您信条的一部分。

转向活的食物时您改变的不是自己，您改变的仅仅是某些习惯，比如用果汁取代红酒。如果这样的取代导致与自身的内在斗争，那么这种斗争就可能从外部——您周围人那里——相应地反映出来。应该首先理顺自己的信条：我确实需要这样做吗？要么就忍耐自己的新形象，等待，直到它成为您和周围人习惯的形象。

您什么时候彻底转向生食制的？朋友或熟人叫您去饭店时，您在那里吃什么？

如果我出现在不能吃想吃的东西的场合，那么给我什么我就吃什么，不会任性而为。肉当然除外。就这个问题我建议您也不要上火，偶尔吃点"那种东西"，不会发生什么可怕的事情。

总之，破坏规则可以，如果这样做有意识，不违心。只是您恐怕不会喜欢这样做。问题在于，这样破坏规则之后您的机体立刻就会变得难过，这个您是会感受到的。因为它，您的机体，是淳朴的、天真的，它相信了您，相信您再也不会用死的食物毒害它。您违背自己的允诺，就会让自己智慧的身体伤感，让它糊涂，您自己以后也会遗憾。

比如说我，我既可以吸烟，也可以喝酒，试过不止一次。但最终得出的结论是：我干吗要这样？一点快感都没有，只有紊乱。不过我强调一点：这是我个人的看法。请您亲自为自己决定：您是否可以、是否需要破坏规则。

生食制如何影响家人关系的变化以及与朋友和熟人关系的变化？

丝毫不影响，如果心平气和地走自己的路，不理睬社会舆论，自己也不亦步亦趋地跟着任何人。

我感兴趣的是，您是如何把对自己食谱的改变传达给亲朋的？是您开始让他们看关于生食制的书，还是让他们原来什么样还什么样，没有试图把生食制灌输给他们？

我周围没有一个生食派。当然，有人问我的时候，我会解释自己为什么不吃他们吃的东西。但我没有试图让任何人转变信仰。如果一个人没有准备好，那是无论如何也说服不了他的。就算能说服，他也根本不可能做到。遗憾的是，现实就是如此。可如果他已经准备好了，悟到了，说服就不需要了，一个暗示就已足够。

人很想让我长胖一些，试图催肥我。原则上，我从来都不拒绝任何东西，想吃什么吃什么，想吃多少吃多少，但效果却看不见。我吃那些人们通常会长胖、然后会为此感到痛苦的东西，可我的体重却原地不动。我的“恶作剧”，像卸载日啊，禁食啊，生食制啊，夫人根本就消化不了，她说这样我永远都胖不了。我让她阅读关于生食制的文章，可讨论过后我却得到一个回答：“你别再给我看这样的文章。”我想尝试通过生食制长胖，初步长10公斤左右。就这样目标明确地长体重，这种事儿是否可能？并且如何搞清楚，对于我的身高来说标准是多少？目标有了，为此需要做什么呢？您有什么建议？如何把生食制与健身房锻炼结合起来？要知道，增加肌肉量是需要健身饮食的。

人与人不一样，不同人的体质也不可能一样。一些人食用死的食物却依然瘦，另一些人甚至遵循生食制也在长胖。有人机体的结构就是这样，一点办法也没有。只有一点是明确的：肥胖症或衰弱症是需要找办法摆脱的。

如果您想通过纯粹的植物性生食制增加体重，那就必须在此之前清洁机体，并采用抗寄生物食谱。在此之后不要期待立刻见效。我已经说过，机体完全改组需要很长的、无法确定的时间。消瘦还可能是因为新陈代谢遭到了破坏。正常的新陈代谢一定会恢复，但需要多久谁都无法说清楚。如果循序渐进地转向生食制，尤其是同时进行健身，增加体重要快得多，也简单得多。如果您年轻、身体没问题，就没什么好急的。在食谱中加入蛋黄、生鲜海产（淡盐或无盐，配以调味料）、多多的青叶菜、海洋植物、花粉、豆芽（豌豆芽、鹰嘴豆芽、绿豆芽、扁豆芽）。

如果您不能吃生豆芽，那就煮上一两分钟。这当然不是活的食物了，但却可以很好地清洁机体，让机体做好纯粹生食的准备。

我本人更偏爱生蔬菜和水果，几乎所有的熟食（土豆除外）我都不喜欢。可我喜欢热的食物，比如汤，最主要的是滚烫的绿茶。如果饭菜是热的，那它就是有害的吗？是否可以喝热的绿茶？

热饭菜在任何情况下都是死的。您需要在活的或死的食物之间作出选择。热茶可以喝，不会有大的害处。

我聆听有数千年历史的阿育吠陀的建议。我了解到，生食不会让我暖胃（我住在莫斯科，这里有9个月是寒冷的），而且对于我这种体质类型（风型），大家都建议多吃热的、水分大的食物。也就是说，我喜欢蔬菜、青叶菜，但这在我所处的气候条件下不够。过季的蔬果我没兴趣。

人类的误区也有数千年历史了。算起来大自然的经验有好多亿年的历史。自然界没有谁的饮食依据的是什么血型，什么体质，以及诸如此类的标志。热食暖胃的说法是一种幻觉。机体应该自己温暖自己，从内部温暖。为此必不可少的是洁净的血管和健康的微生物。柠檬汁、天然苹果醋、亚麻油可以很好地清洁血管。当您食用活的食物时，您的血管会得到净化，血液会变热。这种结果不会一蹴而就，但必然会有这样的结果。目前可以暂时在食谱中加入烫煮3分钟以下的豆芽，还有麦芽、葵花籽芽、南瓜子芽。

您对转基因食品有什么看法？如今出现很多食品（西红柿、玉米等），里面含有并非这些植物和果实固有的基因。食用转基因产品是否该慎重？

人们该千方百计地避免食用转基因食品。它们对机体的影响实际上还没有得到研究。不过，对动物的初步实验已经表明，把它们当食物会导致不孕症。奥尔加·阿法纳西耶娃的书《食品：有益还是有害?》对这一点以及许多其他方面有更详细的阐述。购买蔬菜和水果不要去超市，而是到市场去，尽可能从个体生产者那里购买，尽可能购买本地的时令蔬果，或是其他国家在自然条件下生长的应季蔬果。如果您尝出食品中有化学品，那就最好扔掉。

对于无法生吃的食品该怎么办，比如土豆、茄子？

嗯，可以还是不可以，这不是规则，更该说是个人偏爱。我本人偏爱遵循这样的原则：对我来说什么生吃的时候不好吃，那我就不吃。比如，生的新土豆可以吃，但我不想这样做，那就是说，我不需要这样做。生豆芽也不是很好吃，那就是说，最好烫煮一两分钟。不过，如果这些东西有人喜欢生吃，那为什么不这样做呢?

您说必须吃花粉或蜂花粉、谷芽或豆芽，还有海洋植物。哪儿可以买到这些东西？在超市的货架上寻找是否有意义？

在超市恐怕找不到什么天然的、无害的食品。需要到市场里找，到销售生态洁净产品、天然产品的专卖店或网站寻找。您想吃就找得到。

谁能保证干果是在低温条件下制成的？

我不在超市购买干果，而是在市场，从常驻的乌兹别克商贩手里购买，因此我知道这些干果是怎么做的。在市场上碰到死干果的可能性很小，因为用电烘干机制作干果成本太高。在这些水果生长的那些边远地区有很多阳光，因此对烘干机根本就没有需求。

我转向生食制了。每天吃麦芽。一切都棒极了，只是牙齿开始有点松动。

谷芽和豆芽使净化过程变得活跃，而净化会伴随着旧病恶化或新病萌发。如果牙齿出了问题，那就是说，机体内的钙平衡不大正常。必须把自己的注意力投向含钙食品：夏季尽量多吃青叶菜，冬季吃酸菜、海洋植物、芝麻、坚果。应该清楚的是，只有在维生素 D 和磷保持足够量的情况下钙才能被充分吸收。因此，如果牙疼，那就别急着急剧转向生食制。暂时在食谱中保留蛋黄、鳕鱼肝、脂肪丰富的鱼类、黄油。谷物中有足够的磷元素。大麻油中也含有维生素 D，这种油对机体的各项功能都有良好的影响。

我食用天然食物已经两年了。自我感觉好极了，疾病除了，体重减了，力气大了。我的孩子半岁，很快就要开始辅食了，在此有个问题：该从什么食物开始？该如何正确地安排他的饮食？

总的来说，如果自己的奶水足，至少在 1 岁前不给孩子任何辅食为好。1 岁之后，如果单纯的奶水已经不够吃了，可能值得提供辅食。

如果您想用活的天然食物喂养孩子，最好别跟医生商量这件事，因为他们，您自己明白，全都会反对的。甚至不是出于天然饮食可能造成某种伤害之类的理由，而是担心会出现某些无法预见的并发症。要知道，医学院还没研究、也没教授生食制的问题呢。

如果违背大自然的法则，并发症的确会出现。这些法则非常简单。第一个法则是：母亲应当食用的正是那些她打算用来孩子当辅食的食品。就其成分来说奶水是母亲食谱的镜像反映。如果哺乳期的母亲自己吃一种东西，而给孩子提供的是完全不同的另一种东西，孩子就一定会出现消化紊乱的问题。

第二个法则是：适度与循序渐进。您自己肯定就已经清楚，应该小份额地、小心地添加辅食。一开始应该加点蔬果汁。不要从硬的蔬菜和水果开始，而是从菜泥、果泥开始。活的燕麦羹是理想的儿童饮食。还是那句话，开始的时候要少一点，让孩子逐渐适应。用小麦芽、黑麦芽、荞麦芽、芝麻芽做出的活的粥当然比死的熟粥要好。前者的制作很简单：把麦芽放入混合器，加水，研磨成细碎的泥状。还可以添加一点蜂蜜调味，添加一点天然亚麻籽油、松子油或是蓟籽油和苋菜籽油。也可以小心地、逐渐地将坚果加入饮食，从磨碎的松子开始。对于儿童来说系统化菜谱中的活的青菜汤是非常有价值、非常有益的食物。借助混合器也可以轻易做出芝麻奶。花粉、蜂花粉、蜂蜜都很好。只是这一切需要小心地、循序渐进地添加，它们是对奶水的补充。

第三个法则是：在大自然中没谁喝别人的奶。只有母乳是理想的饲料。并且只有在童年时期才喝奶。如果您迄今为止还在为是否该放弃动物乳汁犹豫，那就请您回答三个问题：

母牛是您孩子的母亲吗？

您想让孩子长出角、蹄子和毛吗？

您希望自己的孩子患各种各样“流鼻涕”的病吗？

如果您三次回答说“不”，那就意味着没什么好想的了。这几个问题当然荒唐，但消费动物的奶是同样的荒唐。您只要好好想想：是动物在喂养您的孩子！这正常吗？假如不是集体的精神疾病被公认模式的麻醉所掩盖，那这样的饮食看起来简直就是错乱、野蛮。就是这种麻醉，换句话说，习惯，非常强烈地模糊了意识和健全的思维。您瞧瞧，这麻醉是如何发挥作用的。

周围的人全都在喝牛奶，这一点您从小时候起就习惯了。这里没有任何特别的东西，是吗？可是有这样的民族，他们喝马奶或骆驼奶。让您喝怎么样？已经不那么有胃口了，不是吗？请您想象一下，有人提议您喝驴奶。您会喝吗？最大的可能是不会。除了恶心和厌恶，这样的主意不会引起任何别的反应。可是有什么区别呢？母牛或母猪……问题全都在于习惯和集体意识。

动物和禽类的肉也是一样的情形。您靠近卖香肠的柜台时，它丝毫不会引起您的联想，联想到对动物的杀戮。没有任何死前的哀号、丑陋的尸体、血腥的气味、污浊和屠宰场的其他恐怖场景。相反，有的是完全不同的联想：节日餐桌上切成片的香肠。甚至整鸡也丝毫不会让人想到，实际上这曾经是一个迷人的活物，但却被人用肮脏和残忍的方式杀掉了。您的意识被完全麻醉了。可难道事物的本质也由此改变了吗？

从事畜牧业的游牧民族依恋乳制品还可以理解和容忍。可文明人怎么回事？再也没什么可吃了吗？该相信谁呢？是创造了“没有乳制品不可能活着”这种神话的厂家，还是大自然？奶应该是钙的主要来源这种说法的确是一个神话。卷心菜、生菜、坚果的钙含量比奶多一倍。新鲜青叶菜多好几倍。芝麻、荨麻多六倍。乳制品中什么丰富，是黏液和酪蛋白。黏液过多是人经常感冒的原因，而形成角和蹄的酪蛋白会粘连体内黏液，使其具有黏性、凝滞。

如果不去违背大自然的法则，孩子会长得健康、活跃、聪明，比同龄人超前发育。活的天然食物因其来源可确保孩子得到自然与和谐的发育。死的食物正相反，会制造一系列麻烦。

比如，为什么有些孩子表现得歇斯底里，任性，总是喊叫，睡眠不好？那是因为死的食物如此强烈地影响着他，就像兴奋剂和松弛剂强烈影响成年人一样。酒鬼和瘾君子有同样的症状：神经系统紊乱，晨昏颠倒。只不过每个年龄段的剂量不同而已。我再清楚、明白地重复一遍令人不快也不舒服的真相：死的食物和毒品之间没有任何原则上的区别，差异只在于剂量的多少。

活的食物净化机体，而死的食物污染机体。如果机体得不到活的食物对它的净化，这个工作就会由疾病着手去做。我们知道，疾病是净化极期。

可是活的食物的净化性能往往被看成是必须摆脱的灾难。

比如，当妈妈给自己用配方奶粉和米粉粥喂养的孩子某种活的天然食品吃时，孩子开始出现消化不良，或是脸部出现湿疹，或是干脆全身长满疹子。生的素食也会对成年人产生这样的效果，那是因为它们根本就不被消化，因此引发过敏反应。人们由此得出结论：活的食物有害，因此不要犯傻啦，还是像大家一样正常吃饭吧。

对生食制的研究，相关经验和文献都很少，而无知和糊涂的举措却很多。由此才会有这么多无根无据的批评，有来自无知的普通人的，也有来自不知情的医学工作者的，他们通常都不清楚自己阐释的对象是什么。

无疑，活的食物在肮脏的肠道里是待不住的，它会立刻开始清洁工作。活的食物也无法被消化，因为当腐烂植物占主导而有益菌不足时，习惯于死的食品的机体通常就会患病，生态失调病。

怎么办呢？吃药或是求助于似乎能消除这种麻烦的“神奇酸奶”？还是走回头路，转回死的饮食？不，活的食物既会净化机体，也会让机体摆脱生态失调。您恐怕已经发现了，猫和狗通常会吃不属于它们的食物：草。有一天，某个聪明的叔叔推测说，它们这样做是在充实维生素储备。大家可全都知道，青草是维生素啊。这就是说，有时候吃青叶菜甚至很有益处！可是请您注意了，“按照正常的概念”，只是“有时候”，而不是经常。

实际上，动物们所做的事不是别的，正是预防生态失调。尤其是用人类食物喂养的宠物。青草是一切必需的细菌的好来源。正是因为这个缘故，活的青菜汤或是单纯的青叶菜应该出现在每天的食谱里。过一段时间以后，活的食物可以凭借自己的力量消除一切麻烦，让一切正常化，并创造出自己被吸收的全部条件。

这就是大自然简单明了的法则。有关儿童天然饮食的更详细的信息您可以从那些已经有这种经验的人那里了解到。

只是有一点：如果您想让孩子没有任何净化极期，那就在孩子出生前提前准备。如果母亲已经想清楚让自己的孩子成为生食者了，理想的做法是母亲本人在受孕前遵照纯粹的生食制生活至少一年。否则，不管是母亲还是孩子都必须循序渐进地转向活食制，而不是立刻走极端。如果还没有搞清楚自己的饮食方式，那就请您不要拿自己的孩子做实验。

儿童食品是为谁生产的呢？医生一直在推荐食用。怎么，连他们的话也不能相信？

您不要天真了。超市里卖的是死的矩阵饲料。生产厂家的目标就是您的钱，而非您孩子的健康。凌驾于这些厂家之上的系统（矩阵）的目的是用听话的组件充满一个个小格子。这些组件应该是这样的：首先，不完全健康，这样就不会有自由的能量；其次，有点弱智，这样就搞不懂自己身在何处。为此就必须用矩阵食物喂养他们。

现实的真实面目就是这样。电视屏幕上给您洗脑的广告是幻象和无耻的谎言。幻象创造得很专业。在屏幕上向您展示从罐装食品中获得“一切必需的维生素和微量元素”的健康而又幸福的孩子们。不过，他们健康和幸福不是拜这一切合成食品所赐，而是机体还年轻，年轻机体的潜能暂时还高，因此还能够与化学品周旋。可是您依然相信。您根本就已经习惯去相信权威意见了，您还在上小学的时候就已经接受这样的训练了。

是谁在创造权威的意见？就是那些坐在厂商实验室里的矩阵专家呀。或者是为数不少的无知的医生。他们全都在为系统工作，就是说，他们的心理是照着这个系统的需要被精确“研磨”出来的。而系统，我再说一遍，需要不完全健康的组件。把组件做成这样方法很简单：让他们远离天然食物，训练其习惯合成品。这样做的时候从未有一个生产者把自己的产品称为合成品，相反，他们全都把它与天然产品相比较。要是这样，请问，为什么放弃活的食物、取而代之的是生产死的食物并且添加无数化学品？这样做就是为了给矩阵新成员洗脑，往这些新成员的脑袋里插入小钩子，然后就可以勾住他们，让他们唯命是从。

有一次我看到一个奶奶在照看一岁半的孙子。小家伙一只手握着薯片，另一只手抓着一个空啤酒罐，大概是奶奶刚喝完的。孩子一门心思地试图舔完罐里流出的最后几滴啤酒。这样的事情在奶奶看来似乎完全无害。有什么了不起，几滴而已！她是看不到自己正亲手把摆锤的小钩子插入小家伙的脑袋里。这样的钩子她自己就有。

像她这样的人（这样的人很多）用超市的合成品喂养自己的孩子，一直喂到他们愚钝（字面意义上的愚钝，要不然哪来这么多白痴?），并且狂热地向所有人证明需要像他们这样饮食。他们自己已经被死食物养得看起来像电影《亡灵宝藏》中的海盗。而且想把孩子变成小妖精。

这是现实吗？不，是幻想，或者相反。随便您。二者都是我们现状的一部分。电影院不必去了，看看广告或者环顾左右就可以了。

您对生物辅助制剂有何看法？

我不会把食物分为什么主食和辅食。但有一些食品，对于“正常人”它们是药物或生物辅助制剂，而对于我是普通食品。当然，这里所指的只是天然辅助品。比如，磨碎的海带、麸皮、蓟籽粉、蓟籽油、苋菜籽油、螺旋藻，它们只在药店销售，在商店里是找不到的。对于有的人它们是药物，而对于我是食品。有人习惯先把自己弄出毛病，然后一门心思地去治疗。我更偏爱不会产生治疗必要性的饮食方式。“如果你的食物不像药物一样有疗效，药物就会成为你的食物。”

可能有人会觉得：哎呀，多烦呀，多累呀！放开肚皮、随心所欲可比这样为自己的健康战战兢兢要好！实际上我压根儿就不为自己的健康担心，根本就没有理由。而且这样做一点儿都不乏味，甚至很有意思。像其他所有人一样饮食才乏味呢。出发去寻找自己的食材时我总是感觉自己像个不达目的绝不罢休的斗士。我与大家都不一样，尽管外表看不出来。我在别人寻找药物的地方寻找食物。因为像燕麦、小麦、亚麻籽、蓝莓、杏干以及诸如此类的产品，人们买来通常是为了制作药剂。市场里的商贩也是这样写的：“药用燕麦”。难道谁想到食用未经加工的、带皮的燕麦吗?用来食用的是燕麦片。从未有人想过用什么方式来用燕麦做饭。肉铺我也去，我去是为了给自己的猫咪买食物，我的猫无疑也是生食派。由此看来，我表现出来的似乎不是我的本来面目。（幸运的是，我不是吸血鬼。）这就是潜猎。因此这不乏味。

关于我的“辅食”我要说几句。蓟籽油就其治疗性能来说超过广为人知的沙棘油，但这一点鲜为人知。蓟有奇特的性能：它恢复肝细胞，排出机体内的毒素。而且它是效力最强的抗氧化剂。蓟的黄酮类化合物的抗氧化活性比生育酚（即众所周知、延缓衰老的维生素E）高10倍。这种植物的成分中有一种奇特的生物活性物质——水飞蓟素，该物质就其治疗性能来说具有多功能性，所以不可能把蓟归到任何一类药物之中。不过我再说一遍：有人把它当药，有人当食物。

早在阿兹台克人（印第安人中的“聪明人”，也有译作阿兹特克人）时期就为人所知的苋菜也具有治疗和养生性能，其效力更为强劲。苋菜籽油治疗很多疾病，含有6%的角鲨烯，角鲨烯是一种强力抗氧化剂，以前是从鲨鱼的肝脏中提取的。苋菜籽油中的维生素E以罕见的生育三烯酚形态存在，该形态生育酚的效果比普通形态生育酚高40~50倍。苋菜籽油的疗效范围如此之广，在此一一罗列没有任何意义。难怪苋菜是印加人和阿兹台克人的主要食用作物。而在现代人这里该植物“不知为什么”从食谱中消失了，变成了药物。

早在古时候蓟和苋菜就为人所知了，不过只是现在它们才引起了科学家的注意。而且是非常注意。这也不错，亡羊补牢未为晚矣。尽管引起科学家兴趣的不是天然食品本身，而是可以用它们制成的药物。

您的菜谱中为什么没有橄榄油和葵花籽油呢？

因为亚麻籽油、松子油、苋菜籽油和蓟籽油主要由多不饱和（轻型）脂肪酸构成，包括不可替代、在机体内不合成而是应该由外部摄入的脂肪酸。这些油能很好地净化血管，如同纯碱溶解沥青一样。只需用冷水、无需任何洗涤剂就可以把它们从盘子上冲洗掉。

谢谢您提供有关生食制的信息。不知为什么从第一次开始就百分百地相信了。但却摆脱不了从前的食物。不过，第一次读到生食制后我就立刻与死食物告别了，一天就告别了，而且持续了三个月。然后该死的情况就开始了！在三个月绝对“不回忆从前”之后是不断的失败，我搞不懂问题出在哪儿。我戒了烟和酒，可是跟食物相比这简直是小巫见大巫。我简直不知道该怎么办。

就是因为这样我才说，如果您没有强烈的动机，那就最好循序渐进地转变。欲速则不达。知识和内心的成熟与意志力和强行灌输情感相比，前者更能产生稳固的成果。您应该成熟到这种地步才行。

如果相信爱色尼福音书，那就是说，耶稣宣扬过生食制。如果是这样，他用面包和鱼让人吃饱的传说算怎么回事？该相信什么？

耶稣让人们吃的是他们那个时刻吃的东西。让他们吃饱是一回事，向他们阐明什么不该吃是另一回事。

您书中说奶有害。那爱色尼福音书算怎么回事？里面提到耶稣直接、具体说的恰恰相反。

耶稣是为主要靠畜牧业为生的人宣扬自己的学说的。我认为，他明白，如果禁止他们食用奶，那就会产生龃龉。

我们知道，耶稣与他的追随者一起喝葡萄酒、吃面包，而且这样做的时候还说，这实际上是他的身体和血。

首先，这可能根本不是葡萄酒，而是葡萄汁。此处有圣经文本翻译上的困难。在现代译文中翻译为“葡萄酒”的东西实际上是葡萄汁。葡萄汁当时被称为“葡萄酒”，您懂吗？只是等级和质量不同而已：新鲜的葡萄汁被认为是好的葡萄汁，而发酵的是不好的葡萄汁。我不认为会用不好的葡萄汁招待基督。

最后，葡萄酒在当时和当地都被用水大大地稀释了。

第三，出自基督之手的不管是什么，我本人也都会喝、会吃。难不成您以为基督杯子里的东西是我们现在理解为酒精的东西？成为耶稣及其追随者饮食的圣餐的奥秘在于：圣化之后面包和葡萄酒已经不是在此之前的那些东西，而是标志神性和人性在基督中的合二为一。与此类似，只不过是正相反，那些热销的酒瓶中的液体网罗了那么多负面信息，以至于已经从葡萄酒变成具体的毒液了。您想象得到有多少携带负面信息的人从这些摊位边经过吗？因此，如果要喝葡萄酒，那最好是喝家酿的，或是在专卖店而非小酒馆里销售的。

我从头到尾听了三遍思移力（有声书），我发现听最后一遍的时候（这段时间我遵守生食制），我感受到了许多东西，这些东西在我食用热加工食品时从未感受过。尤其是感受到了类比：就像在有意识的梦里我们能成功地支配梦一样，在生活中也可以苏醒。当我感觉到这一点的时候，我身体内部仿佛有一颗令人愉快的能量小炸弹爆炸了。棒极了！从那以后我更能理解“真正醒来”这个句子。

对了，您感觉到的恰恰就是我在说到意识澄澈时所指的东西。绝大多数情况下只是觉得你清楚地理解某种东西。实际上不是这样。当理性的逻辑结论链条形成一个整齐的图表、变成模式时，理解（概念）出现了。不过这只是幻觉，是解释。对事物本质真正的洞察只有在意识出现时才会来临。而意识是完全不同的东西。与理解不同，意识来自内部的某个地方，不是来自理性，而是来自灵魂。那恰恰就是向光照（洞见）转化的那种明晰。

第 23 章　意图的能量

> 转向天然饮食是一种解放能量的简单、自然的途径，以此让能量几乎全部用于支撑生命力，与此同时摆脱意识寄生物（蟑螂）。

没有一篇有关瑜伽或气功的古代文献中写过，为提高能量水平必须吃活的食物。千百年来没这样做也都应付过去了。

古代文献您全都读过了？我祝贺您。如果您刚刚醒来，有些东西您必须了解一下。最近一百年来世界的局面发生了很大的变化并且会以飞快的速度继续变化。因此不能只是单纯地拿来一种古代的、保持当时形态的技术在现在新的现实中运用，不考虑发生的变化。新的现实已经完全与从前不同。如果您至今还不明白这一点，那么很快您就会“赶不上火车”。

文明做出了急转，从人的天然性向技术社会方面急转。而这一点对人们有强烈的影响：与其说他们还是个体，不如说已经是系统的组件了，其大部分的能量和思想受控于这个系统。如果人不自由、无意识，那发展从何谈起呢？这就如同根据古印度的文献让一只被蛛网黏住的苍蝇学习瑜伽一样。瑜伽可是如此古老的学问哪，它有数千年的历史了！就是说，它也能帮助苍蝇健康长寿。

首先需要弥补现实的转变。挣脱蛛网（如果已经掉进去了），然后再去发展。活的水、空气和食物恰好就是这样的弥补，它不仅能让意识澄澈和解放，而且能以简单、自然的方式提高能量水平。不过，如果您想获得更多，无疑还需要额外进行能量操练。

有关能量流的问题。我是这样一个人：对于一切我想都要弄明白，细枝末节都弄明白，而且我还总是在想：说不定哪件事我做得不对？由此产生这样一些问题。您书中说，人有两个中央流：上升流和下降流，一道流在距离脊椎几个厘米的范围内通过，另一道流是紧密的，也就是说，流的宽度是一厘米，是这样吗？两道流是直行的，还是贴着脊椎弯曲而过？

无需绞尽脑汁去想这两道流在哪儿通过、如何通过、它们的宽度有多少。重要的是想象贴着身体的核心轴有一道流在上升，一道流在下降。至于它们如何运行，机体自己会搞清楚。关注自身并且感受到某种实体——比如流遍全身的热气，这样就足够了。能量本身会找到自己的渠道。

我怎么都做不到恰好以这样的极性运行两道流，即上升流在前，下降流在后，于是当时就产生“逆行”的不快感受。

的确，有些人的极性可能不一样。如果是这样，做“藏密回春瑜伽”①修炼操时旋转应该逆时针进行。如果旋转时您感觉不适和明显抵触，那就改变旋转方向，预先做反向转动。

如果旋转方向在此没有意义，那可能与您如此想象两道流有关。它们究竟如何运行没有那么重要，重要的是您不能感觉不适。您怎么舒服就怎么想象吧。

在您的能量操中上升流在前，下降流在后。我熟悉气功，在气功的小周天中能量是按照另一种方向旋转的：背部向上，胸部向下。我想确定一下，该如何正确地想象两道流？

气流的运行比任何一个信徒所能想象的都要复杂得多。我列出两个主要的气流是为了做出初步、基本的图解，以此让没有经过训练的人可以有个开始。“小周天”同样也是简化的图式，没有反映完整的画面。我再说一遍，这些气流究竟如何运行完全不重要。您怎样感觉更舒适就去怎样想象。重要的是：要关注到除了肉体，您还有能量。原则很简单：注意力投向哪里，哪里就是能量所在的地方。至于这能量顺着哪些渠道流动，它自己会搞清楚。

如果怀疑自己中邪了，是否可以亲自驱邪？

邪毒是植入您形态场（超意识）之中的解构程序。为了摆脱邪毒必须运行自己的能。如果让自己的能量达到应有的水平，邪毒会像跳蚤一样自

① 详见附录。

己跳开。不过常有这样的情形：植入的程序非常强劲，只有专业人士才可能解除它。如果您感觉您的生活中存在某种病态的东西，比如非常不走运，任何思移力都不起作用，那么找到一个好的专业人士就有必要了。

《藏密回春瑜伽》那本书中这样写道：“在修炼之后无论如何不能使用明显感觉发凉的水，尤其是冷水。”就是说，做过这种操之后不该冲冷水浴或热冷水交替浴吗?

不能让机体过冷。这本书中有这样的解释：“任何时候都不要冲冷水浴、洗冷水澡或搓洗身体到寒气深入躯体内部的地步，因为这样会从本质上破坏修炼行为构成的气场。不管是在修炼前、修炼后，还是在其他任何时候，都不要这样做。”

用很凉的水短时间冲洗或热冷水交替沐浴正相反，这样做会让身体变热，所以做任何操之后完全可以有节制地接触寒冷。只是该避免吹透单衣的冷风，这样的风会压迫能量气囊，“吹走灵气”。也该避免长时间受寒。

勃隆尼科夫的方法论中涉及饮食（生食制）这个主题吗？如果没有，那么没有应有的能他们是如何达成各种神奇效果的呢?

如果拥有非凡的潜质，即使不去关注自己的饮食也可以发展超能力。思移力当然也会起作用。不过，当机体一身清、不必去做用于消化死食物的工作以及随后它勉强可以应付的净化工作时，效果会显著提高。

在洁净的机体中能量自由、强劲地流动。这就意味着，如果您的饮食是有意识而非随意的，您用来支配现实、发展超能力的努力就会小得多。那些认真从事能量修炼的人对此非常清楚。比如，对于像瑜伽和气功这样的修炼派别，特别的饮食方式是不可分割的组成部分。不过奇怪的是，由于历史形成的刻板模式，就算是信徒也一样会存在饮食领域的无知。

问题在于，强化的能量修炼（也包括治疗）会刺激癌细胞繁殖。还存在脑血管破裂的危险。像吉达·克里希那穆提、拉玛纳·马赫西、卡南达、罗摩克里希纳、斯里兰卡的奥罗宾多、叶·勃拉瓦茨卡娅、叶·罗维奇、万尕、奥修、卡斯塔涅达以及其他许多著名圣雄都死于癌症或脑溢血。如果食用活的天然食物、饮用活水的话，这种危险是可以避免的。

首先，活的饮食会使机体的 pH 值向碱性方向、即应有的方向转化。

由此氧的吸收会得到大大改善。（竞技选手可以留意这一点——无需服用任何兴奋剂。）癌细胞在氧充足的碱性环境中没有生长能力。其次，活的饮食会大大提高血管弹性。死的饮食正相反，机体环境会因此变成酸性，血管会变得如同老化的卫浴设施。如果用火烹饪食物而非食用天然状态的食物，则任何素食养生方式都无济于事。

您尽可以食用“有益的”燕麦片、粗米和其他“正确的”食品，可有什么用呢？机体还是会被熟食污染、酸化，细胞会承受缺氧之苦，哪怕它们的呼吸“正确”。瑜伽信徒为何一直不断地清洁舌头、灌洗肠道和鼻腔、完成其他种种疯狂的程序？如果采用的是活的饮食，这一切都可以避免。入口干净则出口干净，内部也干净。

勃隆尼科夫院士宣扬分食制，他认为这样做就足够了。也许，在他的理论框架内这样说是对的，因为作为各种能量修炼中最有效的一种方法，他的方法在修炼时特别关注的是安全技术。不过我的意见是：世间万物，各有造化。如果坚持不懈地用各种能量修行“秘术”来呼唤昆达利尼（瑜伽术语：灵量），它终究有一天会苏醒过来！而如果它在无知、肮脏的躯体内苏醒，那就会干净利落地扼杀躯体。正因为此我才经常不断地、“让人厌烦地”提醒要遵守生食制。

为了运用这些知识需要有内在的灵魂力，可我却感到某种委靡、消沉，甚至肉体上感觉到大白天昏昏沉沉。对转向生食制我还没准备好，虽然我从食谱中排除了某些有害的食品。还能通过什么方式开发自己的能量潜力，我目前不清楚。很想对自己的大脑进行格式化，摆脱妨碍我单纯享受生活喜悦的蟑螂。我也知道自己在很多方面是幸运的，但惟其如此忧郁如同一层膜更紧地裹住我，不让我享受纯粹色彩的生活。难道为了在此生猛地醒来我也需要等待自己的天眼师不成？

为了获得内在的灵魂力，需要捕获灵魂，找到自己的目标。但与此同时，如果您受制于消沉，目标是找不到的。结果就是挣脱不出的一个循环：为了唤醒力量需要力量。正因为此我才向您建议一种解放能量的简单、自然的途径，以此让能量几乎全部用于支撑生命力，与此同时摆脱意识寄生物（蟑螂），这种途径就是转向天然饮食。您不明白这样做有多简单、多有效，因为您没试过。透过您身处其中的那层膜，您觉得我所说的是某种抽象的、模糊的事物。实际上我是在向您指明出路，而您甚至没有足够的力量甩掉束缚、苏醒并且看到这的确是条出路。因此您读着这些话的时候依然会问我：它，出路，究竟在哪儿？请您指出来！

如果意识不到，哪怕用头脑理解也好。我们假设有一个酒徒，他总是感觉自己身体一塌糊涂，他受制于迫使其喝酒的意识寄生物，因此他的精神也是一塌糊涂，他就这样难受地活着，难受地喝酒，而不喝也不可能，他被迫一而再再而三地这样做，为的就是哪怕稍稍让自己振奋一下，因为不这样做，他觉得，生活简直无法忍受。实际上，循环是挣脱不出的循环，这只是他觉得。食用死食物的情形与此完全一样。我再说一遍，哪怕用理智理解这一点也好，打破恶性循环，这样您的能量就会出现。您的世界的乌云会消散，不会立刻消散，但终究会消散，之后您就会如您所愿地享受到“纯粹色彩的生活”。您所说的“单纯享受生活喜悦”确实是可能的。为此需要的是自由的能量和自由的意志。请您这就试着走进门去，我写出“出路”一词的地方就是门之所在。我已经在那里待过，我清楚自己在说什么。

第 24 章 健康的意图

> 一切皆取决于目的：如果目的是治疗，那么它会永远没有尽头；如果目的是健康，那不用多久您就会拥有健康。

真是奇怪，我收到很多请求我帮助其恢复健康的信件。显然，如果身体不好，那就谈不上控制现实了，因为生命保障问题是第一位的，它占据着整个脑海。我不得不再次挑起“杜撰的”话题（有些人觉得是“杜撰”），即似乎与思移力无关的话题。您如何看待下面的这样一个事实？如今俄罗斯已经有三分之一服兵役的应征者体检不合格。即便是有幸“通过体检的”人要是在从前也会立刻被送医院（过去视为“不合格”）。否则就没人去服兵役了。这与思移力有关吗？如果没有，问题就来了：思移力究竟与什么有关？您明白，现实在眼睁睁地发生着变化，可为什么与此同时很多人依然跟着脑子里的“老唱片”向前惯性滑动呢？

有关如何摆脱疾病的神奇疗法的文献您可能读了一箩筐，尽管如此，您依然会一生都在治疗。一切皆取决于目的：如果目的是治疗，那么它会永远没有尽头；如果目的是健康，那不用多久您就会拥有健康。因此，我的任务不在于帮助您摆脱某些疾病，而在于让您的意图定位于机体天生所原有的健康。

我不是医师，没有如何治疗疾病的广博学识。我知道并且想要传达给您的一切就是一个简单的真理，如何避免患病的真理。各种类型的疾病有很多，至于如何治疗这些病，那是一门巨大的、宏伟的学问。一切是多么复杂，是不是？各种摆锤让人们远离本源，即远离对一切疾病原初病因的认识。这个真理非常简单，而且，我愿意说它非常纯粹。如果追溯到本源并遵循这个简单的真理，那么对如何治疗疾病这门复杂学问的需求就会随之消失。应当饮用活水，呼吸活的空气，食用活的食物。这就是需要知道、需要去做的一切。

为了不给大家留下一种印象，即我所写的一切是“旷野呼声”、孤芳自赏，或是一个异见者的个人意见（对于矩阵社会来说我实际上确是一个异见者），我要在此引用一篇文章，它表达的是旁观者的意见，甚至（几乎）是“半官方的”意见，如果可以这样说的话。

有关最危险的速食食品的资料被公之于众

据了解，对于永远急三火四的大都市的居民来说如此方便的快餐食物被医生列入健康之敌名单中，成为头号敌人。欧洲人中越来越常见的体重剧增、心脑梗死和糖尿病激发英国罕布什尔郡的营养学家们制订出最为有害的速食食品等级表。

科学家在研究了英国人最为普及的快餐菜肴成分和卡路里之后，得出一个让人忧心的结论：仅仅在一份快餐中，不管它是烤肉霸还是炸鱼配薯条，是比萨饼还是汉堡包，所含的脂肪量足够一天所需。烤肉霸乃当之无愧的主要“杀手”。一块烤肉霸中平均含有的脂肪为120克，而一个人一日所需的脂肪量不该超过70～80克。吃掉一块烤肉霸与喝下一杯炼制的猪油无异。经常食用这一烹饪杰作会导致体重剧增。而真正让人震惊的是这样一个事实：快餐爱好者哪怕每周只吃两次烤肉霸，就会使自己患心肌梗死的危险提高数倍，这种饮食方式持续十年之后就会出现心血管病变。

问题就在于：速食食品中包含的脂肪主要是由饱和脂肪酸构成的，这种脂肪酸进入机体时会沉积在血管壁上，促使动脉粥样硬化，提高血液中的胆固醇水平。“制作速食食品时使用的肉一多半是肥肉。”医学副博士、俄罗斯国立医科大学生物医学系生物化学教研室副教授尼古拉·亚德利安诺夫在接受《俄国实业日报》记者采访时指出，“而且肥肉煎炸之后产生的脂肪氧化物尤其危险。这些物质损害心脏、肝脏和血管的细胞膜，改变血液成分，破坏脂质交换，最终会导致心血管系统受损。顺便说一句，不仅煎炸肉丸和烤肉中有有害脂肪，用反复使用的植物油炸出的薯条中也有。因此，看起来美味的小泥肠、香肠、汉堡包和烤肉霸是迈向梗死的第一步。”

对于经常食用速食食品的人来说，肝脏的不可逆转病变可谓又一个风险。这样的饮食方式会促使肝脏中谷丙转氨酶的浓度急剧提高。“通常在肝炎病人那里能观察到谷丙转氨酶提高，”化学博士、莫斯科大学化学系教授娜塔莉娅·乌加洛娃对《俄国实业日报》记者这样说道，“肝细胞内部有正常量的这种酶。而当该器官严重受损时，其细胞膜会变薄，细胞会破裂，因而酶会进入血液。”

英国医学学会的专家们做过实验，在实验过程中为实验参与者定期提供油炸的、卡路里非常高的甜食。实验一周过后，志愿者就已经出现谷丙转氨酶提高、肝细胞中脂肪沉积、胰岛素水平不稳的情况。四周过后，实验的参与者表现出对胰岛素的灵敏度大大降低的情况，由此导致代谢障碍，引发一系列生化偏差，这些偏差是促使糖尿病和冠心病发病的前提条件。因为担心志愿者的生命有危险，科学家决定在这一阶段终止实验。

可就算是知道速食食品有害，放弃食用还没那么简单。**位于新泽西州的普林斯顿大学学者进行的研究表明，快速制成的食品诱发人的依赖性，这种依赖性与对毒品的依赖性类似。**普林斯顿大学的约翰·赫贝尔博士声称，食用油腻食品和甜食使多巴胺的生成变得活跃，这种物质既与快感有关，也与极为强烈地迷恋某种事物的感受有关。比如，在油腻食物、甜食和正常的、平衡化的饮食之间进行选择的实验中，鼠会放弃它们习惯的食物，转向速食食品。而且打破依赖速食食品的恶性循环会伴生一些问题。

华盛顿大学的内分泌专家米哈艾尔·施瓦尔茨发现，喜欢烤肉和炸薯条的人在增加体重的同时对瘦素——一种调节食欲的激素的敏感度有所下降。正是由于这个原因，脂肪、糖、增味剂、防腐剂超标的半成品及速食食品的广泛普及是肥胖症和贪食症（暴饮暴食）多发的原因之一。而英国心理健康基金会的研究证明，速食食品对心理疾病患者的人数增加也负有罪责。抑郁症、阿尔茨海默病、精神分裂症与大量食用半成品和“快餐”之间的紧密关系已得到确认。与此相关，在英国的精神病院中饮食疗法成为了主要的治疗方法之一，即经常食用鱼、蔬菜、水果、坚果、谷物，必须剔除精加工食品和煎炸食品。英国南约克郡罗瑟勒姆市一家医院的营养学家证明，采用类似疗法一个月之后患者的抑郁症就已经大大减轻，他们的睡眠和总体状态得到了改善。因此拒绝一份烤肉就是在为保护身体和心理健康作出贡献。

——《有害的食物》　作者：叶卡捷琳娜·柳利恰克

2008 年 5 月 28 日《俄国实业日报》

http://www.rbcdaily.ru

当然，速食食品已经是极端的案例了，几乎根本不值得对其进行考察。我在此引用这篇文章只是为了引起您的注意：就连科学界也已经正式承认这类食品接近毒品。很明显，速食与其他死的食物之间实际上不存在大的原则性区别。

我是否能以某种方式影响我爷爷的健康（使其恢复健康），比如通过把他的健康视图化？为了帮助一个人康复我可以做什么？

说服他，让他把注意力集中到康复上，而不是疾病上。他的意图应当指向的不是治疗过程，而是康复目标。您本人恐怕帮不上忙。

如果我担心精神失常，那该怎么办？我特别在意房间里的各种外来声响，也许是因为我孤身一人生活。我的余光能看到有个小东西在动。

您不会精神失常的，因为精神失常需要非常强烈的冲击。打开收音机、电视。人的大脑结构是这样的：它必须交流，需要信息流。在信息真空中有可能出现幻觉。

请您告诉我，如果根本就什么都不想要的话，那该如何是好。对做任何事情都没有冲动，一切都似乎那么灰暗、无聊。

这证明没有自由能量，摆锤把所有能量都卷走了。需要修炼自己的健康、身体。做做操，洗洗热冷水反差浴，多吃些新鲜素食，早些就寝。这是初步的做法。

视图化可以帮助人治好不治之症吗？

我们这个时代唯一的不治之症是无知。必须通过一个抗寄生物的净化疗程，然后把所有的排泄系统清理干净，同时放弃有害的食品，转向分食制，随后循序渐进地转向天然生食制。疾病会自己离开的。

我不相信奇迹，但您的理论让我看到一线希望。问题在于：我有一个残疾的孩子，女孩儿，出生以来就不会走路，因为她天生脊髓形态结构异常。现实中这病治不好。从您的理论获知，存在一个方案空间，在那里一切皆有可能。也就是说，在那里我的孩子绝对健康的这种方案是可能的。如何把我患病的女儿与她的健康方案连接起来，让她成为一个真正健康的孩子呢？

理论上说是可能的。不过实际上却需要强烈的、不屈不挠的意图和系统操作目标幻灯片。在方案空间中存在人体的“设计方案”。借助目标明确的视图化操作可以对其进行修正。这不容易，但可能。总的来说，修正自己的“设计方案”要比修正周围的现实困难得多。一切都取决于坚持以及相信自己的力量。并且应该这样做的不是您，而是您的女儿本人。您改变他人世界的机会很少。您的女儿拥有通向自身世界的通道。不过她需要知道存在像思移力这样的东西，知道思移力有作用。如果您试着解释给她听，也许会引起她的兴趣，那样的话一切就都在她的掌控之中了。

我22岁，身高168厘米，体重45公斤。我感觉我的能量很少，尽管每天我都做操治疗脊柱弯曲，骑自行车，到公园散步。可还是有气无力。我想转向生食制。我读过相关文字，知道这样做体重会剧减。考虑到我已经够瘦的了，不想更瘦。

您首先需要做的是去看正骨科医生，把脊椎治好。如果体重没有变得正常，那就去看内分泌科医生。通过一个抗寄生物疗程。我不建议您急剧转向生食制。只要把有害的食品从食谱中剔除、保持营养充分和多样化的饮食就好。转向生食制需要循序渐进。

八年前（当时我是单位领导）我出现了一次神经性脑梗死。没有多严重，但我却被吓坏了。在那之后我什么都怕，这些年一直在做心理治疗，情况有所好转，但还是一直恐惧不已：害怕量血压，只要出现一个念头我的血压会眨眼间升上去；害怕独自出远门。如果稍有不好，我就会开始坐立不安。我用一只摆锤（用线吊着一个小螺丝帽）测量血压，把与自我感觉有关的各种问题提给它，每天这样做好几次。我无法摆脱那些对我紧追不舍的种种念头。请您给我个建议，我该如何利用思移力走出这种困境？（我在网上见过对您的书的评注，说是像我这样的人不能读您的书，不然的话就会发疯，也许，这样说是对的？）

您被自己的病困住了。应该转变思想，从有关疾病的各种念头转向健康问题。改变意图的指针方向。别去量血压，而是去做引向健康的事。不要定位于治疗，该定位于康复才行。二者的区别您明白吧？康复方法多得是。比如，净化机体，活水、活空气、活食物，运动……像花粉和亚麻籽油这样的食品会防止梗死。用蜂蜜加花粉取代糖，用亚麻籽油取代动物油脂和重质植物油。血管会得到净化，变得富有弹性，因此任何梗死都不可怕。这样做可是太容易了。

是否可以借助意图力改变自己身体的能力？我跳舞，需要有好的韧性，可我似乎僵硬得像根木头。

在练舞的过程中需要让意图与其同步，那样的话练习的效果会明显得多。只是单纯地转动与身体某些能力有关的幻灯片是徒劳无益的。需要让物质与思想合二为一。当您练舞的时候，您心里就想：我的身体变得越来越完美。这是把过程视图化：今天我把一切做得比昨天要好，每天都会越来越好。

我读过天然饮食、禁食疗法倡议者保罗·勃莱格的书，从书中得知，通过食物、空气和水进入的所有垃圾只有借助定期禁食才能被排出去，因为现在实际上已经不可能找到没受化学品污染的蔬菜和水果了。每周禁食一天我几乎坚持了半年，但间歇过后我就没办法逼着自己这样做了。您是否认为禁食是唯一的出路，对于保持身体的洁净来说的确是必需的？

我并不拥护禁食，您可能觉得这很奇怪。我认为，只有在机体健康、干净的情况下才可以禁食，才不会出现危险。可如果这样，问题就来了：为什么要禁食？最好食用天然食品，从而不去污染机体。禁食需要有知识、谨慎，否则可能引发无法预见的并发症。

如果机体内有寄生物，是不能禁食的。比如，像贾第鞭毛虫这样的寄生虫会吃掉您的肝脏，它们可没就禁食一事与您达成协议。其他寄生物因为得不到日常的食物也会积极地食用您的内脏，而且还会排出它们自己的毒素。如果再加上禁食时机体本身排出的毒素，那么中毒的程度会如此之严重，排泄系统根本就应付不了。结果会怎样呢？

所以说，在禁食之前必须经过抗寄生物疗程，对肠道、肝脏、肾脏进行大扫除，还要摆脱关节内的盐沉积。所有这一切要采用一定的、检验过的方法来进行，同时借力天然的、活的素食。究竟如何做，您可以在净化机体方面的书中读到，这样的书现在足够多。选择一种合您心意的方法。

好了，净化之后，如果您有意愿，您就已经可以禁食了。只是不要业余地去做，不要脑子里想到什么就做什么，而是要做得有章法。我认为最好的禁食指南是亚·帕·斯托列什尼科夫教授写的书《如何回归生命》。

我得抑郁症已经六年了，而且病症会周期性发作，只要我大大减少药量或是根本不吃药就会发作。请帮我弄清楚问题出在哪里。我已经不知道该怎么办了。

您离不开药片了？那当然会抑郁。应当不再这样做。忍住一次一次的抑郁发作，净化机体，多吃天然食物。服用抗抑郁药物没有任何意义。首先，它们起不了多少作用；其次，若停止服用，机体会开始自我净化并排出这些药物形成的毒素。这时会出现戒毒时的症状——毒瘾发作。其结果就是比服用药片前的状态还要糟糕。那怎么着，重新服用？这样的情形不可能持续一辈子啊。

问题在于，就这样反复忍耐抑郁症发作我办不到。只好求助药片，因为伴随着抑郁症发作会惊慌失措、惊恐万状。大夫的诊断是：神经衰弱综合征。已经在莫斯科的精神病院住过两次院了。曾经与著名的 M 小姐一起开始清理机体，但感觉变得更糟。她说我该先治好抑郁症才行。与 C 先生约会过。（这些人全都是名人。）当我说我已经病了六年了，什么办法都尝试过，读了很多书，他却只是当着我的面嘲笑了我。我屈辱得眼泪都下来了。不管怎样我都不想谴责这些人……帮帮我吧！我准备改变意识，但不清楚该从哪里开始。

谴责这样的人可以而且需要，那是他们自找的。不该从改变意识开始。而且该做的当然不是治疗抑郁症本身，而是消除其病因。医生们束手无策是因为他们没有能力帮助您，您应当自助。您该清除机体垃圾和寄生物，这件事没二话可说。产生压抑状态可能有三个原因：身体的寄生物，机体的垃圾堆积，意识的寄生物。每个人都有这些症状，只是表现程度不同而已，它们导致各种后果，包括抑郁状态。请您从抗寄生物疗程开始吧。身体的寄生物也可能影响到意识。最好根据书籍选择抗寄生物疗程：您可以去书店、找到合您心意的书。有人偏爱民间手段，而有人更喜欢传统的医学疗法。之后就需要按顺序清洁肠道、肝脏、肾脏、血液了。该如何去做，这样的文献汗牛充栋。比如，您可以尝试一下夏迪洛夫或马拉霍夫的方法。

不管怎样，药片终归该放弃服用，因为这样做只会让情况更糟。需要做的就是忍耐。哪怕您感觉非常不好，您也应该意识到，如果您开始继续服用兴奋剂和松弛剂的话，情况会更差。请您吃香蕉、饮用鲜榨柚子汁，它们是最好的抗抑郁药。清理工作必须与转向分食制同时进行，一定要做到种类不同的食物分开食用，而且要转向以天然食品为主的饮食，逐渐在食谱中增加新鲜水果和蔬菜的量，把死的食物替换掉。一点合成食品都不要吃。我不建议您禁食。每天一定要吃花粉或蜂花粉，还有海带（只是不要吃熟海带，要吃泡发的生海带）。净化可能会伴随状态暂时性恶化，这很正常，因为排出毒素的效果就是这样，很快会过去的。等机体净化了，意识的寄生物（如果有的话）会自动消失。如果您坚信净化理念，走完这条路不会让您感到那么复杂。

我试图怀上第二个孩子已经有一年半了，我和丈夫治疗过，我做过手术，还有其他种种事情。我非常想要孩子，如同着了魔一样。借助思移力我努力重新审视自己对世界的态度。我相信愿望会达成的。请您告诉我，该如何达成自己的目标，该视图化什么样的幻灯片？

目标幻灯片是生孩子的画面，您将如何与孩子一起生活、如何照顾他、和他玩耍，等等。但除了思想以外还必须做些让身体健康的事：清除机体垃圾和寄生虫，转向活水、活的食物和活的空气。只有大自然可以把它赐予的功能还给您。因此需要您自己迈出回归天然饮食的第一步。

我有一个麻烦。我清楚地知道，喝酒对我和我身边的人造成很大的伤害。某段时间我不喝酒的时候，家里万事祥和。完全如同田园诗一般。我的妻子很杰出，如今她怀有身孕，我们要生第二个孩子了。似乎需要好好思考一下常常让我欲哭无泪的后果。要么我会砸别人的汽车，为此债务缠身，要么在醉醺醺的时候痛骂妻子。一旦我喝上酒，就总是会生出一些涉及生活各个领域的大麻烦。就在昨天，我又一次喝高了，被送进了警察局，在里面蹲了一整夜。又是大麻烦，因为总是干同样的蠢事，无法总结教训让自己不再重蹈覆辙，我简直想哭。酗酒实际上是在要我的命，我可能在一夜之间丧失一切。我想彻底戒酒。我不知道该怎么做，我害怕，我感觉糟糕。现在我心里的感觉差极了，简直无法忍受。这种情形为什么会一而再再而三出现？

形成糟糕、几乎无法忍受状态的原因我已经说过了：是放贷的摆锤和毒素在作祟。不过除此之外意识深处一直有寄生物，它们从您与喝酒有关的各种麻烦和痛苦中获取自己的那份能量。它们不会就这样轻易地放手。您会一直做同样的傻事，直到机体和意识得到净化为止。如果您做不到这一点，您就会一而再再而三地被钩子勾住。一方面，成为钩子的是机体内的老毒素。等您踏上天然饮食和康复之路以后，您才会摆脱这些毒素。另一方面，是您意识中涣散的程序在捣乱。

您请看这种程序的一个例子：“现在我少喝一点，像所有正常人一样保持限度，这样我就会万事大吉。”实际上根本不会有这样的事，一切都会照老剧本进行。意识的寄生物会牵着您、不知不觉地让您超出您一开始不想跨越的那个界限。这甚至不以您的意志为转移。有这样一类“上满发条”的人，对他们来说只喝一杯不够，他们感受到能量和振奋，那是摆锤的贷款，为了获得更多能量、更振奋，他们还想一喝再喝。

所以我要对您说的是，像您这样在“正常人”眼里是酒鬼的人实际上比他们要正常得多。所有原住民，比如印第安人、爱斯基摩人和其他更接近自然生活方式的民族，都倾向于酗酒。您以为“有限度地喝酒”是正常的？根本没有的事！这完全是愚蠢、荒唐的曲解。“正常人”会说：我喝了一杯，行了，再多我也不需要，而酒鬼却一直要喝到死为止。

可这个正常人**为什么**要喝这一杯呢？这样做有什么意义呢？您能解释清楚吗？酒鬼喝酒却是有意义的：获得更多能量、更振奋。就算方向不好，但有意义。可“正常人”呢？你喝了一点点，为此你不疼不痒。为什么呀？为了同伴？遵照传统？一派胡言！文雅地使用敌敌畏，这就是这种传统真正的本质。实际上张弛有度地饮酒一点意义都没有。一醉方休才有意义。如果打破白痴模式，正确审视一切的话，事物的本来面目就该如此。

相反，如果一点酒就让您心满意足，您不想开怀畅饮，那才恰恰不正常呢。这意味着您没有品尝到能量的滋味，它被对死食物强烈得多的依赖性淡化了。“上满发条”的人正相反，他们能强烈地感受到能量，渴望这种能量，希望开怀畅饮，“一饮而尽”就是由此而来的。只不过他们不知道，如果是因为天然能量而非摆锤能量过剩而畅饮的话，会酷得多，他们根本不清楚有这样的感觉。

由此可以明白一个简单、清晰的道理：喝酒无度会有麻烦，而喝酒有度又没有意义。那干吗喝呢？既不好也不坏。是这个道理吧？因此您走出困境的办法就是：干脆不喝。等到您把这一点想清楚了，意识到了，感受透彻了，您意识中涣散的各个程序就会被擦掉，由新的程序所取代，这些程序肯定生活，目标指向快乐世界中的快乐生活和快乐成长。

干脆不喝，这简直棒极了！

我不知道怎样才能把烟戒掉。这已经让我心力交瘁了，简直连哭的心都有。请您赐教！

为了把烟戒掉，必须把注意力转向替代摆锤。比如，关注改善自己的身体和能量状态。需要用另一种结构有序的程序取代这种涣散的程序。为此要求做到的正是转移注意力，从一种旋律转向另一种。为自己选择一个新的目标。目标不是戒烟，而是让自己完美。如果您想放弃这个习惯，这就意味着您的健康、生命力和外貌对您来说并非无关宏旨。那就请您关注自己的健康和身体的完善吧。为此需要扎入该主题的书堆里去，开始转向天然饮食方式，为自己制订做操、跑步、游泳、到健身俱乐部锻炼等章法。请注意：意图不是指向戒掉从前的习惯，而是培养新习惯。否则这样做就会成为与自己、与抓住您的摆锤进行的搏斗。当注意力转向健康生活方式这样的摆锤之后，有害的摆锤就会随之脱钩。

该如何瘦身呢？嗯，与这个问题的物质层面有关的一切我似乎都清楚。我知道该遵循怎样的节制配餐饮食法，知道怎样锻炼身体，等等。可我没有足够的意志力。怎么能受得了节制营养配餐呢？我什么都试过了，可减肥没成功。我经常破戒。也许，存在某些心理学方面的技术，它们能帮我不破戒？

我可以推荐一种非常有效的技术：不要用任何节制配餐饮食法折磨自己。按照惯例，节制配餐饮食法的基础是降低食物的卡路里含量，包括限制食物的生物学价值。比如，只吃蔬菜，或是只吃水果，或是只吃乳制品，或是只喝粥。换句话说，这是营养不充分的饮食方式。对于机体来说是压力。对机体而言，这样做与禁止您散步、看电视几乎毫无二致。作为对该压力的回应，“受惊”的机体开始积攒能量储备以应对更多的限制。它的“心理”就是如此。而且积攒的主要是脂肪，因为脂肪是最为优化的能量来源。与这样的“冬储”同时发生的是体重降低，因为饮食终归是受限的、有缺陷的。不过，这种体重的降低恰恰是依靠蛋白组织、其中也包括大脑和内脏的付出而实现的。其结果就是脂肪和肌肉的比例发生劣势变化。而当配餐制被破除时（破戒是不可避免的），机体猜到这一破戒是暂时的，它还会重新经受饥饿的折磨，于是会更积极地积攒能量。所以，如您所见，节制的方法不仅不起作用，而且产生反效果。

出路在完全不同的另一层面：不是努力遵守愚蠢的节制饮食、抑制破戒，而是改变饮食原则。这些原则很简单易懂：

1. 分食原则。不要混食不相容的食品，比如蛋白质与碳水化合物。不要一餐同时胡吃各种东西，只吃一种食品，或者哪怕是同类食品。水果只在上午食用，而且最好是上午只吃水果，因为这段时间是机体的净化周期。如果您无法放弃甜品，那就只在主餐前食用它。饮料也是餐前饮用，而不是与食品同时或餐后饮用。

2. 尽可能用害处更少的食物取代具体的有害食品。比如，把糖换成蜂蜜，糕点换成纯度 72% 的巧克力或甜的干果，熏制品换成煮食，煎锅炒锅换成蒸锅，油腻食品换成清淡食品，橄榄油和葵花籽油换成亚麻籽油或松子油，粥换成豆芽和谷物芽，彻底剔除精粉制品以及各种速食罐头、膨化食品，用随便什么天然食品取而代之。请注意：这里所做的不是限制，而是取代，用更有价值、无害的食品取代一些食品。

3. 尽可能固定用餐时间，两餐之间不吃“零食”，以此让机体有时间履行其净化功能。

4. 每天饮用 1.5 ~ 2 升以上干净的水，最好是干净的活水。除了鲜榨蔬果汁，其他各种饮料最好都放弃。

5. 最后一点：循序渐进地转向活食制。

就这些。什么节制配餐都不需要。

我得了不治之症：慢性肾功能不全，肾小球肾炎。我做血液净化治疗（血液透析）已经4年多了，每周3次，每次4小时。这段时间我读了各种文献资料，尝试过许多治疗体系和技术。我认为它们全都没有效果。思移力很少关注的恰恰是治疗。您能否写出某种治疗重病的程式：慢性病，恶性肿瘤，不治之症。我把自己肾脏正常工作的情形视图化，暗暗想象排尿通畅，做能量操，锻炼身体，尽可能吃健康食品（我们这样的人不是什么都可以，没肉不行）。

我不治病，这应该在专业人士的权限范围内。我感兴趣的完全是另外的事，即消除病因。

“没肉不行”，这样的蠢话是谁对您说的？生食制的创始人阿尔诺德·艾略特得的是与您同样的病。早在上世纪初他就写过，尿里有蛋白（白蛋白）是这种病的症状之一。医生们认为这种病是不治之症，他们试图用药物和肉奶配餐来制止蛋白排出，结果却使病症加剧。

怎么，直到今天他们还在这样做吗？还是消除后果？您知道动物蛋白会对肾脏造成巨大负担吗？

阿尔诺德·艾略特像您一样走投无路，他决定自己治疗，更确切地说，不是治疗，而是消除病因。艾略特的发现是：他的病因和其他许多疾病的病因一样，都是饮食方式不正确。直到今天这依然是一个伟大发现，因为官方医学像从前一样不明白这一点，现在也不想知道和明白。艾略特得出一个简单的结论：“如果不正确的饮食是病因，那就是说，正确的饮食将治疗疾病。”他转向活食饮食方式，自己摆脱了疾病，之后还救了许多其他患“不治之症”、被医生放弃的病人的命。

阿尔诺德·艾略特的著作直到今天还没被译成俄语，这是俄国医学界的耻辱。如果您掌握英语，可以找到并阅读他的书：*Mucusless diet healing system*，*Rational fasting*.

在此我将翻译的是其著作的一个不长的段落：

我体会到一种无以言表、迄今为止我从未体会过的感受，无比健康，生命能量充沛，创造力和忍耐力极其高昂，浑身是劲，这种感受带来巨大的喜悦和幸福已经仅仅是因为我活着了。这不仅是身体的感觉。我的心理发生了巨大的变化，表现在感受力和记忆力显著提高。我有了希望、平和、甚至勇敢，有某种精神上的澄澈和透亮，简直就如同太阳初升一样。我的各种身体能力突然间有了急剧的扩大，远远超过健康、充满活力的青少年时期我曾经拥有的那些能力。我轻松地骑着自行车从阿尔及利亚到突尼斯，行程800英里。您想象得到吗？我曾经被医生放弃了，被他们判了死刑。由于获得的超能力以及成功地与这种名为“科学的医学”的“人类大屠杀”擦肩而过，如今我欢喜雀跃。

阿尔诺德·艾略特和保罗·勃莱格一样死于非命。不过这已经是另一个故事了。

我并不呼吁您现在就立刻排斥医学提供的一切，当然，我也不打算因为个别医生懒惰就说所有医学专家都是如此。不过阿尔诺德·艾略特的经验让那些被医学拉入“不治之症”黑名单的人有了希望。求助自然吧，它是最好的治疗师。转向食用天然的活食物，自然本身会修复一切。

* * *

最后我想说的是，我不指望所有阅读这本书的人都会深刻理解它的理念。这一切太不寻常，对于习惯寻常生活方式的人来说甚至不舒服。不过，那些已经洞察到我们的世界有些不对劲的人全都会懂。遗憾的是，让我们的自觉性变得混沌、支配我们的意识非常容易、简单：通过水、食物和空气即可。直接进入人体的东西正是日后可以想把人挂到哪儿就挂到哪儿的钩子，就像挂一个布偶一样。与此同时这样的支配方法又如此“自然”和含蓄，以至于“布偶”什么都发现不了，以为一切都正常，都理当如此。因此，我针对的对象是那些什么都明白的人。您应该意识到，从原来受到束缚、昏昏沉沉的生活方式向新的自由而又自觉的生活方式转变远非感觉的那么容易。所以您不必匆忙，不必强迫自己，不必偏执地努力遵循书中的所有建议。任何表现形式的偏执，哪怕事关好的、有益的事物，都是幼稚病的一种表现，这样的话，您会像从前一样昏睡，不明白自己在做什么。请您记住：一切都该有度、和谐、心甘情愿，而不是被迫而为。不要逼自己去做心灵抵触的事。如果您还没“成熟”，最好别忙着急转弯。自觉地去做，让灵魂与理性统一。祝您成功！

附录1

提高能量的基本原则

看起来可能奇怪，但写给我的信中确实有三分之一涉及健康和能量问题。人们请求我帮助他们恢复健康，问我怎样借助思移力做到这一点。我需要立刻提醒的是：不能重犯典型的错误，把所有希望寄托于思想的力量。我们生活在一个二元的世界里，因此，不管是世界的思想层面还是物质层面，都必须考虑到并且加以利用。仅仅依靠自我暗示你是得不到健康的。

再者，如果您物质层面中的一切都乱七八糟，是不可能从事思想修炼、即思移力修炼的。由此我决定阐明提高能量的基本原则。在此不会有任何复杂的东西，只是基础的事物。这是可以开始的起点，如果您暂时认为没必要转向生食制的话。

不能把能量和健康相互分割，它们密切相关，因此综合的途径必不可少。片面的态度，比如"在健康的身体里有健康的精神"，或是相反，"肉体衰弱，但精神饱满"，都是有缺陷的，因此我认为没有必要对此做出证明。

健康的钥匙不是藏在医学机构，而在日常的生活方式。同样道理，个别人的世界层不是坐在沙发上靠抽象的冥想形成，而是形成于他与日常现实的各种联系中。因此应当把思移力当成一个整体的（圆满的，整一的）系统来感知。联系中与现实的关系在此表现为三种基本形式：

* 我们如何思想。
* 我们如何饮食。
* 我们如何行动。

只有三者统一，思移力才会作为一种控制现实的工具全力作用于您。如果由于某些原因您认为第二和第三种形式是次要的，那您暂时可以忽略接下来的内容。以后另找机会回到这里。因为健康是一时的现象，早早晚晚会有消失殆尽的那一天。

恢复健康

每个人恐怕都幻想时光倒流，找回错失的机会和健康。已经逝去的岁月和错失的机会是不可能恢复的，而健康的恢复却完全现实，而且您想要什么样的健康就可以恢复什么样的健康（当然，如果您的所有器官目前都还在您身上的话）。怎么，您想回到——比如——您 14 岁时的健康水平？随便拿来一块秒表，把它的指数归为零，然后重新拨动指针，这样做是骗人的，不是吗？

请您想象一边在中学的走廊里狂奔一边大叫的自己，以及爬楼梯时气喘吁吁、心脏狂跳、大腹便便的自己。所以啊，什么都可以恢复。我一直在信心满满地呈验从寻常角度看完全不可能的事物。不过我有这个权利，因为我自己的皮囊上盖着“已检验”的印章。选择只在您。我提醒一点：您所有的怀疑和反对意见我会立刻全部驳倒。问题在此不是从“可能还是不可能”、而是从“打算还是不打算”这个角度提出的。

如果您已经在实践中尝试过思移力的技术，那就意味着您确信这些技术能够创造怎样的奇迹。只有您的意图能限制您的可能性。当然，这里实际上什么奇迹都没有。而且在这件事中也不会有任何魔法。要求您拥有的是放弃从前的某些习惯并代之以新习惯的意图。如果只有恢复健康的愿望，您依然会停留在从前的水平上。发挥作用的只有意图，亦即拥有意图并采取行动的决心。

浴室中的运动场

存在一种错误的观点：为了获得健康必须进行殚精竭虑的训练，严格节食，限制自己，总之，按照一整套计划折磨自己的灵魂和身体。以各种不同的方式进行的这场游戏有同样的一个称谓：“我生病，别人为我治疗。”针对自己的任何暴力产生的不是健康，而是体育纪录，而且并非总是能创造纪录。如果您不需要纪录，您所有的行为都应该是自由意图的结果。换句话说，不该被迫行动，而是该遵照信念行动。如果您对自己说“应该！”，那就意味着这是被迫。如果您对自己说“我想！”，那就意味着这是信念。所有让身体健康的行为不仅应该是有益的，而且应该是愉悦的。不要为自己的健康而战。放行健康，让它进入您的身体。

反差浴是最简单而有效的预防疾病、恢复健康的（治疗）方式。该方式的内容是用热水和冷水交替沐浴。首先用热水冲洗几分钟，然后用冷水冲洗半分钟或更短时间，这样交替沐浴三次以上。之后用粗硬的毛巾搓身体。

虽说做起来非常简单，但这样做的效果却很大。跑步、举杠铃似乎是明显的锻炼。而沐浴能带来什么？关键就是沐浴实际上高密度地作用于我们身体的所有器官。其结果就是获得全方位的效果。

▶所有的生物过程变得活跃。
▶机体内的停滞状态被搅动起来。
▶血液循环系统得到净化和更新。
▶所有的内部脏器和皮肤获得健康充电。
▶心律失常消失。
▶血液中的白细胞和红细胞数量增多。
▶肌肉量扩大。
▶工作能力恢复。
▶神经系统得到巩固。
▶物质交换得到改善。
▶整个机体得到集中净化，变得年轻。
▶身体的电量正常化。
▶能量提高。

心脏得到训练，效果与慢跑时一样。

用不着对自己做出任何特别的努力。这不仅没有负担，而且令人愉快。难道您可以拒绝吗？

反差浴效果显著的奥秘很简单：直接受到影响的是身体最大的器官——皮肤。皮肤构成一个人体重总量的20%。可以遵循内在意图让自己集中精力，锻炼单独的肌肉，体验机体的强度。也可以无需让意志力做丝毫努力，而是让身体自己关照自己。您没在锻炼，而是在观察机体如何自己在锻炼。

这样做的时候会有什么情况发生？热水首先扩张血管，而冷水随后收缩血管。结果就是血液高密度地循环，停滞的区域被搅动起来，机体获得良好的振动。机体内的血液运动具有决定性的作用。一旦心脏停搏，死亡就来临了。在正常状态下血液循环是由心脏保障的。但只有粗血管中的血液才会流动得快。在其他血管中血液流动得很慢。不管您觉得有多奇怪，80%的流动血液却在毛细血管之中。毛细血管的总长度有10万千米左右。

任何疾病的发生过程都首先是毛细血管的血液循环遭到破坏。反差浴刺激毛细血管的血液循环，其结果就是刺激全部的生命过程。

此外，用冷水冲洗变热的躯体时，体温会短时跳动，向上急升。这会产生什么结果呢？首先，会瞬时出现大量自由电子，自由能量涌动，这一点您立刻就能感受到。其次，这些电子中和自由基，由此逆转老化过程。第三，体温急升会消灭病毒。冰冻时间更长的冬泳就这个意义而言与其说有益，不如说是对于机体的极端行为。如果没有洗反差浴的条件，可以代之以更为简单的方案：用一桶冰水（或凉水即可）浇遍全身。

现在给您几个建议。冲洗不一定非要连头一起冲，但却需要一直从上身开始。如果从下往上洗，血液就会涌进头部，由此可能引起不必要的血压波动。

许多人错误地认为，洗反差浴就是简单地轮换热水和冷水，牙齿嘚嘚打架，用需要锤炼自己等理由强迫自己。其实不然。首先必须用热水（或并非很热的水）让自己全身变热。随后用冷水短时冲洗。热水的作用应该持续几分钟，而冷水半分钟或最多一分钟。只有当您感到身体足够热的时候才能打开冷水龙头。无论如何不能让自己冻僵。洗浴过程应该带来快乐，而非考验。不必热冷水轮换数十次，三次就够，至于更多的次数可以是多少，那要视自我感觉而定。不要命令自己，要跟着感觉走。如果您听从身体的声音，它自己会告诉您“够了”。

开始反差浴的修炼需要温和，循序渐进，逐日扩大热水和冷水的温差。如果您想尖叫，那就叫吧，但是要记住，您不该体验极度的不舒服和明显不快的感觉。如果觉得不舒服和不快，那就该让水的温差更小一些。

沐浴最好在每天早晨做操之后进行。热水不该太烫，否则会打战，就像冷水会让人打战一样。一个月内可以让冷水的水温达到最低，即水龙头里流出的水的温度。在这样的温差下您会获得快感，仿佛有数百万根小针在刺您的皮肤。

特别值得指出的是，只有在热身操或数分钟的热水浴之后才可以用冷水冲洗。如果您已经感觉发冷但还要用冷水冲洗的话，那您就会感冒。

沐浴时需要的不是站着不动，而是原地踏步，以此让双脚能更多地接触到水。

沐浴的时候您应当想想这样做的目的是什么。可以在脑子里转动幻灯片，其内容大致是这样：“垃圾正被排出机体。我的机体正在净化、更新、年轻化。我在吸收能量。能量渠道全被清理干净，得到扩张。我的潜能在增长。”别忘了，所有这一切您必须想象出来（尽您所能地想象），言语必须与感觉相伴。综合起来的全部感觉可以整合形成一个框架，题目是《能量与健康》。

如果反差浴过后您感觉打战，那就意味着要么必须缩短冷水浴的时间，要么是水还不够凉。在第二种情况下机体的自卫反应没有被激活，因此只是感觉冷，这样的话任何益处就都没有了。很凉的水的短时作用让身体发热，而不很凉的水的长时间作用让身体发冷。

只有在热水池中游泳和在雪地中翻滚相互交替可以比反差浴效果更好。如果您能克服偏见和对冻僵或生病的担心，您获得的将是无可比拟的快乐。如果不在雪地里滚太长时间，这样做不冷也不危险。堪察加半岛上有露天温泉池。我在那里观察过人们如何在热水中游泳，然后在雪地上翻滚，随后再次跳进水池。有了这个惊人发现之后，他们抑制不住去这样做，像猪崽一样快乐地尖叫着。这是一种怎样的快乐，只有试过之后才可以了解。不过话说回来，我不建议有心脏病的人这样做。

沐浴之后用硬毛巾大力搓擦全身十分有好处。这既是按摩，同时又是对毛细血管中血液循环的刺激。最好还要做做能量操，目的是向身体提醒体内有能量喷泉，让它把这些喷泉集中形成球体。这样做的结果是您将感受到愉悦的温暖和活力，说明能量值提高了。

只有持之以恒地做这些事才会产生效果。如果您不再这样做，一切将回归原点。这不是一时的强健体魄，而是习惯，是毕生的修习，是生活方式。

坏习惯

至于坏习惯，每个人都可以在任何时候戒酒或戒烟。所谓的心理依赖或曰惯性在此所起的远非主要作用。从能量意义上说，惯性意味着生命线频段的设置，在这种设置中人有这些坏习惯。存在生命弱线，在这些线路上人吸烟（喝酒）有度，还存在更强的线。此时此刻您处于这条或那条线上。如果习惯变成逃避麻烦的手段，并且如果麻烦多的话，辐射就会变得更集中，由此导致转向更强的线。

为了回到没有这些习惯的生命线，必须停止在这些频段上放射能量。可以举一个非常典型的例子，来看看这是如何发生的。当抽烟最凶的烟鬼随潜艇出海的时候，他们不会因为没有吸烟的可能性而感到丝毫难受。舱门一关，下潜命令一下，吸烟的想法就退避三舍了，因为客观上任何吸烟的可能性都没有。烟鬼完全认可这种客观的必然性，甚至对此根本连想都不去想。对此他不难过也不高兴。没有想法就没有放射，就是说，烟鬼从之前的生命线转到他不吸烟的另一条线上了。心理依赖跑到哪里去了？可是一旦潜艇返航了，而且如果烟鬼没有戒烟的打算，他就会想到，吸上一口可真不赖。放射又出现了，于是他又重新回到原来的线上。

心理依赖实际上是摆锤捕获思想放射频段的表现。如果一个人喝醉了酒或是吸了毒，摆锤就会把能量借给他一段时间，因此人会体验到力量如潮水涌动，体验到快感。这是频段正在被捕获。但摆锤不会不求回报地提供能量。随着短时兴奋而来的是沉重的付出——酒精综合征或毒瘾发作。处于这种状态中的人直接与摆锤接通关系，于是摆锤开始从他身上吸取能量。与摆锤随后索取的能量相比，它之前提供的那部分能量微不足道。因此忍住酒瘾毒瘾发作如此艰难。人完全能感觉到似乎有东西用利爪搂紧了他的能量体。摆锤定出条件：要么应该再接着喝酒吸毒，要么继续承受折磨。如果人接着喝和吸，他会再次获得部分能量借贷，但在此之后会付出更加沉重的代价。只有从人身上再也没什么好攫取的时候，摆锤才会善罢甘休。如果承受上瘾之苦的人继续挂在摆锤的吊线上，历史就会重演。摆锤的吊线乃是对短时快感的回忆以及重复该体验的渴望。

摆脱坏习惯为什么如此困难呢？请您注意问题通常是以怎样的方式被提出来：不是“拒绝”坏习惯，而是“摆脱”坏习惯。习惯被看成是有害的、原则上可以消灭的寄生物，或是被看成是可以治愈的疾病。以这样的方式设定问题导致种种不同的治疗方法和治疗药物的层出不穷。众所周知，治疗有时起作用，有时没作用。

您恐怕以为我现在想要把种种医学全都痛骂一顿、诅咒它该死？猜错了！如果一个人玩的是“治疗”的游戏，医学会帮助他的。相信治疗有效果是让自己的放射波对准健康线频段的好方法。可是如果患者选择了“疾病”游戏，则任何方法都不能让他挣脱有害线的泥淖。

最常见的情形是人们一开始试图自己解决自己的麻烦。如果一个人决定“拒绝”坏习惯，那他会功到自然成。可如果他试图“摆脱”坏习惯，那就会在“戒除”和“破戒”之间瞎耽误功夫。徒劳无益的挣扎可能持续数年，因为（以吸烟为例）烟鬼以为，他在完成一个美好的使命：“吸烟对我和周围的人有害。我在让自己和圈中人摆脱这种恶习！”可实际上他还是真的想吸烟。“我现在再抽一根烟，最后一根，完事大吉，就此罢手！”可是啊，如果在某个时刻烟鬼强迫自己，他就一定会在另一个时刻可怜自己或是听之任之。您能揣测出在此起作用的是什么机制吗？对了，是平衡力想要消除过剩的潜能。听之任之在平衡强迫行为。马克·吐温说过："戒烟？没有什么比它更简单了！我戒过一百次了。"

这种"戒除"游戏，您清楚，它的名字叫"我生病，别人治疗我"。意图不纯粹，但理性说，必须戒掉，因此向习惯宣战：憎恨它，对它发出最后通牒，围剿它，发出庄严的誓言……总之，在有害的生命线频段上演一出有着功率强大、最为集中的放射波的完整戏剧。

为了停止在坏习惯的频段上放射电波，首先必须拥有纯粹的意图。如果拒绝习惯，则这样做是信念，而非义务，由此戒除的机会已经超过一半。不过，按照惯例，习惯与一个人确定的生活方式有关。比如，烟鬼习惯在工作间隙"吃零食"（抽上一口），而这构成工作必不可少的属性。再比如，生活中有太多喝酒的理由，尤其是亲朋好友也好这一口的话。习惯就这样变成生活方式的一个部分。

习惯更便于成为生活组成部分的另一个原因，是它与情感波折或曰心理防卫联系在一起。大家知道，开始喝酒是因为高兴或悲伤，之后找到越来越多的理由，再后来连理由也不需要了，就是想找回从前的情感经验而已。

扯断习惯与情感和生活方式的这种联系很难。如果联系已经根深蒂固，您无法想象不这样做该如何生活，那就至少不要试图玩"我生病，别人为我治疗"这个游戏，因为它不会有结果，只是会让您的生活变得复杂。如果带着这个习惯还可以生活，那么，不去管这种现状比继续徒劳无益地挣扎更为理智。放过自己，您会更自在，更可能转向习惯更加温和有度的生命线。

可如果您确信自己的习惯严重地破坏您的生活，那么，您就十分可能成功地拥有纯粹意图了。如果是这样，第一件该做的事就是扯断习惯与您情感经验以及生活方式的联系。这样做的意思就是消除各种理由。

理由可以逐渐消除，一个一个地消除。比如，从前您习惯把任何麻烦都用烟卷"吸掉"，现在就用深埋或消灭问题摆锤的方法取代它。从前干完活总是会用好好地抽上两口烟来画上句号，现在最好弄点好吃的美味犒劳一下自己。从前与烟友交际总是离不开"礼尚往来"，现在就让他们羡慕您不吸烟吧。取代从前睡前一支烟的是假装您忘了这个习惯。诸如此类，您更清楚自己有哪些理由吸烟。

等到习惯与生活方式的联系被扯断时，它也就再也没有理由可以推托了。到那时您可以心平气和、自信满满地对自己说："我拒绝了。"不是摆脱，而是拒绝！就在这个时刻会有两个陷阱等着您。

第一个陷阱是您拒绝了习惯的想法。您记得这件事，心满意足地对所有人说您把烟戒掉了。您想着这件事，这就意味着您在习惯的频段上放射能量。有关习惯的任何想法都根据频段的频率与之吻合。这样的话就会很难扯断摆锤的吊线，很难在新的生命线上挺住。

第二个陷阱是把戒烟的事实当成重大事件。如果您依然惋惜与习惯分道扬镳，那就会演变为跌宕起伏的戏剧。相反，如果高兴地与习惯分道扬镳，那就会兴奋。与此相关的任何情感都会创造过剩的潜能，平衡力立刻就会试图消除它，您知道平衡力会怎样消除。

唯一正确的做法是干脆一摆手把它忘掉，没有遗憾也没有兴奋，仿佛什么事都没有发生过。没有虚荣，没有想法，没有情感，没有放射，于是您彻底脱离有害的线，因为您与这条线的频率再也不吻合了。全部的秘密就隐藏在这里。

可如果停止去想习惯没那么容易做到，那就该去占有另一条生命线。就是说，该把注意力转向另一个替代摆锤。比如，为自己设立改善健康状况、提高能量水平的目标。如我们所知，坏习惯既剥夺健康，也消耗能量，因此坏习惯无法与设立的目标共存。对自己说：您现在不吸烟，您在完善自己的身体和能量体。注意力已经投向与吸烟相反的方向了。播放新旋律就可以替代脑海中纠缠不休的老旋律。一旦注意力成功地转向新目标，习惯也就不再纠缠您了。

生命树

为积极吸收宇宙能量，必须有健康的脊椎。并且不仅是因为能量的中央流在脊椎两侧通过。脊椎内有脊髓，脊髓神经元树突伸向所有器官，这些树突负责各器官正常完成功能。

保持脊椎健康的条件是每天做操，哪怕是初级的体操。您住在自己的身体里，因此必须照顾它。如果您把肌肉忘了，它们就会停止正常履行自己的职责。孩子如果得不到关心，他们会无家可归，肮脏，饥饿，由此会产生种种后果。这其中的道理是一样的。做操就像刷牙一样必不可少。需要把特别的注意力投向背部肌肉锻炼。这些肌肉与手和脚不同，我们对它们的关注最少。我们用脚走路，用手完成各项日常工作。就算是这样，没有手和脚可以活着，可没有脊椎不行。

如果您站立时两只手难以达到地面，那就是您的效能正在被消耗殆尽。拉伸锻炼可以帮助恢复效能。如果您腰背疼痛，则什么健康都无从谈起。随着时光的流逝疼痛不会停止，只会更严重，而且不止是腰背疼痛。

您尽可以保持健康的生活方式，甚至高强度地从事体育活动，与此同时却有一个疼痛的脊椎。许多职业运动员抱怨背痛。为什么会这样？目标明确地锻炼单独的肌肉组与运动不足是一样的，依然会让背肌疏于照看和关注。这通常不大会让人们感到不安：脑袋还好好地长在脖子上，那就好。可这只是一时如此。用不了多久被遗忘的背肌就会萎缩，让人知道它的存在。

实际上疼痛的不是脊椎，而恰恰是背肌。您可以触摸疼痛的地方，那些地方是硬的，因为肌肉紧绷。一直绷着让肌肉疲倦，所以才会疼痛。肌肉为什么不放松呢？那是它们忘了该如何放松。普通人少动的生活方式或运动员不平衡的锻炼以及神经压力导致背肌处于扭结状态。这种扭结的极端情况是痉挛。用外力让背肌放松很难。在健康的躯体中它们会自己放松，反射性放松。可如果背肌受到过大压力，或是相反，让背肌无所事事，它们都会逐渐丧失正常放松的能力。

如果痛点不硬，那就是说，疼痛不是由肌肉扭结引起的。最常见的原因是腰椎或关节中有无机盐沉积。如果是这样，就需要清理机体中的盐。

我们回到肌肉紧绷这个话题。疼痛还只是灾难的一半。一直紧绷的肌肉扭曲脊椎。脊椎骨脱离正常位置，挤压脊髓主干的神经元树突。这可能引发手、脚和其他地方疼痛。胸口可能会疼，您会以为是心脏患病了，而实际上不是这样。是受到挤压的树突负责的器官的能量遭到了破坏。得不到能量的器官从临近器官那里抢夺能量。这样，遭到破坏的就不仅是腰背的正常功能，而且还有其他器官的正常功能。雪上加霜的是哪儿疼治哪儿，至于病因却并不清楚。没有消除病因就与患病的后果战斗会造成更大的伤害。

脊椎疾病有发展趋势并引发其他器官患病。脊椎疾病治疗起来很复杂，常常没有效果。重要的是让自己清楚，病根只有一个：腰背肌肉忘了该如何正常放松，肌肉扭结压迫脊椎，使脊椎变形。治疗压迫的后果有必要，尤其是病已经很重的话。可是如果您本人不去抓主要病因，任何治疗所能带来的只能是让病情在一时之间得以缓解。

所以说做操必不可少，哪怕您很懒。在这种情况下就连“我生病，别人治疗”这个游戏都能带来好处。所需的时间一点都不多，哪怕每天15分钟都行。需要一直提醒腰背肌肉，它们不仅需要绷紧，而且需要放松。如果您愿意，可以到书中寻找锻炼腰背肌肉的方法。选择您喜欢并且看起来最有效的方法。在我看来，最好的书是托马斯·汉的《不老的艺术》。您甚至可以亲自发明一些腰背锻炼的方法。原则很简单：应该选择那些肌肉紧绷和肌肉放松交替进行的运动。比如，我可以向您推荐这样一套操：西藏古代健身术“藏密回春瑜伽”（非常容易!），美国人皮特·凯尔德的同名书籍中有详细描述。

您一定要把注意力集中于肌肉如何绷紧和放松。注意力不这样集中而去完成动作徒劳无益！注意力会更新并维持如何紧绷和放松的内在记忆。做操的过程中您要用内在的视力看着肌肉。您不仅用自己的注意力锻炼身体，而且表明您关心身体。身体会为此感谢您。

如果完成动作时留意能量的中央流，那就更理想了。做动作的同时想象这些气流。开始的时候可能有困难。无需努力。应该做的只是自然而然地留意这些气流。您会逐渐地在完成任何动作时自如地控制自己的注意力。

在开始做操之前必须消除疼痛。疼痛时您不仅完成不了动作，而且会让自己更糟糕。如果脊椎的问题不是很大，消除疼痛十分简单，您这就会相信这一点。

如果是腰部的肌肉紧绷，那就坐到床沿儿上，躺下，两腿蜷向胸部，双手抱住两腿。这应该是一种舒服的姿势，保持这样的姿势您不会感觉到疼痛，也无需用力。保持这个姿势两分钟，然后缓缓起身，不要让肌肉绷紧。如果起身时您感到肌肉绷紧，那起身时的动作就快一些，像不倒翁一样。这样做的结果会让您确信，您终于可以自如地挺直背部了。

如果保持这样的姿势时疼痛消失，那就意味着肌肉在放松。这里有一点很重要。当您回到正常姿势时，动作要小心，不要让肌肉再次回到紧绷状态。小心并不意味着慢。重要的是让肌肉不用力。您可以找到不用力地回到正常姿势的方法。不要忘记把注意力集中于肌肉。

这样连着做几次（每次之间稍作停顿），直到疼痛消失为止。再次做出躺着的姿势，两膝弯起，双脚平放在床上。背部后挺，内视力看着腰部肌肉。然后稍稍把膝盖向胸部弯曲，背部前倾。就这样重复膝盖和背部抬起放下的动作。不要用力，做动作时可以用两手拉着双腿。试着左右摇摆双腿。这种修习可让腰部肌肉恢复该如何绷紧和放松的记忆。

如果是肩背部的肌肉紧绷，那就自如地在椅子上坐好，后背贴着椅背，两手放到脑后。这样坐两分钟左右，小心地把两手放下，注意不要让肌肉再次绷紧。

或许，您需要找的是其他让肌肉放松、疼痛消失的姿势。比如，如果是髋部疼痛，可以俯卧，一条腿的膝盖蜷向胸部。或是背对桌子站好，两手撑在桌子上。总之，应该这样或那样扭动扭动身体，找到让您感觉舒服的姿势，保持这个姿势1.5～2分钟，然后不急不忙也不用力地回到正常姿势。重复动作，直到疼痛消失。只是要记住，费力去做是放松不了的。小心谨慎和张弛有度才最有效果。这套方法是杰伊尔·安德森博士研究出来的，在他的《如何在90秒内消除肌肉疼痛》一书中可以找到。

就这样，每天早晨让自己习惯做一套简单的健身操。我们都知道猫很懒。一个多余的动作它都不愿意做。可是每天它都一定会伸几次懒腰。对于它来说这是习惯，而非义务。

一天当中还必须时不时地留意一下背部肌肉，感受一下背肌是否紧绷。紧绷会锁住流出能量气流的“泉”。

健身操根本无需用力，无需付出明显的努力。加大力度适用于获得体育成绩。如果您不需要这样的成绩，为了保持满意的体型，只要定期不用力地动一动就足够了。甚至不一定非要跑步。用步行半小时到达工作地点取代乘坐交通工具，这是给您身体的礼物。运动应该带来快乐。如果不是这样，那就意味着身体的垃圾太多了。

不要忘了，运动本身一点意义都没有。只有把您的注意力集中在肌肉如何紧绷、如何放松上才有意义。在做动作的间歇把注意力集中到能量中央流上会有益处。步行或跑步时不一定非要去留意肌肉，但时不时地打开一下中央能量喷泉是有益处的。

如果有可能，吊一吊单杠（横梁）是很有益处的。可以在自己家里做一根横梁。吊在横梁上前后、左右摆动，做圆周旋转。这样做的时候把注意力集中在下降能量流上。这时脊椎骨会尽量回到正常位置。

如果疼痛依旧，那就是说，您的脊椎错位得太严重。不得不去看正骨医生或注册理疗师，让他们把脊椎骨复位。任何一个背部疼过的人这样做做也并非多余。就算是健康人，理疗师也会在他的脊椎中找到错位。脊椎健康是非常罕见的现象。

真正的病因

您一生都要拖着跻身其中的躯体。如果不照顾它，它就会像卫生设施一样逐渐污损，在这件事上不管是节制饮食还是医学都帮不上忙。许多人对照顾身体的理解流于表面化。只是定期洗澡、刷牙、做操是不够的。快到生命尽头时一个人身体积累的各种垃圾有数十公斤之多。其中有消化器官中的结石，有无机盐沉积、油脂、黏液和其他脏物。如果把这一切都堆到桌子上，会是令人作呕的一大摊。接下来的就只能是惊奇，惊奇带着这一切东西，人怎么竟然还能活着。

机体的储备巨大，但却不是无限的。比如，自来水管道从表面看非常体面，可里面却逐渐积累起厚厚的一层污垢，留下来的只是一个狭窄的通道。这样的管道从外部涂上漆已经无济于事，该干脆把它丢掉，换上新管道。人的机体发生的就是这样的故事，只不过不同的是，人会干脆死掉。如果血管中有厚厚的一层沉积物、肝脏再也无力净化血液，心脏怎么可能健康、怎么可能承受住从前的负荷呢?

青少年时期健康的原因只有一个：器官的储备还足够充沛。当储备接近耗尽时，器官就会开始命悬一线，作用极其不稳。储备耗尽的器官从其他器官那里夺取能量。由此形成病理关系网，这些关系有直接的，也有间接的。比如，患病的肝脏不可能像从前一样净化血液。任何一个成年人的肝脏实际上都有结石，因此血管受到污染，心脏负荷加重……患病的肝脏从临近器官那里夺取能量，由此可能导致其他疾病。储备耗尽的原因平淡无奇，就是机体受到污染。因此解决这个问题的办法同样平淡无奇，那就是净化。

有许多有关通过自然手段净化机体的好书、好疗法，自然手段就是不使用药物，无需外科干预。只要您有意愿就能找到这些书和疗法。有多少人死亡或躺到外科医生的手术刀下！他们不知道，所有问题都可以轻易地通过清洁机体的自然手段来得到解决。这真是咄咄怪事。

亲身尝试过天然清洁法之后，您会对自我感觉得到如此巨大的改善而震惊。比如，清洁肝脏之后会感觉非同寻常的轻松，浑身是劲，身体仿佛甩掉了一个沉重的包袱。能量水平上了一个台阶。大量储备获得解放。几天之后轻松感变成习惯的感觉，但这并非意味着能量降低了。只不过是新达到的能量水平成为了习惯的标准而已。出于同样的原因，举起重物后物品似乎比平常轻了。清洁之后身体就是会这样，有几天会为轻松高兴，之后就会习以为常。健康和能量通常都让人感觉不到，疾病才会一直提醒自己的存在，因为它不是正常状态。

清洁之后所要做的主要的事就是不再污染自己的机体。遭到污染是因为饮食不正确。实际上，所有疾病都直接或间接地由不正确的饮食引起。就连传染病也只有在受到污染、抵抗力减弱的机体内才能出现，在这样的机体内存在发生感染的良好环境。也存在遗传性疾病，但基因的预先设定并不保证一定会患病。

我不打算劝您改弦更张，这样做出力不讨好。要知道，需要您健康的只是您，不是我。也许，您本人在这里没发现什么新鲜东西。不过，多数人每天都在粗鲁地违背基本的饮食原则，之后又抱怨健康有问题。应该做的要么是不违背原则，要么违背原则的时候是自觉的。如果是第二种情况，那至少必须清楚违背的是哪些原则。因为无知而死难道不屈辱吗？尽管如此，还是有很多人并未因为机体内的垃圾感到不安。这是因为肉眼看不到体内有多少垃圾，垃圾又是以什么方式累积起来的。可以举出许多垃圾如何进入机体的例子。下面只略举一二。

煎炸时植物油中会形成有毒物质，因此最好用没有植物添加剂的黄油煎炸。淀粉丰富的食品高温加工时会形成有毒的致癌物，这条信息对薯片和煎炸土豆的爱好者有用。

煮大黄、大叶酸菜和菠菜时叶酸会向无机形式转化并在机体内结晶沉淀，由此可能引发风湿和肾脏疾病。

烤饼中含有的酵母会压迫肠道微生物，而大部分食物消化工作是由细菌（微生物）完成的。每个生灵的肠道中都有自己独特的微生物，这些微生物的类型由业已形成的饮食食谱决定。这就是牛只能食草、狮子只能食肉的原因。逐渐向另一种食谱转变是可能的，转变时微生物的类型会随之转换。酵母压迫自然的微生物，由此食物得不到好的吸收并因而污染机体。

开水或巴氏牛奶中没有任何有用的东西。认为奶有益压根儿就是一个巨大的误区。奶是哺乳期婴幼儿的食物。您记得那个愚蠢的口号吧：“喝奶吧，孩子们，喝奶健健又康康!”青少年身体健康靠的不是奶，而是不喝奶。成年人的机体已经无力充分吸收奶了。比如牛奶，它含有大量酪蛋白，这种物质是用来形成角、蹄和毛的。木工胶是用酪蛋白制成的。机体内累积酪蛋白会产生粘连效果，使鲜活、动态的血浆变得发黏。羊奶的酪蛋白含量比牛奶要少得多。不过成年人消费奶是对自然标准的异常偏离。

熟食能够做到的只是维持生命。熟食和罐装食物中的所有有益物质实际上都变成无机物和死物了。有机物与无机物有天壤之别。比如，有机钙能被机体吸收，而无机钙不能，其他所有微量元素都是如此。机体来不及排出所有无机盐，会随意到处抛撒它们，只是为了让生命不要遭受直接的危险。不过这样的情形不可能无限期地持续下去。

如果您食用热加工食物，那至少别做几天食用的量，免得之后再加热食用。每次重新加热的食物都会变得更死。

还有一点很重要。不同食品的消化方式各不相同，因此不要相互混合食用。如果把不相容的食品一股脑地装进胃里，它们只会开始发酵、分解、排出有害物质、污染机体。比如，饭后食用甜品或水果是慢性自杀。

饭后喝东西的习惯会稀释胃液，食物为此会消化得不好，消化时间长。就餐时可以喝上两三口饮料，但应该在饭后一个半到两个小时之后再喝。

肥胖症的发生是由于熟食和罐装食物吸收差、机体得不到需要的维生素和足量的微量元素造成的：在熟食中这些物质微乎其微。机体因为渴望补足缺少的所需物质，会一次又一次地要求进食。

野蛮违背饮食原则的例子还可以继续举下去。在这种时候通常会听到带有挑衅口气的惊呼："如果什么都有害，那该吃什么呀？"摆锤就是这样说话的。是的，摆锤潜入到了人类生活的所有领域。摆锤创造了不正确饮食的模式，它们会竭尽全力维护这些模式。

不健康饮食的摆锤就是相对不久以前在各民族的厨房中形成的原则和模式。摆锤没有把污染人机体当成自己的目标，因为还存在健康饮食的摆锤。任何摆锤的目标都是生存下去、聚拢更多追随者。为此必须展现自己最好的一面并痛斥其他摆锤。因此爱吃肉的人会像素食者一样举出对自己有利的、同样有分量的证据。我向您列举的是健康饮食摆锤的证据，而您要做的事就是选择。

多数人处于官方医学摆锤和业已形成的食品制作菜谱摆锤的蜘蛛网中。这些摆锤甚至相互合作，因为业已形成的菜谱和饮食观念引发各种已知疾病，由此可以扩大医学机构的客户人数。这两个摆锤在很大程度上是破坏性的。它的表现是：任何违背其教规的行为都会遭到千方百计的怀疑和迫害。可以举出的例子有很多，触目可及。

比如，肾脏、胆囊、肝脏结石是由于饮食不正确形成的。官方医学的建议是什么呢？手术或药物，这些药物会更严重地污染机体。病情严重、已经无路可走的时候，医学可能会禁止患者食用某些食品，但对于改变整个饮食系统这样的话题通常只字不提。就这样，药理摆锤得到支持，对不健康饮食摆锤只是稍加呵斥，其结果，就是人们走到外科医生的解剖刀下，完全依赖医学摆锤的掌控。

要知道，许多手术和荒唐透顶的死亡本可以避免。借助以寻常野菜、蔬菜和水果为基础的非传统医学方法，那些结石，不管它们有多大，是可以轻松、无痛地被破碎并排出机体的。可这些清理机体的方法却被宣布为反科学的，得不到广泛的普及，因为与官方医学相比，非传统医学的摆锤力量很弱。

请您看一看，不健康饮食的摆锤开展了怎样轰轰烈烈的活动啊。像比萨饼、汉堡包、热狗、薯片这样恶心的饲料出现的时间一点都不长，但却席卷了整个世界。随时随地占据统治地位的都是由不相容食品构成的精致菜谱，吞食这些食品的顺序如此不健康，简直令人恐怖。从诱人馋涎欲滴的广告到大饭店的排场，美味但不健康的盛宴的全部属性被展现得无比华丽。把不健康但美味的菜肴变成一种偶像崇拜。而那些遵守健康饮食原则的人被宣布为怪人，这是最好的说法，而最坏的说法是危险的蠢货。实际上，健康饮食绝非不美味的饮食。

摆锤擅长诱人入网。这种蛊惑非常黏人，只有为数不多的人才能甩脱并看清他们之前处身其中的状态是多么恐怖。您知道蜘蛛是如何用自己的毒液麻痹牺牲品的：牺牲品还活着，但却无法抵抗。摆锤的作用方式也大致如此，只不过它们像吸血鬼一样还额外加入了麻醉剂，因此牺牲品觉得自己获得的是快感，这根本就是他们自己在独立地进行自由选择和自由行动。

被遗忘的治疗师

当代医学和饮食的摆锤在数十年的时间里掀起了轰轰烈烈的活动，把自然最初呈现的一切有价值的东西都挤到一边。摆锤的手段您清楚：医学权威追随者的论据、广告、诱导性的促销、时尚、漂亮的包装，等等。许多人造保健品的效果可疑，但为此却要花大价钱。如果脱离摆锤控制，转向自然，以低价收获的成果却会多得多。自然是完善的，因此它提供一切必需的东西，剩下的唯有选择。摆锤通过模仿自然制造出众多保健品。但所有这一切不仅昂贵，而且远离完善。

在药店里得到的维生素会发挥该发挥的作用，但发挥作用的时间只有几个钟头。人造维生素与天然维生素不同，是死的化学物质，因此机体要努力摆脱它们。这种化学品的某个部分会被排出去，但一部分必定会以沉积的形式留在血管壁上和机体组织内。以新鲜蔬菜、水果的形式进入机体内的天然活维生素会完成其应有的功能，而且会作为储备积累下来。

总的来说，人服用的来自药店的任何化学品都会在机体内留下矿物盐，一生累积下来的沉积盐规模宏大。注射液在这方面产生的效果尤其显著，增加疗效的同时它们直接在血管壁上创造出一层积垢。

不争的模式是摆锤创造出来的：与天然疗法和天然药品相比，当代医学大步向前，走得很远。天然康复药品对于治病来说太简单了。所有有疗效的药物要么难以企及，要么在药店销售，而且价格非常昂贵。年轻的摆锤在夺取追随者的战斗中无所不用其极，千方百计地排挤自己上了岁数并且不那么积极的竞争对手。被创造出来的模式就这样牢固地在人们的意识中扎下根来。

幸运的是，天然康复品的摆锤尚未完全偃旗息鼓。如果愿意，可以找到无数配方，其疗效远远超过正统的官方医学的药物。我们不去触及草药，因为应该清楚如何使用它们，可这样的专家现在太少。再说思移力的目的压根儿就不是疗法选择，而是健康选择。为了健康，只要不违背自然的饮食原则已经足矣。因此，我们将要考察的仅仅是就其效果而言超过人造化学药品的几种天然产品而已。更别说它们绝对无害了。

我们将从机体每天必须获得一定量的维生素和微量元素说起。如果您没有可能或是不想在食谱中纳入数量占主导的生蔬菜和水果，那就意味着您的身体不会充分得到正常发挥功能所需的东西。海洋水生植物，如墨角藻和海带，有助于补足这个亏空。它们含有几乎全部种类的维生素和微量元素，浓度极高，尤其是墨角藻。如果没有可能得到新鲜的，可以到商店、自由市场的朝鲜商贩那里、药店或网上购买干的。

水生植物的价值还在于：就其化学成分来说它们几乎与机体的鲜活血浆等同。生命起源于海洋，所以它们是大自然用了上亿年的时间“研制”出来的，拥有上帝颁发的质量证书。再者，水生植物含有像碘这样如此有价值、同时又如此稀有的微量元素。众所周知，缺碘会导致成年人患甲状腺癌，导致儿童智力发育偏离正常标准。水生植物中还含有一些陆地植物中没有的有益成分。如果得到这一切，您的机体本身会照顾自己的健康。

问题仅仅在于水生植物的味道十分特别，因此，如果制作方法不正确，您恐怕难以下咽。可是要知道，食用熟的、尤其是罐装的水生植物没有任何意义，因为所有有价值的东西都被消灭掉了。我将提供的是一个制作干墨角藻的简便菜谱。

把100克切碎的干海藻放入0.7升的玻璃罐中（预先把海藻用筛子筛一下，去除沙子），加入一茶匙制作“高丽胡萝卜”凉拌菜所用的调味料，搅拌均匀。把一小头蒜和一小颗洋葱切成碎末。加入两汤匙苹果醋、两汤匙酱油，倒入水，水量到瓶子的四分之三处，搅拌，放半小时。如果水全被吸收了，那就再稍微加一点，但要做到没有多余的水分。一个小时内海藻会把能吸收的水全部吸收掉。之后倒入两三汤匙没有精炼的葵花籽油（最好是亚麻籽油），搅拌。每天两汤匙这种了不起的食物就能保证机体获得全部必需的维生素和微量元素。

还有一种被遗忘的治疗师——植物种子发的芽。我们食谱中相当大的部分是由种子组成的：谷物、豆类等。种子由半成品（暂时停工的建筑材料）组成。这些材料主要是淀粉、蛋白质和脂肪。当种子开始发芽时，这些物质会发生剧烈变化：淀粉变成麦芽糖，蛋白质变成氨基酸，脂肪变成脂肪酸。食物在机体内消化时发生的是同样的事。也就是说，大部分工作在发芽种子中已经完成了。此外，还会合成维生素和其他有益成分，积累能量，动员全部力量把所有的这些能量都用于植物生长。种子暂时停工的、沉睡的力量会激活并解放总潜能，使新生命得以诞生。

药理摆锤清楚地知道存在这种潜能。这一点不可能被忽视。因此发芽玉米、小麦等被用来制作药物。这些药物的价格足够昂贵。鉴于此，为什么不可以把发芽种子用作食物以取代普通种子呢？当然可以了，发芽种子的味道甚至更好！可主流饮食的摆锤完全不关心自己追随者的健康。

种子芽具有很高的治疗和生物刺激性能。我难以一一列出所有的性能，可以说无所不包。首先就是维生素和微量元素、改善物质交换、净化机体、巩固免疫力、提高工作能力、治疗多种疾病，等等。大自然为了让新生命成长并在恶劣的环境中生存下去处心积虑，它所预设的一切，种子芽都拥有。这种高度平衡化、轻易就可以吸收的食物同时也是疗效显著的药。谷物芽、豆芽不仅是活的食物，而且是孕育中的生命的能量。在此什么都无需再添加。

在所有种子中麦芽的治疗性能最为显著。这是一种万能食物和最为有效的药物。麦芽含有全部种类的维生素和微量元素。麦芽的治疗性能不会立刻显现出来，系统地、长期地食用才有效果。食用麦芽可以治愈许多疾病，净化机体中其他食物和药物抵达不了的荒芜角落。食用麦芽两周之后，有时时间会更短，人的自我感觉就会有明显改善，这证明机体的能量水平提高了。根本性变化要更长时间以后、有时是半年和一年之后才能出现。

每年有成千上万的人死于饥饿。数百万生命在战争和自然灾害时期忍饥挨饿。人们不是死于饥饿，而是死于无知。更准确地说，杀死人的不是食物不足，而是机体生存所需的物质不足，即维生素和微量元素不足。您能想象一麻袋小麦能挽救多少条生命吗？如果把小麦磨成精粉、做成面包，只够寥寥数人活很短时间。白面包所含的生存必需物质的量微乎其微。可现在您拿 100 克麦芽试试：足够维持一天多的时间，不仅维持生存，而且保持生命力饱满。一麻袋小麦可以让 50 个人生命力饱满地活上整整一个月，当然，如果你们吃的是麦芽而非烤面包的话。

对于基本健康的人来说麦芽的主要优点是清理机体垃圾。只有系统地、长期地这样做才会使机体垃圾得到清理。机体被污染也用了数十年吧？在相对短的时间内产生的效果包括头发外观的明显改善，这种变化是使用任何香波都达不到的。效果还有：有效预防癌症和龋齿，使物质交换标准化，总体提高机体的生命张力和抵抗力，加固神经系统，改善睡眠，净化肠道，等等。

特别需要指出的是麦芽对视力的良好作用。如果您戴眼镜，不过原则上不戴也能应付，那您就可以把眼镜扔到一边了，因为食用麦芽数月之后您就再也不需要眼镜了。（如果同时再配以贝茨护眼操，那效果就更加显著了。）如果您能受得了摘下眼镜后一时的不方便，受得了每天咀嚼麦芽、做护眼操，那么根据不同人当下的视力状况，需要 1～12 个月可以百分之百地恢复。数月之后或更早的某一天，您会惊奇地发现，视力等级大大提高了。随后您会发现，色彩变得更加润泽，更加鲜艳。最后，眼科医生告诉您视力完全正常的那一天来到了。

麦芽中可以加入任何佐料、坚果和辅食，甜的东西除外。任何形式的热加工都会使有益的品质趋于零。麦芽需要一直咀嚼，直到它们在口中变成糊状。这样做会达到最大效果。如果您无力咀嚼，可以用绞肉机把麦芽搅碎。极端情况下可以用这样的菜泥做成浓稠的糊糊喝下去。顺便说一句，这样的糊糊是可能想象出来的最好的保健药糊，尤其是对儿童，用它来代替煮沸的（亦即死的）奶再好不过。

请您自己为自己确定每天的定量。一小杯麦芽足可以代替午饭。说实话，咀嚼的时间却要用去 40 分钟。吃过麦芽之后的一个小时之内什么都不要吃也不要喝，让机体充分享受药糊的治疗性能吧。如果您病情严重，那就需要尽可能多地吃麦芽，同一餐中不要与其他食物混吃。

当然了，除了小麦，能发芽的还有玉米、蚕豆、芸豆、豌豆、绿豆、红豆、大豆、扁豆以及其他籽实。它们也都有治疗性能，可以净化机体。我再提供一种大颗籽实的发芽技术。用水把籽实冲洗干净，放入容器，往里面倒水，加水量没过籽实。豌豆的浸泡时间有 12 小时足矣，芸豆的浸泡时间更长一些，蚕豆不能少于一昼夜。然后倒入笊篱，用水冲洗，表面蒙上湿的纱布，把笊篱放到阴暗通风的地方。每隔八小时用水冲洗一次。蚕豆的芽长应该是 1～1.5 厘米，芸豆和豌豆的芽长稍短。可以加到生菜沙拉中生吃。也可以煮几分钟。通常干蚕豆需要煮几个小时才烂，而发芽的、去除豆皮的蚕豆 3 分钟就煮好了。您看到差别了吧？

意图发生器

还在第一本书的思移力导论部分我就承诺过，任何操练都不会有。的确，就算在您为自我完善不付出任何努力的情况下，思移力技术都依然会发挥作用，不过，在您除了身体健康还拥有三种额外资源时，效果会大增。第一种：充沛的能量，即高水平的生命张力和积极影响现实的能力。第二种：智力，即善于轻松解决复杂问题的能力。第三种：个人魅力，即吸引人并使人们对自己产生好感的天赋。工作和个人生活中的春风得意直接取决于这三种资源。如果您拥有的资源令您不尽满意，我可以推荐使其得到提高的具体方法。

应该说，身体健康是高水平能量必不可少、但却并不充分的条件。有可能在保持强健体魄的同时拥有松弛的生命张力，其原因是能量渠道堵塞。集约化的体育运动和沉重的负荷与其说在培育机体，不如说在损耗它。张弛有度的身体锻炼配以在能量气流上凝聚注意力是点燃并维持生命之火的最佳选择。对于自己的肌肉，人还不同程度地有支配的能力，因为他每天都得动，以这样或那样的方式。而至于说能量，通常没人去留意它，因此它不仅没有受到支配，而且只有在短时间的热情迸发时才会感觉得到，这种迸发很快就被持续时间更长的力量低落所取代。

为了恢复萎缩的支配自身能量的能力，必须像关注肌肉一样关注能量气流。没有这样的关注，任何体操都会丧失一半的功力，甚至会变成瞎耽误工夫，瞎耽误力气。实际上，任何体育锻炼都可以转变成为能量锻炼。以西藏古代健身术“藏密回春瑜伽”为例，我们会看到转变是如何发生的。

我不会重复对这套六节操各个动作的描述，每节操的动作是什么，您可以从第一手材料中获得。我只描述实际上从未有人谈到的感觉。如果您恰巧做过这套操，那就请回忆一下，您感受到什么了？恐怕什么都没有感受到。之后您很有可能就放弃了这套操，因为它什么明显的改善都没带来。这都是因为皮特·凯尔德的书中只谈到该如何做动作、如何呼吸，而对注意力却只字未提。注意力应该指向哪里？这套操的目的是什么？脑子里必须想什么？想今天会有的各种问题吗？

某些学派领袖的典型做派总是会引我发笑。他们趾高气扬地在书中阐释自己的学说，但与此同时却强调说，存在某些微妙之处，这些微妙之处只能由师父直接传给徒弟。怎么传？贴着耳朵秘传不成？我认为，不存在这样深奥的、不可能用寻常语言（包括变成文字）解释清楚的知识。否则需要坦诚以待，要么承认自己没有弄懂这种知识的本质，要么承认是有意隐瞒某些内容。这是顺便一说。

我不知道出于什么原因《藏密回春瑜伽》一书中漏掉了最本质的内

容。我们就从那里的每节动作不是以“操”、而是以“仪式”命名这一点谈起。为什么要这样命名呢？的确，动作本身似乎没有包含任何特别的、能够大大提高能量水平、甚至能够让人变得年轻的东西。重要的是另外的一点：在完成这六种仪式的过程中注意力集中在哪里。我要告诉您的就是应该怎样做这套操。

仪式一①。有针对性地把旋转分为三段，每段为 12 圈、15 圈和 18 圈。这些数字不是固定不变的，它们没有任何意义，您可以根据自己的情况增加或减少，重要的是听从本能和身体的声音。分成三段的针对性在于：能够促使能量旋流的速度加快的正是旋转后的猛然停顿。旋转应该是自如的，放松的，注意离心力如何把两臂甩开。停顿时闭上眼睛，感觉旋流如何惯性地继续旋转。感受一下自己的能量。把自己的意图以这样的思想形式表现出来：“我有强劲的能量。能量疏通所有渠道、所有血管、整个机体。在洁净的机体内能量自由流动。我的能量在提高。”重复这个只有肯定句式的思想形式，直至眩晕消失。大多数人的旋流旋转方向是顺时针的。但个别人可能正相反。因此，如果旋转时您感到不舒服和明显的抵触，那就变换方向旋转，即逆时针旋转。

仪式二②。要尽量高质量、不急不忙地完成，双腿伸直，拉抻脚跟。如果重复做 21 次有困难，那就少做一点，重要的是保证质量。每次放下双腿时都要放松、呼气，用几秒钟的时间体会一下感觉。感受能量如何涌动、充满整个身体。放松时留意这种感觉很重要。必须做的不是绷紧肌肉做动作，而恰恰是为自己充斥能量。如果身体条件和物质条件允许，这个仪式可以吊在单杠上（或横梁上）完成。开始抬腿时深吸一口气以后，屏住这口气，把双腿抬到最高为止。放下双腿时呼气、放松。您一定会感受到能量充斥的典型感觉。重要的是：集中注意力。如果注意力不集中，这

---

① 根据皮特·凯尔德的书以及相关文献的叙述，译者简要总结、描述这套操的六节动作，方便有兴趣的读者参照。仪式一：站姿。直立站好，两臂向两边平伸，高度与肩膀平齐。以自己为轴心往一个方向旋转，旋转三次，中间略作停顿，每次旋转到产生轻微眩晕感为止。建议初学者每次旋转三圈，逐渐加大旋转圈数。——译者注

② 仪式二：仰卧姿势。在厚地毯或其他软垫上仰卧，伸直的两臂紧贴身体，五指并拢，手掌向下紧贴地面。抬头，下巴紧贴身体。同时抬起并拢的双腿，与地面成垂直状态，如果可能，尽量让双腿向上身靠拢，但膝盖不能弯曲，臀部不能离开地面。然后缓缓放下头和双腿，回到开始时的仰卧姿势。重复上述过程 21 次。在这个过程中注意动作与呼吸的节奏协调：开始时深深呼出一口气，抬头和抬腿时缓缓地、深深地吸入一口气，头和腿放下时深深呼出一口气。呼气和吸气时尽量缓慢、充分。——译者注

样做就不会是仪式，只不过是徒劳无益的动作而已。这个行为完成之后，站起时深吸一口气，双臂上举。感觉一下能量的运动。之后不停顿地缓缓呼气，同时双臂向两侧平移、放下。（注意：起身时也可以呼气，放下双臂时也可以吸气。两种情形您都尝试一下，看看哪种更适合您。）完成这个行为的过程中重复思想形式："我有强劲的能量……"感受能量的涌动。接下来的三个仪式都以这样的方式结束。

仪式三①。这个仪式可能看起来根本没有意义。的确，如果只是把它当作一套动作来完成，注意力没有集中，它就是会没有意义。头向后弯和向前倾的时候都应该把注意力集中到主要的能量流上。气流穿过身体的中轴。上升气流稍稍靠前，下降气流稍稍靠后。如果在第一个仪式中您确定是逆时针旋转，则气流的流动方向可能也是反的。听从自己身体的声音，它会告诉您的。请您想象，从您身体最中心的地方延伸出两个平行、反方向的箭头：一个向前，另一个向后。箭头源自身体，延伸长度为 20 ~ 30 厘米或更长。现在在脑海中同时拨动箭头：让向前的箭头方向朝上，向后的箭头方向朝下，以此使它们顺着脊椎成垂直状态。您立刻就会感受到能量气流明显活跃起来了。您拨转的仿佛是中央气流的泉眼。因此，在完成第三个行为时要驱动这些气流，想象（已经无需"泉眼"）某种属性在两个方向上同时顺着您身体的中轴摆动。

仪式四②。如果遵照规定准确完成这个行为的话，可能会产生不舒服的感觉。应该说的是：不管一种身体修习多么有益处，但如果这样做的时候身体感觉不适，则别想它会提升能量。相反，不舒服的动作可能堵塞渠道。因此，如果您感觉不舒服，那就把这个行为改造一下，让您完成起来感觉舒服。比如，可以改变双手的姿势，您想怎么放就怎么放。如果您也不想落到地上，那就不要把腿伸得那么直，躯干不要碰到地面。做动作时重要的是：当弯起背部的时候留意中央气流。比如，弯起与地面平行时，发动气流，随后躯干重新返回"倾斜状态"，如同荡秋千一样。

---

① 仪式三：跪姿，两膝分开与髋部同宽。五指并拢，手掌紧贴髋部两侧，撑住髋部后侧肌肉。低头，下巴紧贴身体。然后头向后仰，胸膛向前挺，脊椎向后弯。头再次向前倾，下巴紧贴身体。如此反复重复这套动作。——译者注

② 仪式四：坐姿。两腿伸直，双脚分开与肩膀同宽。脊椎挺直，五指并拢，手掌向下，指尖向前，紧贴身体撑在臀部两侧的地面上。低头，下巴紧贴身体。然后头部尽可能后仰，用双掌和双脚撑着抬起躯干。最后形成的姿态是：肩膀到膝盖呈水平状态，而双臂和两条小腿与地面垂直，如同四条桌腿。最后放松，缓缓放下躯干，恢复坐姿，头部前倾，下巴紧贴身体。依次重复这套动作。——译者注

仪式五[①]。当身体向前挺起时，把意图指向加快中央气流的流动速度。在挺身的同时“抛出”能量流，迫使它们向四处发散，想象强大的力量如何渗透您的全身。

实际上，意图（意志）正是靠这种力量——自由能量滋养的。能量水平低是委靡不振、情绪低落、长期疲倦、抑郁、患病的主要原因。能量弱的原因在于机体被垃圾污染、能量渠道堵塞和衰竭，有时与脊椎的隐形问题有关。人本身不会生成能量，他是尽其所能从宇宙中获取能量的。人的各种体（身体、灵体等）是接收器，同时也是改造器，即能量中继器。仪式的目的是清洁能量渠道，让这些渠道保持活力和年轻。意图针对的恰恰应该是这个目的。这样，自由能量（意图的源泉）就会滋养和发展自身。自由能量的水平越高，您的生命张力和支配现实的能力就会越高。

仪式六[②]。这个仪式的目的不是为了压抑性能量。再说恐怕也做不到。天命难违。那么它值得做吗？有一种观点：禁欲似乎能延长寿命。不过还没有人证明的确如此。总的来说，围绕性有数不胜数、矛盾而又可疑的阐释，从宗教到医学。从各个方面说，这都是个太敏感、太招人的话题。由此才会有许多各种各样的胡思乱想。依我看，在这个问题上不该相信任何人，只有自己的观念、直觉才可靠。您本人就此是怎么想的，对于您来说就会怎么样。顺便说一句，任何其他方面的问题也都是如此。要知道，世界是一面镜子。

那么，第六个仪式的目的究竟是什么呢？那就是把部分能量从底部的轮转移到顶部的轮。人底部的各种轮更为发达，它们主要负责活下去，在文明社会中这一点已经不完全具有现实意义了。而顶部的轮——爱、创

---

① 仪式五：俯卧姿。五指并拢，指尖向前，手掌紧贴地面，两掌间的距离略比肩宽。手臂与地面垂直撑起上半身。膝盖不接触地面，分开略比肩宽的两只脚尖撑地，头部和背部尽量后仰，胸部尽量向前挺直，整个身体形成只有手掌和脚尖着地、向后弯折的弧形。然后抬起臀部，手掌、脚掌撑地，双腿伸直；低头，下巴紧贴身体，手臂与躯干处于同一条线，由此形成一个锐角三角形，锐角的顶点是臀部，双腿为一条线，手臂和躯干构成另一条线。连贯重复两组动作。——译者注

② 仪式六：直立站好，两手叉腰，深吸一口气，收缩肛门和膀胱的括约肌，绷紧骨盆底部和小腹的肌肉，然后迅速前倾身体（双腿一直保持笔直），两手撑住膝盖部位，呼气，同时口中发出长长的“哈——”，尽力把肺中的全部空气排出去。然后尽力提肛、收缩肚子，站直身体，双手叉腰，下巴紧贴身体。屏住这口气，肚子收缩的时间越长越好。最后放松全身肌肉，抬头，尽量平静地深吸一口气。注：这个仪式不是必须要完成的，它的主要目的不是修身，而是养性，根据凯尔德的阐释，它“仅针对那些决定踏上精神完善之路的人”。——译者注

造、自觉意识、最高的自我——发展弱。强化它们不会妨碍任何人。

完成这个仪式时最好闭着眼睛。吸气时想象某种属性的云正在顺着身体的中轴自下而上地升起。长长地吸气之后停顿几秒钟，让这种感觉更明显地凝聚起来。同时重复思想形式：“能量转移，向顶轮运行。”身体前倾，呼气，继续把注意力聚焦于能量的运行。挺直身体，再次重复思想形式，您可以根据自己的认识补充它，比如：“我的意识变得澄澈，我清楚地理解一切，清楚地阐释一切”；“我的最高的自我正在苏醒”；“我的创造能力正在展现”；“我充满爱的能量”，等等，您想拥有什么成果，就把它用思想形式表现出来。您应当向上推动能量云，或能量流，或能量团，等等，每个人的感觉都不一样。然后，吸气之后瞪大眼睛呼气，瞪眼的同时想象眼睛里涌出能量流，这样做的目的是把头部过剩的能量释放出去。

嗯，如果您很担心自己的性力量降低，这个仪式您可以少做，每周不超过一两次。

完成动作之间的间歇做两次能量吸气会非常有好处。我建议您以下面的方式来完成吸气：挺胸，两手叉腰（大拇指向前）。缓缓地、几乎感觉不到地用鼻子吸气。您应当吸入的与其说是空气，不如说是能量。这就意味着感受不到鼻孔中空气的运动，感觉到的是能量、力量、温热、某种属性（或您能想象出的什么）在充斥身体。充斥要么自下向上进行，要么全身同时进行，看您的方便。一次吸气的持续时间为40～50秒。吸气的同时重复这样的思想形式：“我全身充满能量，能量满溢。我的能量容器在扩大。我有强大的能量，而且能量逐日变得更加强大。爱和魅力的能量让我光彩夺目。我是干净的能量源泉。人们感受到我的能量，人们对我抱有好感。”

说到最后一个意图（人们的好感），它一定会成为现实，您会亲自确认这一点的。等您看到人们真的对您抱有好感时，别忘了暗自强调这种技术确实在起作用。这样的强调是理性需要的，因为理性永远都在怀疑：“难道我有能力做到这样的事吗？”

可以根据自己的认识补充思想形式，随您所愿把它分布到两次吸气时表达出来。只是不要机械地重复这些话（脑子里暗暗地想或念出声来没有区别），您要感受到、想象到您希望得到的结果。要坚定果断地宣称自己的意图，但不要有压力。意图的力量不在于压力，而在于集中注意力。吸气完成后把两手放下，自如地、快速地把气呼出去。感觉一下，这样做的时候能量波如何扩散，感受能量波如何充满您身处的整个场所，或是感觉围绕您形成一个直径5～7米的能量场。确定思想形式：“我有强大的能量场。”

现在您明白六个藏传动作为什么名为仪式了吧？与其说这是在锻炼身体，不如说是在完成某种独特的、“串连”着意图的仪典。如果注意力不集中，如果没有宣示意图，这场仪典就会丧失效果，丧失意义。

藏传健身术不止六个动作。亚·普里瓦洛夫和亚·西杰尔斯基的《当代藏密回春瑜伽》一书有本质性的补充：晨昏环[①]。这又是两套仪式动作，在清晨和黄昏完成。该书中已经提出建议了，建议完成动作时应把注意力投向哪里。两套环形仪式承载着无比丰富的感觉（尤其是晨环），您本人会感受到，会明白的。重要的是“看着体（身体、灵气体、心理体等）”，捕捉感觉，实际上就是捕捉“麻醉”，而非简单地做动作。

总的来说，如果把注意力集中于感觉和中央气流，则任何身体锻炼都会变成能量训练。比如，有一种非常有效的锻炼，军中称之为“士兵簧”。具体做法是：站直身体。数“一”时深吸气，同时高举两只手臂，后弯身体。数“二”时屏住气，前倾身体（两腿依然站直），指尖或整个手掌尽量触地。数“三”时坐下，两只手臂向前平伸，同时呼气。数“四”时起身，双手下垂，贴在身体两侧，发散中央气流，停顿几秒。您会感受到能量喷泉从您身体的上面和下面涌出来。作为藏传健身术的热身运动完成这套动作非常好。

这套动作本身有益还因为它们收缩、扩张、按摩内部器官，这些器官因此得到净化和再生。不仅肌肉必须进行热身，内部器官也同样如此。保持少动生活方式的人，其身体就如同是一洼死水。

至于说彼得·凯德书中吓人的警告，即必须每天进行修炼，长时间的停歇会孕育各种不良后果，就此我想说说自己的看法。做了足够长时间的体操（什么体操不重要），您会让自己的身体和能量水平达到高值。这种提升的特点在于：如果停止做操，您会从达到的高点大大下滑，滑落的程度比做操之前的程度更低。如果过一段时间您决定重新达到之前的高点，那就会困难得多。因此，如果已经开始了，那就最好不要停，停歇的时间不要超过一两天。这样做不是一时的健身，而是一种生活方式。

---

① 晨昏环乃《当代藏密回春瑜伽》描述的两套仪式动作。晨环是早晨做的一套动作，共45个动作，它们组成一个循环，即第1和第45个动作、第2和第44个动作（以此类推）相同，只是前半段的动作从右腿开始，后半段的动作从左腿开始，换句话说，全套动作如同镜子反射，镜外和镜内人的动作构成一个环。昏环是黄昏时做的一套动作，由30个动作组成，与晨环一样，前后动作对应。两套动作的主要目的是调整呼吸，修炼“心理体”或曰“心性”。——译者注

最后，我们重复一下最后一个行为，即“意图发生器”，在发展能量和智力水平的语境中再重复一下。这是最古老的能量修炼方法之一，是从远古开始由大洋洲的法师代代遗传给我们的。胳膊肘弯曲，如同抱着一个球。加大两掌之间的力度，目的是能够感觉到紧密的能量团。移动两手，仿佛您在触摸、挤压一只气球。感觉到掌中发热、两掌之间有紧密的一团气以后，像拉手风琴一样开始运动两只手。注意脑子里的感觉：两手向两边拉开时，脑子里有某种东西在收缩；当两手相对靠拢时，脑子里有某种东西在膨胀。感受大脑如何配合着动作的节拍作出反应。

继续运动双手，同时确定这个思想形式：“我的大脑中植入了自我发展的程序。大脑自己发展，自己完善。两个半脑之间在形成新的联系。两个半脑各司其职，相互协调，同步发挥作用。我有天才的大脑。我的脑子里产生天才的想法。我的思维方式标新立异。大脑的储备资源投入工作。大脑百分之百被激活。我有强大的潜力，而且潜力逐日增强。任何问题我都能轻易解决。我的意识变得澄澈。对我来说一切都是透明的，简单的。我清晰地理解一切，清晰地阐释一切。”您可以使用这个思想形式或是根据自己的理解改造它。

试着反转感觉：现在让大脑自己运动双手。当脑子里有某种东西膨胀时，双手自动靠拢；当脑子里有某种东西收缩时，双手自动向两边分开。这是脑操，大脑非常喜欢这种操。然后从双手的水平运动转向圆周运动，仿佛您在拍松一团棉絮。把注意力转向自己的能量气囊。感觉两掌间的能量团与整个气囊融为一体。换句话说，想象您仿佛在搅拌器中上下左右“拍松”自己的能量。能量团似乎是您意图的凝聚，您在用这个意图为自己的能量气囊充气。其结果是您的能量体变得井然有序，变成一种把预设的思想形式向方案空间发射的结构。这就是意图发生器的工作原理。

在继续做动作的同时确定自己个人的思想形式。根据您的愿望来构成这个思想形式，您想在生活中达成什么目标，就把这个目标以某种思想形式体现出来。比如：“我把自己的规划顺利地向前推动……”把与此有关的一切都说出来。不止说出这些话，而且尽力形象地想象，想象您如何在升迁的台阶上向上攀登，想象工资在长，等等。思想形式应该言简意赅，包含您在生活中主要想得到的一切。什么对您来说最重要，那就在思想形式中确定它。这样就会形成您的程序。

最后，停止双手的动作，试着再次感觉两掌间的能量团。您会发现它更浓密了。抓住这个能量球，一下子把它“搓入”面部或身体。好了，您充满了能量气囊，一整天都会把自己的意图向空间发射。

不该一味用力，让自己和世人感到压抑。宣示意图时要果断、平静、坚持不懈。请您想一想，海浪是如何冷静、不可阻挡地扑向海岸的。您的意图就是这样，必定会付诸现实。

修正和保护灵气（元气）

敌视的心理作用可能损伤人的生物能量气囊（灵气或元气）。灵气中会嵌入负面程序或形成漏洞，自由能量透过这些漏洞流失，其结果是人感觉消沉、乏力，或是“厄运”如影随形。

除此之外，我们知道，人的灵气像一件旧衬衫一样在一生中受到“磨损”，这自然会影响能量水平和总的自我感觉。新生儿创伤、各种神经损伤和刺激等不会平白无故地过去，它们会在灵气中留下不良痕迹。

恢复健康的能量气囊可以独立完成，不借助专业人士的服务。最有效的方法之一是呼吸操。比如，根纳吉·马拉霍夫建议使用连贯呼吸法①，莱奥纳德·奥尔建议使用回春呼吸法②，（二者就其本质而言是同一种呼吸法）。如果您有足够的耐心认识这些方法，通过这种或那种呼吸法的一个疗程（一点都不复杂），那么，您不仅能摆脱外在的能量损失，而且会治愈从前的各种创伤。

当然了，能量操还是对外来攻击的良好预防。健康、强壮的能量气囊不害怕任何“毒眼”和邪症侵害。另一种方法又简单又让人愉快，那就是芳香疗法，即用气味治疗。这种天然医学疗法的源头可以追溯到古时候的

---

① 连贯呼吸法必须符合三个标准：1. 吸气和呼气之间没有停顿；2. 呼气时放松，不加任何控制；3. 如果吸气通过鼻腔，则呼气也通过鼻腔；如果吸气通过口腔，则呼气也通过口腔。——译者注

② 20世纪70年代初美国医生莱奥纳德·奥尔创立的呼吸心理疗法。其基本原理是：每个人都承受着新生儿创伤的后果，人虽然压制保留在记忆中的负面信息，但却会长期记住这种创伤，这在人的一生中都会有不良影响。通过调整呼吸、形成正确的呼吸法能摆脱被压制住的负面感受，并进而产生正面的心理感应。具体而言，该呼吸法包括五个要素：1. 连贯呼吸法；2. 肌肉和心理彻底放松；3. 身心协调，留意此时此刻由身体传来的感觉；4. 在快乐中保持一体化，一体化是从负面语境向正面语境、从对现状的负面感知与评价向正面认识推进；5. 完全相信再生呼吸法的作用，即形成良好的心理暗示。再生呼吸法全套过程中使用4种呼吸类型：1. 深的、慢的吸气与呼气，吸气与呼气尽量深和慢；2. 深的、快的吸气与呼气，呼吸的深度和速度比平常呼吸时增加一倍；3. 飞快的、浅表的呼吸，即如同狗的呼吸一样短促；4. 浅表的、慢的呼吸，这是完成再生呼吸整个过程时的呼吸方法，就像完成一套体操时的整理运动一样，算是整理呼吸。——译者注

埃及、罗马、希腊和中国。远古时期的人在把不同植物放入火中时就已经发现了各种芳香的作用。

植物是落户我们星球的最古老、最让人惊叹的物质。它们拥有强大的、能治病又能抵御外来影响的正能量。说实话，作为地球最早、同时又最无助的居民，植物所做的只有一件事，那就是在险象环生的环境中活下去。您可以把变老的（或是让您厌烦了的）花扔进垃圾道，而它纵使身处垃圾堆、被垃圾掩埋，却依然会活着（当然，也会痛苦）。地球上没有任何一种生灵的生命力像植物这样强大。植物精油是芳香疗法的主要作用成分。这是植物的精华，这种精华拥有四种基本自然元素的能量，即土、水、火和气。

可能有人觉得，气味不可能像我们全都习以为常的药剂和针剂那么有效。实际上，植物芳香的作用足够明显，您不妨亲身体验并确认这一点。天然药物被化学制剂排挤出局只用了数十年的时间。不过这只证明药理学摆锤的力量，而非证明化学药物的疗效。

我们知道，威力最大的抗生素不是合成抗生素，而是植物抗生素。植物不会得人和动物得的那些病，您从未想过其中的原因吗？原来，在上亿年的时间里植物培养出了合成抗生素的特别能力，它们合成的某些抗生素就连变异的细菌和病毒（抗生素药剂对于这些细菌和病毒来说不是什么攻克不了的障碍）也无法适应。

除此之外，植物精油的分子能把化学制剂的效力提高 4 ~ 10 倍。这些分子最大的优点之一是在机体内停留的时间不长（大约 20 分钟），完成自己的工作后它们会离开，不会产生有害的副作用。

芳香疗法的原则既简单又不可理喻。感觉细胞、鼻黏膜感受器感知气味并瞬间把信息传递给神经系统。接下来发生的是什么事、怎么发生的，这并不重要。重要的是这种做法有效果。这样做可以治愈无数疾病。不过，我们感兴趣的首先是植物精油对能量气囊产生的作用。下面是根据植物的性能对其所作的基本分类。

大病过后激活灵气（元气）：橙，老鹳草，康乃馨，姜，雪松，熏衣草，漏芦（狼头花），橘，桉。

让灵气（元气）发光，增强灵气的亮度：佛手柑，漏芦，乳香，没药，麝香草。

中和攻击性能量及其“吸血性”：佛手柑，康乃馨，姜，白千层，侧柏，熏衣草，乳香，漏芦，香蜂草，杜松，薄荷，广藿香，千叶草，茴香，茶树，香茅，桉。

愈合灵气（元气）丧失后未及补足导致的创伤：桂叶，墨角兰，油松。

修补受损灵气（元气）：马鞭草，墨角兰，姜，熏衣草，乳香，漏芦，香蜂草，牛至，油松，茶树，丹参。

恢复、巩固灵气（元气），使其更密实：康乃馨，苦橙，雪松，肉桂，肉豆蔻，薄荷，檀香，崖柏。

使灵气（元气）平衡、和谐：老鹳草，依兰香，白千层，侧柏，乳香，漏芦，没药，玫瑰，茶树。

消除灵气（元气）的停滞过程：牛膝草，油松。

培育高级轮：依兰香，广藿香。

更新灵气（元气）：雪松，薄荷，迷迭香，油松。

培育心轮：迷迭香。

强化灵气（元气）的抵抗力：桂叶，白千层，迷迭香，麝香草。

由此可见，几乎所有植物都对能量有良好作用，而且保护能量免遭外来攻击的影响。比如，如果您带着孩子散步，往孩子的衣服上掸两滴侧柏油或桉油并非多此一举，这样做孩子就无需害怕任何“毒眼”和邪症的侵袭。（侧柏是守护神植物，它被认为是万能的保护者。）如果您担心“毒眼”，尤其是准备去那些造访者可能情绪不善的公共场所（医院、官僚机构等），往自己衣服上掸两滴并非多此一举。

除了对灵气有影响以外，植物精油还能让人的心理、情感状态变得和谐。您看看，在这方面植物都有哪些出色的性能。

让人乐观：橙，香蜂草，千叶草。

提升情绪：老鹳草，芫荽（香菜），山鸡椒（山苍子），柠檬草，橘，香蜂草，玫瑰木，香茅。

摆脱抑郁状态：罗勒，康乃馨，老鹳草，茉莉，牛膝草，柠檬马鞭草，橘，橙花，麝香草，香茅，丹参。

恢复对生活的兴趣：柠檬，墨角兰，迷迭香。

消除自卑心理：罗勒，老鹳草，没药，杜松，雏菊。

治疗自卑综合征：老鹳草，雏菊。

有助于克服胆怯：麝香草。

有助于在认知、创造方面取得成就：佛手柑，柠檬，檀香。

活跃家庭能量，使家人能量和谐：香草，乳香。

塑造成功个性：马鞭草，肉桂，墨角兰，香蜂草，崖柏，香茅。

增加个人魅力：苦橙，罗勒，橙花，玫瑰，香茅。

适应新环境：柠檬。

帮助克服困难：当归，墨角兰，杜松，白千层，黑胡椒，雏菊，崖柏，茴香。

培育秉性：姜，杜松，肉豆蔻。

摆脱负疚感：油松。

克服恐惧：不死草（卷柏），依兰香，墨角兰，没药，檀香，茴香，丹参。

消除慵懒、消沉：佛手柑，康乃馨，依兰香，姜，小茴香，芫荽，酸橙，杜松，肉豆蔻，橙花，油松，丹参，龙蒿。

消除脑力过劳：八角，阿米香，肉桂，杂熏衣草，酸橙，薄荷，香芹，花椒，麝香草，小茴香。

解除压力和神经紧张：万寿菊，安息香，佛手柑，香根草，当归，依兰香，雪松，香蜂草，胡萝卜，橙花，香芹，玫瑰。

提神：白桦，柚子，茉莉，姜，草豆蔻，酸橙，没药，澳洲茶油树，茶树。

自信：香根草，茉莉，玫瑰。

安抚、平衡神经系统：熏衣草，乳香，墨角兰，玫瑰木，芹菜，紫罗兰。

安眠、放松：月桂，椴树，雏菊，柑。

头脑清晰：万寿菊，牛膝草，白千层，柠檬，墨角兰，杜松，胡萝卜，澳洲茶油树，广藿香，香茅，桉树。

充实能量，振奋精神：茉莉，肉豆蔻。

刺激脑力活动：迷迭香。

解除恐惧、不安：雏菊，檀香。

解除疲劳：油松。

显然，植物有益性能的作用范围非常广泛。一些先进的公司就成功地利用了这一点。大型超市里有意识地制作出一些专门的气味包，用于唤起购买者的“胃口”，放在公司的办公室里是为了激发生意伙伴的合作意识，搁置于工作场所是为了提高工作能力。比如，在日本的一些企业会专门喷洒柠檬香味和花香。

顺便说一句，柠檬会把工作能力提高 10% ~20%，并且中和有害放射。所以，如果您使用电脑工作，那么柠檬香对您来说简直必不可少。而如果快要考试了或是要去看牙科医生，那么周围放上香根草、茉莉或玫瑰，则压力会得到减轻，香气会给您力量和信心。

许多的植物气味就其化学结构来说与机体为了开动不同的情感机制而生成的物质接近。这些机制的“遥控器”位于异组织边缘系统，从进化论角度说，该系统是最古老的脑结构之一，负责最深切的愿望和最强烈的情感。因此何不利用这一点呢？

比如，您清楚自己是出于什么目的使用香水或古龙水吗？如果是为了让您的气味怡人，那这个任务完成起来并不容易。第一，很难找到优雅并且价格也可以接受的香水。第二，人们的品位差别太大，因此不能保障您喜欢的别人也喜欢。第三，找到正确的用量、避免超越界限是件复杂的事，而如果超越界限（过多或过少），您的气味要么像化妆品商店的气味，要么什么味儿都没有。（有时与某人见面握过手或拿过电话听筒以后，您只好去洗手，洗手的目的就是不想一整天都闻着别人的味儿。）第四，香水味还不是全部，您自身的气味还会混合其中呢，因此最终的结果可能完全不是您所期待的。第五，别人对您的体味的感知与您本人的感知不一样。

您使用香水最大的可能性还是为了强调自己的吸引力，尤其是对于异性。如果是这样，我们这就言归正传岂不更好？

在所有吸引力的基础上首先蕴藏着性吸引力。而感知这一吸引力最原始的做法就是闻味儿。当然，我们不会像动物似的你闻我、我闻你，不过在潜意识深处，好感开关的开与合取决于气味：“喜欢或是不喜欢”。掌握香味奥秘的古代中国人和埃及人早就知道，如果添加几滴油（这种或那种），则自然体味会具有神奇的诱惑力。

有纯粹的男人香和纯粹的女人香，还有共用的、既适合男性也适合女性的香。这些香味甚至想出了一个专门的称呼——爱神香或阿弗洛狄忒香（取自希腊爱神的名字），因为它们的作用具有明确的指向：唤起对方的渴望，或是至少唤起好感。下面是其中的几种。

男人香：广藿香，肉桂，肉豆蔻，雪松，油松，檀香，麝香草，姜。

女人香：依兰香，玫瑰，酸橙（代代），佛手柑，茉莉，玫瑰草（印度天竺葵），迷迭香，扁桃（大杏仁），老鹳草，橙花。

男人女人通用的香：佛手柑，杜松，广藿香，迷迭香，熏衣草。

混合香的威力最大。

女人混合香：3 滴依兰香精油 +3 滴迷迭香精油 +2 滴老鹳草精油。

男人混合香：2 滴雪松精油 +4 滴广藿香精油 +3 滴佛手柑精油。

精油的价格比香水要贵。（真正 100% 纯度的精油不会低于每毫升 10 美元。）不过它值这个价钱。试一试，您肯定不会失望。天然香精与天然食物一样，其质量大大超过摆锤生产的代用品。尽管如此，最近数十年里还是制造出很多化妆品，它们的气味与其说吸引人，不如说拒人于千里之外。所有这些化学品别说没法跟法国经典比，就连被遗忘的爷爷辈的“柑苔西普”和奶奶辈的“五月兰铃”都比它们好得多。靠气味强调的不是自己的吸引力，而是别的品味，这样做有很大的风险。

一瓶精油直接散发的气味可能会让人觉得不大好闻，可如果使用的量得当，它所创造的正是期望香水会带来的效果，香味似有似无，充满魅惑。

现在我们来谈谈如何使用精油。工作一天之后第一件可以做的事就是沐浴。往浴缸里滴 5 ~6 滴精油，躺到里面，有意识地吸入香气，您立刻就会感到压力正在被解除，心里变得更轻松了。

在浴缸里沐浴过后或是淋浴过后，像琳达·阿姆斯特朗在《女性藏密回春瑜伽》一书中所建议的那样，可以把油涂抹到活跃点上，所谓活跃点即眉间、颈窝、耳后、肘窝、手腕、胸窝、肚脐周边、大腿和小腿内侧、脚心。只是在这种情况下必须使用混合油，而非纯精油。混合油的制作方法是：取 10 毫升基油（雪松子油、葡萄籽油等更合适，因为无味），往里面添加 6 ~7 滴精油。

还可以往梳子上滴几滴纯精油，然后梳头发。

如果往涮洗衣服的水里添几滴精油，则外衣、内衣、床上用品都会有怡人的香味。另一种方法是把 7 滴精油点到棉球上，把棉球放入扎了小孔的塑料袋里，搁进装内衣的箱子（或衣柜的内衣格）。或是往装水的小喷壶里加 5 滴精油，把水轻轻喷到内衣或外衣上。

可以借助空气芳香器让室内空气变得芬芳。这样做的意义是清除空气中的有害能量，用不同的气味激发不同的情绪。比如，如果使用阿弗洛狄忒香（爱神香），可以在卧室中创造爱欲气氛。冬天别把橙子和橘子皮丢掉，把它们放到暖气片上，让它们使空气充满节日的芳香。

您瞧见了，精油同时拥有多少好性能啊：恢复灵气（元气），保护灵气免遭负面能量的攻击，增强吸引力，解除压力，消除一系列心理问题。我还没说它们所具有的各种治疗性能呢。使用精油基本没有副作用。唯一的限制是希望孕妇不要使用。

根据个人喜好可以选择 7 种精油，1 周中每天使用 1 种。上述罗列的方法综合运用，尤其是结合能量操和呼吸操一起使用，会使您的神经系统达到最佳平衡状态，让灵气更壮大、吸能性更强。这就意味着在工作和个人生活中您可以达到从前达不到的目的。

最后，有必要再提一提芳香疗法的一种出色性能。如果全家人都去这样做，屋子里充满各种植物的香气，则用不了多久您就会惊奇地发现，家里的总体氛围明显变得温馨了，家人的关系变得更加和睦。您试试看！

附录 2

系统化菜谱

我收到很多信件，恳求我多提供一些天然饮食的菜谱，多讲讲应该如何饮食。在转向活的素食制的时候必须遵循三个原则。第一：转变应该循序渐进，不希望匆忙转变，需要逐步用活的食物把死的食物从自己的食谱中排挤出去。不要强迫自己，不要放弃某种食物，需要做的恰恰是用一种排挤（或曰替换）另一种。第二：需要遵守分食原则，不要混用不相容的食品。我偷偷地告诉您，它们实际上全都不相容，除非是同类食品，比如最简单的沙拉。第三：作为第二个原则的延续，菜谱应该尽可能简单、单一。

许多菜谱可以在网上找到。在此我仅写出主要菜品的菜谱，没有这些菜您会不容易让自己吃饱，无法长时间坚持生食原则。我把这些菜称作系统化的菜，因为它们为机体供应它每天所必需的、并且是首先必须保障的一切。在菜单的其他方面您可以发挥一定的想象，有一定的随机性。除了最后的两个菜谱，其他菜谱没有一个您能在别的地方看到（目前是这样），因为它们都是我的独创。

活面饼

- 小麦 400 克
- 干海带 100 克
- 水 150 克
- 亚麻籽 1 杯
- 芝麻 1 杯
- 西红柿 3 个
- 保加利亚椒（柿子椒）1 个（或 15 克干柿子椒）
- 大蒜 1 头
- 小茴香籽 1 茶匙
- 芫荽籽粉 1 茶匙

· 高丽胡萝卜调料 1 茶匙

· 凉拌酱油 4 ~5 汤匙

将小麦倒进锅里，加满普通的水，搅拌，把漂在表面的东西都扔掉，水滗掉。把小麦倒入瓦罐，用活性炭水浸泡一夜（水没过小麦 5 厘米）。必须用活性炭水的目的是消灭异种微生物。需要用无盖的容器泡水（最好在背光处），泡水时间在一昼夜以上。可以使用石英砂或活性炭泡水，也可以二者都用。石头的用量为 1 升水 100 克石头。第一次使用之前需要好好冲洗活性炭，也不要一下子往水里放过多，因为开始的时候石头的矿物化能力很强。如果所用的水不是蒸馏水，则不管是活性炭还是石英砂，都要每周冲洗一次。最好每年更换一次，因为石头表面难免会有硬盐沉积。小麦应该选用北方品种，因为里面的谷胶含量更低。南方小麦通常看起来颗粒更大、更亮、更“丰满”。北方小麦颗粒更小、更黑，而且还有些“皱巴巴的”。希望您能到专门的商店购买用于生芽的小麦。

早晨把水滗掉，盖上瓦罐的盖子，在室温条件下放到晚上。到了晚上，如果看到小麦已经吐芽了，就把瓦罐放入冰箱。如果还没有，那就再次倒入活性炭水，搅拌一下，把水滗掉，在室温下放到早晨。早晨麦芽应该已经出来了。麦芽的长度不会超过 1 ~2 毫米。使用前要用水好好冲洗一下，去掉发芽时分离出来的杂质。

海带中浇入冷水，充分搅拌，让沙子沉底，把海带放到笊篱里面。这个过程再重复两次。最后一遍应该使用纯净水。（如果前两遍水使用的是水龙头里的氯化水，则最好把水用活性炭泡制以后再用，让它干净。）冲洗海带的时候速度要快，免得海带被泡发了。

给电绞肉机装上细丝网，把海带绞碎。然后把麦芽绞两次。柿子椒、西红柿、大蒜切一切，与水一起放入搅拌器、调中速档搅拌。如果没有西红柿和柿子椒，可以代之以同等数量的胡萝卜。小茴香和芫荽籽必须用咖啡磨磨成粉末，最好选用低盐、不含谷氨酸钠的酱油。干海带可以到市场的朝鲜商贩手中购买。最好亲手制作或是到市场的商贩那里购买高丽胡萝卜调料，因为厂家在批量生产的调料中加入了盐和有毒的谷氨酸钠。调料不该是辣的，如果有谁喜欢辣一点，可以加点辣椒粉或胡椒粉（黑胡椒、白胡椒、红胡椒、绿胡椒）。然后把这些东西全都放入大盆中搅拌。

用咖啡磨（咖啡磨最好买功率和体积更大一些的）分几次把亚麻籽和芝麻磨成粉。如果没有亚麻籽，可以取用同等数量的亚麻籽粉。把粉倒入盆中，与盆中的其他东西一起用手揉均。

把揉好的面团分成三份。把亚麻籽油均匀涂抹到烤箱用搪瓷托盘上，把一份面团放到里面，用手在整个底盘上摊平，为了让面团不粘手，可以时不时用手掌蘸蘸水。然后用金属铲把摊平的面饼分成7厘米见方的方块。用油涂抹另一个托盘，把面块从第一个托盘里铲到这个托盘里。最后会得到三托盘生饼。在烤箱中用最小的火烘烤6～8小时，烘烤时烤箱门要开着。

烘烤时最好使用烘干箱，而不是烤箱。烘干箱遵循的是“living foods”（活的食物）原理，温度在41℃以下。

烘干过后让面饼冷却，码到篮子里，用面巾纸盖上。由此得到的活面饼比普通面包更美味。至于它们更有营养，连说都不必说了。

活燕麦糊

· 燕麦（未去皮）800克
· 小麦200克
· 小茴香籽1汤匙
· 莳萝籽（洋茴香）1汤匙
· 高丽胡萝卜调料1汤匙
· 辣椒粉（小尖椒）半茶匙
· 饮用水3.5升

将燕麦放入笊篱，用水冲洗。然后把燕麦倒入一口装着活性炭水的大锅，放置一夜。第二天早晨再倒入笊篱，蒙上叠成两层的湿纱布。晚上用水冲一遍，纱布不揭开。这时候用瓦罐浸泡小麦，小麦的处理方式与上一个菜谱中的处理方式相同。第三天早上把燕麦过一遍水。晚上为燕麦再过一遍水。第四天早上冲洗一下燕麦和小麦，麦芽发出来了。因此说，燕麦发芽需要两昼夜，比小麦发芽时间长一倍。燕麦的芽长不该超过1厘米。燕麦的芽通常会发得不均匀，但您不要为此不安，燕麦中该有的变化都已经水到渠成。重要的是第一天夜里浸泡它们12个小时以上。（另一种方案是用1公斤大麦代替燕麦和小麦。）现在用电绞肉机的粗丝网把燕麦芽绞两次。（大麦的壳更薄，绞第二次的时候可以换成细丝网。）小麦用细丝网绞两次。绞肉机的功率要大，不低于1500瓦。

接下来用咖啡磨磨碎小茴香和莳萝的籽。把绞碎的麦芽和所有调料在一个大容器中加2.5升水混合、搅拌，放置一小时，时不时搅动一下。如果麦糊是给儿童吃的，那就该少放或不放辣椒。

下一步该做的就是挤压混合好的东西了。为此需要把细网眼的金属筛搭到锅上。最便利的方案是使用有箅子的普通蒸锅。把筛子放到箅子上，往筛子上倒入麦糊，先用木铲往下压一压，然后两手揉搓。这样做能让麦糊流到锅里。把压好的麦糊倒进大盆，加入一升水，搅匀，再通过筛子挤压一次。

这样 4 升营养均匀的麦糊就做好了。可以把麦糊倒入容量两升的塑料瓶中，放到冰箱里。保存时间不超过两周。在冰箱里放到第三天的时候，麦糊就会略微发酵，口感非常好，带点酸味。食用前最好摇一摇瓶子。

在室温下发酵麦糊（遵照传统菜谱就是这样做的）完全是多余的。某种同类型的菌在一种食品中的量过多并不好，因为这样会压迫肠道的共生微生物，引起消化失调。

与古罗斯的麦糊菜谱不同，按照上述方法制成的麦芽活麦糊就其成分、营养物质的浓度和疗效来说要好数倍。当然，也可以把它煮熟，我们的先辈就是这样做的，如果那样，它就真的会变成要用刀子拼命切才能切动的稠羹了。可这样做的意义在哪里呢？就是为了杀死一切活的东西、得到死的物质吗？这种物质包含的只是活食品才可能拥有的那些治疗性能的残渣！

既然煮熟的燕麦羹也能治疗许多各种各样的疾病、让机体的许多功能正常化，那您就可以想象了，活的麦糊会有怎样的力量啊。就本质来说，这是为断奶孩子的机体准备的理想食物。

活的燕麦糊是生物活性食品，因此开始的时候应该小心食用，逐渐让自己的机体适应，而且不要与其他食物同时吃。如果引起消化失调，那就意味着肠道的污染程度很严重。该怎么办呢？清理肠道吧，还能怎么办。或是继续食用死的食物，把活食物忘掉。那样的话，一切就会像以前一样了，“正常”了。

好了，现在来说说用燕麦糊做的菜吧。一人份的麦糊量是 200 ~ 300 克，加入满满 3 汤匙麦麸、1 汤匙蓟籽粉、1 茶匙或 1 汤匙蓟籽油（药店有售），或雪松子油，再加入 1/4 个柠檬的汁（或是 1 ~ 2 勺天然苹果醋），搅拌均匀。无需再加任何东西了。如果喜欢，可以配上大蒜、洋葱和辣椒一起吃，那这道菜对于机体而言简直就是了不起的药膏，让它更健康、年轻，而对于寄生物来说就是世界末日了。我不能保证您马上就会喜欢这样的食物。但时过境迁，等到机体尝过这是多么不一般的东西并且习惯以后，你用九头牛拉它都拉不动，我保证！总的来说，活的食物对机体的作用具有这样的性质：当机体发现某种有益的东西以后，那就再也不想回到有害的东西那里去了。从前的习惯还会有很长时间不让您安宁。但经验会表明，这样下去什么好处都没有，只会长肚子以及一次又一次的失望。

活燕麦粥

· 脱皮燕麦粒 100 克
· 高丽胡萝卜调料 1/2 茶匙
· 干柿子椒 1 茶匙
· 蓟籽油或雪松子油 1 茶匙
· 蓟籽粉 1 茶匙
· 1/4 个柠檬的汁或 1 汤匙天然苹果醋
· 饮用水 200 克

按照之前菜谱中小麦的发芽方法让燕麦发芽。把麦芽和干柿子椒放入搅拌机，加水，绞成碎末。装盘，加入调料、蓟籽粉、蓟籽油、柠檬汁或苹果醋。

无盐酸白菜

· 2 颗不大的圆白菜
· 胡萝卜 700 ~ 800 克
· 尖椒粉 1/2 茶匙
· 干柿子椒 60 克

无盐酸白菜的菜谱家喻户晓。不过，当我尝试照着这些菜谱做了以后，却没什么好结果。于是只好研究出自己的做法，在此我把做法写下来，您最好听我的。往菜谱中额外再添加一些东西没有意义，因为这只会让味道变得更差。

把圆白菜砍成大块（3 ~ 4 厘米左右），中间的硬芯切片，胡萝卜切片。装入一个大的器皿中，加入调料，搅拌。不要用手挤压。在两个容量为 3 升的玻璃罐底各铺上一片白菜叶，把搅拌好的东西装进去，用擀面杖把两个罐子压实，到罐口处留出不少于 10 厘米的空间，铺上白菜叶。罐子里倒入蒸馏水或普通的饮用水，水要没过菜叶，以此阻断空气接触菜叶。压上半升装且装满水的细塑料瓶。然后蒙上餐巾纸。存放处的温度在 23 ~ 25℃。过一段时间罐子里的水会上升。如果开始往外溢了，就把塑料瓶里的水倒出一些或干脆把瓶子拿出来（可以放进两块不大的活性炭）。每隔几个小时就压一压塑料瓶或活性炭，让多余的二氧化碳释放出来。

白菜腌好大约需要两昼夜。时间的长短取决于各种材料和外部条件，需要凭感觉确定。如果腌制时间不够，白菜会发硬、“不熟”；如果腌制时间过了，白菜会太软、太酸。为保险起见，最好把“成熟”过程交给冰箱来完成。在放进冰箱之前，每个罐子里需要压一块活性炭。当然，水还是要没过菜叶。在冰箱里放一周之后就可以食用了。

为什么用的恰恰是两个三升的罐子，比如说，为什么不用桶呢？为什么要把所有东西都混在一起，而不是像传统方法那样一层一层地码放呢？我能说的只有四个字：我不知道。经验表明，就应该这样做。这样做出的腌白菜更好吃。

无盐酸白菜恐怕是生食制严格规定中的唯一例外，生食制是不建议经常食用“发酵”食品的。不管怎么样，巴尔干半岛的居民经常食用它，他们的出众之处就是非常健康，面色好。德国的油腻香肠和啤酒爱好者精神饱满、身体健康恐怕也是拜这种白菜所赐，他们同样每天都吃这种白菜。不过我认为，夏天还是吃新鲜青叶菜为好，冬天食用酸白菜和海洋水生植物才正是时候。顺便说一句，我到今天都搞不明白，为什么在俄罗斯做酸白菜要用盐。

海带

· 干海带 100 克
· 高丽胡萝卜调料（不辣口味）1 茶匙
· 酱油（不含盐、谷氨酸钠）1 ~ 2 汤匙
· 天然苹果醋 1 茶匙或 1/3 柠檬的汁
· 雪松子油 1 茶匙

海带用剪刀剪开（因为长海带吃起来不方便），用水涮洗三次，让沙子沉底，每次涮完都倒进笊篱。第三遍水要用干净的饮用水。（如果前两次涮洗使用的是水龙头里流出来的氯化水，那就需要把水用活性炭泡过之后再用。）

把海带装到笊篱中，上下过水。然后加入调料、油（如果没有雪松子油，可以使用冷榨芝麻油或亚麻籽油），搅拌均匀。海带做好了。显然，把海带煮熟不仅没有意义，而且有害，是愚蠢的做法，因为全部味道都丧失掉了。

活的青菜汤

· 西红柿 2 个
· 柿子椒半个
· 大蒜 2 ~3 瓣
· 小水萝卜 4 ~5 个（或是 1 头芜菁）
· 一把莳萝
· 一把香芹
· 甜菜缨、小水萝卜缨、胡萝卜缨、洋葱嫩叶、菠菜嫩叶，每种一小把
· 高丽胡萝卜调料 1 茶匙
· 干海带粉 1 汤匙
· 1/3 柠檬的汁（或 2 茶匙天然苹果醋）
· 苋菜籽油（或雪松子油、亚麻籽油、芝麻油）1 ~2 汤匙
· 饮用水 2 杯

把西红柿、柿子椒、大蒜、水萝卜、莳萝、香芹切一切，装进搅拌器。加入干海带粉（就是药店有售的海带提取物）、调料、油、柠檬汁和 1 杯水。如果喜欢辣味、香味，可以添加胡椒粉（黑胡椒、白胡椒、红胡椒、绿胡椒）。把搅拌器调到中速，搅拌一分钟。然后把其他各种缨、嫩叶（还可以加入蒜苗、酸模嫩叶等）切段，放入搅拌器，为了不让搅拌器的工作超负荷，先调中档，然后调到高档，搅成稀糊状。一升多的浓汤就做成了，供 2 ~3 人食用。

四、五月份的时候农作物的缨还没长成，需要用野菜来做青菜汤，比如荨麻叶、车前草叶和蒲公英叶。采摘荨麻的时候要戴手套，割下荨麻顶端的部分，只有叶子可以食用，梗要扔掉。就营养性能和净化性能而言荨麻超过很多野菜。

缨子以及蔬菜破土后不久的嫩叶所含的蛋白质、维生素和微量元素比蔬菜本身要高十倍、百倍。菠菜的好处尤其大。用这样的材料做成的汤具有很高的营养价值，对机体有良好的净化作用。如果食用过后您感觉肝部抽搐，那就是说，结石正在被排出去。

西兰花浓汤

· 西兰花 1 棵（一小棵）

· 西红柿 2 个
· 柿子椒 1 个
· 大蒜 2 ~3 瓣
· 一把莳萝、一把香芹
· 一小把香葱
· 高丽胡萝卜调料 1 茶匙
· 干柿子椒（片状）2 汤匙
· 干海带粉 1 汤匙
· 1/3 柠檬的汁（或 2 茶匙天然苹果醋）
· 苋菜籽油（或雪松子油、亚麻籽油、芝麻油）2 汤匙
· 酱油 1 汤匙
· 饮用水 1. 5 杯

制作方法同上一个菜谱。不一定非要备齐全部材料，可以随机应变。

活沙拉

· 花菜或西兰花 1 棵（一小棵）
· 甜菜 1 个
· 胡萝卜 2 ~3 根
· 洋葱 1 头
· 大蒜 2 ~4 瓣
· 西红柿 3 ~4 个
· 高丽胡萝卜调料（不辣口味）1 汤匙
· 酱油 2 汤匙
· 天然苹果醋 2 汤匙（或 1/3 柠檬的汁）
· 苋菜籽油（或雪松子油、亚麻籽油、芝麻油）2 汤匙

把花菜（西兰花）掰成小朵。胡萝卜和甜菜切丝，洋葱切开成洋葱圈，西红柿切丁。大蒜做成蒜泥。还可以放入新鲜或冷冻豌豆。冬天可以切点酸白菜。把切好的东西和高丽胡萝卜调料全都放入大盆、搅拌。喜欢辣味可以加点尖椒。然后倒入酱油、醋（柠檬汁），再次搅拌。最后放油搅拌。

活丸子

· 青荞麦（或糜子）200 克

· 南瓜子仁 200 克
· 葵花籽仁 200 克
· 亚麻籽 1 杯
· 胡萝卜 2 根
· 大蒜 1 头
· 西红柿 1 个
· 柿子椒 1 个
· 莳萝、香芹、香葱各一小把
· 高丽胡萝卜调料 1 汤匙
· 酱油 3 –4 汤匙
· 亚麻籽油 2 汤匙

用笊篱筛一筛青荞麦，去除碎颗粒。用活性炭水泡 3 小时，倒入筛子或笊篱，蒙上两层湿纱布，放置 12 小时。

如果用糜子代替荞麦，需要用活性炭水浸泡 12 小时。然后倒入细网眼的筛子，蒙上两层湿纱布。

用活性炭水浸泡南瓜子仁、葵花籽仁。半天过后就可以开始制作丸子了。糜子和荞麦应该吐芽了，两种籽仁不必发芽。

为绞肉机装上细丝网，先绞籽仁，然后把发芽荞麦（糜子）绞两次。之后把西红柿、胡萝卜、柿子椒、大蒜绞碎。青叶菜切得细细的。把所有搅碎的东西装入大盆，加入高丽调料、酱油、油，揉均匀。可以添加胡椒粉增加辣味和香味。

亚麻籽用咖啡磨磨成粉。把一半亚麻籽粉倒入面团，再次用手揉面。之后就可以团丸子了。团好以后滚上亚麻籽粉，装入保鲜盒，放进冰箱。上桌的时候配上番茄酱一起吃。

祖传番茄酱

· 西红柿 2. 8 公斤
· 干柿子椒（片状）70 克
· 尖椒粉 1 茶匙

把多肉的西红柿切几刀，放进搅拌机搅碎，装入 3 升的玻璃罐。往里面加入干柿子椒、干辣椒粉，搅拌，蒙上餐巾，保存温度 23℃ ~25℃。早晚各搅拌一次。放置两昼夜，等番茄酱有了辣味以后，分装到小瓶子里，放进冰箱。食用前根据口味放入适量的蒜泥。这种活的食品无与伦比的芬芳会让您惊喜不已。与合成的、死的番茄调味汁不同，祖传的番茄酱带着夏天的清新气息，它所营造的正是您期待的正宗的调味酱所能带来的美味感觉。

万能调料

· 匈牙利红甜椒粉 2 茶匙
· 干蒜粉 2 茶匙
· 肉豆蔻粉 0.5 茶匙
· 姜黄粉 1 茶匙
· 咖喱粉 1 茶匙
· 芫荽籽 1 茶匙
· 胡卢巴（苦豆）籽 2 茶匙
· 黑茴香籽 2 茶匙
· 杏仁 7 个

把所有的粉面混合在一起。各种籽用石臼或咖啡磨研磨成粉。研磨以后不能长期保存。该调料与众不同的特点是广泛的适用性，几乎可以添加到任何菜肴中。它还是高丽胡萝卜调料最好的替代品。它的另一个与众不同的特点是其中两种成分的疗效，即胡卢巴（苦豆）和黑茴香。胡卢巴（苦豆）促进心脏活动，促进食物消化。黑茴香强化机体内液体的运动，益智，增强对周围环境的感知力，让人乐观向上。

活酥糖

· 核桃仁 200 克
· 榛子仁 200 克
· 扁桃仁（美国大杏仁）200 克
· 雪松子 100 克
· 蜂蜜 200～300 克
· 蜂巢花粉 50～70 克或蜂蜜蜂花粉 100～150 克

榛子仁和扁桃仁用活性炭水浸泡 12 小时。核桃仁无需浸泡。各种坚果（雪松子除外）和蜂巢花粉用绞肉机绞两次。加入蜂蜜、整颗的雪松子，像揉面一样把所有东西揉匀，放入冰箱。

花粉

花粉需要从夏天到冬天一直准备，要备齐足够用的量。如果暴露在空气中，花粉很快就会丧失性能，因此要用蜂蜜罐封保存。按照花粉与蜂蜜 1：1.5 的比例混合、装罐。密封的玻璃罐放在阴凉处保存。

如果蜂蜜变得非常浓稠（好蜂蜜保持液体状态通常不会超过三周），可以把容器放在温度不超过 41℃的温水中略微软化。

需要每天食用 3～4 汤匙。花粉保障机体获得各种必需的维生素和微量元素，让血管有弹性，因此您肯定不会因为梗死一命归西。而且它还富含蛋白质。花粉会让胖子变瘦，瘦子变胖。

蜂花粉

蜂花粉也需要用蜂蜜罐装保存。请不要购买纯的、没有蜂巢或蜂蜜的蜂花粉，因为它很快会丧失性能。将蜂巢花粉放到绞肉机中搅碎，混以蜂蜜。蜂花粉与蜂蜜的比例为 1∶2。这是蜜蜂的食粮。理想的食物。里面拥有机体必需的一切。

活的“果味酸奶”

· 一大把青叶菜
· 浆果 2 杯
· 香蕉 2 根
· 花粉 3～5 汤匙
· 蜂花粉 1～2 茶匙
· 水 2～3 杯

把两三种青叶菜切一切。适合用来做这道菜的有生菜、菠菜、蒲公英（预先用水浸泡 5 分钟）、苋菜，其他青叶菜也可以。加入少许薄荷、龙蒿这样香味和口感浓郁的植物。口味辣的植物最好不用。

香蕉剥皮、切段。任何浆果都适用，但最好是黑莓或草莓。可以用水果代替浆果，比如杏、桃、菠萝、李子、苹果。在此可以随机应变。不过，不建议混合太多种类的水果，一两种即可。

加入的花粉和蜂花粉可以是纯粉，也可以是蜂蜜混合粉（这样味道会更甜）。总体而言，花粉与少量蜂花粉同时食用总是好事，这样做会让花粉更容易吸收，因为蜂花粉含有消化花粉必需的蜜蜂的各种酶。

把这些东西和水全都放入搅拌机，先用中速、后用高速搅拌。根据水量的不同，最后得到的是浓度不同的"果味酸奶"。

这种食品的益处大大超过天然家制酸奶（商店包装盒上写的"益处"我们不当它是"益处"），而就其营养价值来说不输力量型运动员饮用的特质"鸡尾酒"。

活"奶酪"（胡姆斯酱）

· 坚果 300 克
· 干柿子椒糁 1 汤匙
· 一小头大蒜
· 亚麻籽油或雪松子油 3 汤匙
· 天然苹果醋 2 汤匙
· 莳萝、香芹一小把
· 万能调料 1 茶匙
· 水 3 杯

坚果（最好是扁桃仁或榛子）用活性炭水浸泡一夜。第二天早晨把水滗掉，装入搅拌机，添水，与干辣椒一起绞成碎末。折四层的纱布放到盆里，倒入搅拌物。轻轻挤压，用细绳扎住纱布，吊到盆上方，室温下放置 12 小时，让搅拌物发酵。

流到盆中的坚果奶倒入另一个容器，放入冰箱，或是立刻喝掉，这种饮料美味，营养价值高。然后把纱布中的搅拌物倒入盆中，青叶菜切碎，加入蒜泥、油、醋、调料，根据各自口味加盐和尖椒，搅拌均匀。其他辅料可以随机应变添加。最后得到的是味道浓郁的、活的胡姆斯酱或软奶酪。放入冰箱最多可以保存 7 天。

如果您想制作某种类似硬奶酪的东西，可以把所有食材全都立刻放入搅拌器打碎，用纱布包好、扎紧、放入筛子，上面压上重物，这样可以在发酵时让液体最大限度地流出来。

附录 3

鲜为人知的事实

没有一种人体器官会免于酒精的损害。不过遭受损害最大的是大脑。每饮一杯酒都是对脑膜的一种损伤。

1961 年，三个美国物理学家通过高倍显微镜研究人眼视网膜的微细血管。由此在科学史上人第一次成功地窥见了血管并看到里面的血液是如何流动的。物理学家们究竟看到了什么呢？他们看到了血管壁、红细胞和白细胞。一切正常，没什么特别的。可是有一天，那天是星期一，他们让一个患者坐到显微镜前，往显微镜里看了一眼，几个观察者“啊”地大叫了一声。那个人的血液里漂浮着凝结成团的红细胞血块。物理学家们吓坏了，可那个人坐在那里，仿佛什么事都没有。第二个、第三个患者一切正常，而第四个又有血块。他们开始问明情况，搞清楚了：这两个人昨天夜里喝酒了。

科学家们当时就决定做一个“实验”：给一个正常的、没喝酒的人一杯啤酒。15 分钟过后同样的这种红细胞酒精凝块开始在他的血液里奔跑。这就证明了一点：酒精不仅在试管里凝血，在哪怕只喝了一点酒的人的血管里也会凝血。

我们假设，对于粗血管来说这样的凝结不会有特别的危险。可是脑袋里却完全是另一种情形。人的大脑由数十亿神经细胞构成。每一个这样的小细胞都靠它自己的毛细血管供血，这根毛细血管细得只能让一排红细胞挤进去。因此，当红细胞酒精凝块靠近毛细血管结点时，血管就会被堵住，几分钟过后神经就会永久坏死。所以说，喝酒之前您该想清楚，由此导致的后果会是什么。

每次聚众狂欢之后，哪怕是疯得没那么厉害，脑细胞死亡的人的坟墓就会得到充实。当医生剖开任何一个所谓“饮酒有度”的人的颅骨时，在每个人那里观察到的都是同样的画面：萎缩的大脑，整个脑膜表面弥漫着微型疤痕、微型溃疡、组织脱落，这全都是大脑被酒精摧毁的区域。而当医生解剖“饮酒无度”的人时，让他们惊奇的不是大脑被摧毁的程度，而是这样的人怎么还能继续活着。

除神经以外，酒精伤害的还有生殖细胞。酗酒的父母孕育的孩子最好的情况是天生有缺陷，最坏的情况是丑八怪和弱智儿。比如，暹罗双胞胎（即连体人）就是由此而来的。在变革最混乱的1998年，俄罗斯出生的有各种发育偏差的婴儿所占比例达到37%。不管您觉得有多奇怪，90%的弱智是所谓“文明饮酒”的父母所生的孩子。酒精及其解体物在机体内的停留时间超过20天。因此，如果父母（哪怕不是酒鬼）过节时痛饮了一场，一周之后有了孩子，那就不要指望孩子生出来身心健全了。恢复健康的生殖细胞男人需要至少一百天不饮酒，而女人由于其生理特点产前最好一滴都不要喝。

还有一种攻击来自吸烟。它本身就已经能对机体造成无法挽回的损害了，而与酒精结合起来时这种损害会成倍加大。这种习惯造成的毁灭性后果如此之多，一一列举没有意义。鲜为人知的一种后果是血管粥样硬化。血管“崩溃”，不再发挥功能。当烟雾中的两百种毒素进入血液时，血管会痉挛，造成微梗死。这种痉挛的极端程度是血管末梢坏疽。非常多的人由于这个原因被截除手或脚。烟鬼在“美好的”某一天（完全出乎意料，请您注意这一点！）变成残疾人。为什么这样的事实鲜为人知？因为他不会为此到处喊叫，而只是悄无声息地退出公众的视野。很多人都听说过一个人抽了一辈子烟、但却活了一百岁这样的故事。这样的故事为什么广为人知？因为这样的人屈指可数，这就是原因！如果您抽烟，您会进入哪个行列，长命百岁还是以不幸收场？您不知道？没人知道。

与坏习惯搏斗没有意义。当您停止战斗的时候，您就获得自由了。只有一种方法可以与破坏性的摆锤脱钩：连接到另一个结构性更强的摆锤。如果从前您喂养的是酒精和烟雾摆锤，您的注意力投向的就是它们的方向。现在应该把全部注意力转向，转向另一个备选轨道，比如，关心自己的健康。全部想法和意图都应该只被一种东西吞噬、占据，那就是改善自己的体型，提高生命张力，清除机体长年累月积攒的垃圾。不是凭借意志力，而是转移注意力，这才是把连接您与奴役您的摆锤的线挣断的手段。

顺便说一句，最常喝酒的人是矿工和外科医生，因为他们的工作沉重，您认为还有什么人呢？是戒毒医师。怎么会这样？正相反才对啊，戒毒医师是“治疗病人”的。原因就在于：首先，他们的注意力全都这样或那样地围着毒品摆锤转。其次，酒鬼和瘾君子根本就不是病人，因此治愈他们是不可能的。这些人的注意力被破坏性的摆锤套住了，因此，他们需要的不是治疗，而是用上面说的方法挣脱这个圈套。

毒品依赖和酒精依赖被医生们钉上了疾病的十字架，他们中大多数人的任务不在于把人治愈，而在于给他治疗。您捕捉到二者的区别了吗？吸毒和酗酒不是病。如果是病，那就该宣布所有人都是病人，把他们赶去诊所治病。人类有力量强得多的依赖，对合成食品的依赖。戒烟——那是举手之劳。可不再吃从小就习惯了的摆锤的死食物、转向活食物，您试试看！这件事做起来就难得多了。

还有一个鲜为人知的事实。成千上万戴眼镜的人根本就不知道弱视是可以恢复的，眼镜是可以丢掉的。医学院迄今为止还在教授戈尔曼·赫姆霍兹落伍的理念：眼部肌肉收缩眼球晶体，由此晶体的聚焦距离发生改变。换句话说，晶体被看成是度数可以控制的镜片。

另一种更先进、合理的理念属于威廉·贝茨：肌肉收缩或扩张的不是晶体，而是整只眼睛，就像在照相机里一样，由此改变的是整个眼球的聚焦距离。这已经从根本上改变了看待弱视问题的原则。

肌肉在压力下变得无力或是反射性抽紧时，视力变差。“照相机镜头”似乎被卡住了，丧失了之前自由伸缩的能力。其结果就是近视或远视。从这个意义上说，眼睛如同出于同样原因（受力不均衡）变形和疼痛的脊椎一样。

如果人开始戴眼镜，肌肉干脆就会萎缩，因为如今全部工作都由玻璃片替它完成了。不仅如此，视力还会逐年变得更差，因此只好一次又一次地更换度数更高的镜片。

为了恢复视力，需要借助专门的眼保健操放松某些肌肉、训练另一些肌肉。眼保健操非常简单，如果愿意，很容易找到。比如，应该关注一下弗拉基米尔·戈奥尔基耶维奇·日丹诺夫教授的网络系列课程。他做的就是教人摆脱眼镜的方法。为此他不止一次地受到官方医学界的迫害。这不奇怪，因为医生们给人开出的是眼睛的“拐杖”，而他正相反（他怎么敢!)，是让人恢复视力。

为什么不让这些知识广为人知？因为每年全世界销售眼镜的收入超过500亿美元。怎么可能允许这么干!

还有一个小的、同样也鲜为人知的事实。谷氨酸钠（味精）对视网膜来说是毒，它破坏视网膜。遗憾的是，这种佐料很鲜美。发现它是相对不久之前的事，但它却几乎进入所有的快餐食品、蛋黄酱、调味汁，种种好吃的方便面、米、菜、汤。如果您不想丧失视力，那就只好放弃包含谷氨酸钠的食品。为什么这个事实没有像含有谷氨酸钠的食品那样被广而告之？问题的全部关键还是在于哪个让人挣钱、哪个不能。您好好想一想吧，去超市的时候您在迎合谁的利益。捕鼠器里的奶酪更美味？

附录 4

不可避免的问题

《伪经思移力》① 一书在读者中引起了轩然大波，引出很多问题。排行榜里的分数同样十分引人注目：要么五分，要么零分。

总体而言，我喜欢的分数从来都是五分和两分。四分反映的大概是某种不足、缺陷吧。三分表明不上不下，没什么特色。两分是最诚实的分数。嗯，如果得到的是零分，那无疑就是创造了某种与众不同的东西。

在此，在这本新书中我要对最常见的问题作出回答。

我尝试了您推荐过的 X 方法，产生了非常不好的副作用。您怎么可以为这样的东西做广告？

我不为任何东西做广告，没人为此付我钱。尊敬的读者啊，我只是在减轻您的任务，帮助您从数不胜数的各种建议中选出值得信任的东西。如果我推荐某种东西，那就会意识到自己的责任，谨慎地亲身检验。对于 X 方法我一无所知。（在各种信件中提到了各种不同的、我连听都没听说过的名称。）

我再说一遍不止一次提醒过的话。大家知道，有关思移力的书籍在网上“似乎可以随意”浏览。不过没有什么是白给的。您得到的要么是廉价的赝品，就像在跳蚤市场一样，要么是在迎合个别人的利益。我该提醒您：如果您从网上下载电子书，那我无法保证它们全部都是我写的。里面什么东西都可以塞进去，而且已经有人在这样做。阅读出版社的原版书籍还是挑选网页上随处可见的“使用过的版本”，这是您要选择、您要负责的问题。

我的生活方式接近健康的生活方式，我一直尽力坚守这样的生活方式。我本愿意转向生食制的，试着两周内只吃活的食物，效果令人难以置信！身体的自由能量水平达到高位，自觉性也是如此（对社会的感知如

① 这是本书作者 2010 年出版的著作，本书基本涵盖了其核心内容。——译者注

同……算了，这不重要）。而这总共只用了两周时间！可是问题在于：我还是想要“潇洒”哪怕5～7年呢。您自己清楚，正当年，手头宽裕，有自己的小生意，漂亮姑娘，饭店美食。生活多么美好、多么丰富多彩！真不想戒掉坏习惯啊，因为正是有这些习惯才想活着，尽享欢乐。为了不完全成为一个生食的人、但又不完全当一个只购买矩阵广告推荐的东西的矩阵摆件，转向什么样的饮食食谱才好呢？就是说，怎么能做到张弛有度地食用健康食品、找到所谓‘黄金分割线’呢？

妥协就是分食制、放弃具体有害的食品：快餐食品，所有速食食品，糖（用蜂蜜代替），精粉制品（用粗粮、无发酵粉的面饼代替），把罐头彻底排除掉。用天然的肉代替香肠，如果愿意，可以用海产品（尽可能生鲜的海产品）代替肉。排除含有反式脂肪的食品（蛋黄酱、调味汁、人造黄油）。酒类只选好的葡萄酒，不喝咖啡也可以轻松过活。要根据自己对限制的“成熟”程度引进这一切限制以及下一步的限制。

香烟摆锤的纠缠比虱子更糟糕。遵循过您的一系列建议和亚伦·卡尔的轻松戒烟法。我清楚地懂得（现在还是这样理解），香烟什么都给不了我。我抽完“最后的”一根烟……半天过去，什么问题都没有，可是然后……是那样一种感觉，像是有人在扳起控制我的操纵杆、推着我去抽烟。就是说，一秒钟之前我还丝毫不想把这种垃圾往嘴里送，可随后就会冒出如此平静、如此习以为常的念头：“我又破戒了。”

请您读读维·布金柯的书《生命的绿色》（《保持生命的青叶菜》）。如果您喝了青叶鸡尾酒（蔬菜汁），那就根本抽不了烟了——会恶心的。甚至连想都不会想了。关键就在于：恰恰是新鲜青叶菜（顺便说一句，它们比蔬菜和水果的作用程度更大）让机体重返其天然形式（标准）。而生物场会因此转移到更高的频段。所以，一方面，生理上与具有明显破坏性的摆锤同居一体变得无法忍受，另一方面，有害的心理程序印记从意识中清除出去。新鲜青叶菜对神经系统也有很好的稳定作用，还会恢复健康睡眠，摆脱意识寄生物。甚至对强迫状态和上瘾有十分明显的治疗效果。

您书中说，最好不要快速转向活的食物。可如果一个人甚至都没有强迫自己，而是相反，潜意识里就想一辈子都吃这样的食物，到今天为止还是这样想，而且机体只欢迎这个，那么，迅速转向可以吗？

如果您感觉心理准备好了，那就可以立刻这样做。接下来如何做要依自我感觉而定。不能强迫自己。一切都应该和谐、自愿，而非被迫。

我决定转向生食制，可有意思的是什么您知道吗？我没向任何人证明任何东西（只向自己这样做过），可周围的人，不由自主地接触到我的生活方式的人，他们全都变得非常不安，把我当怪物看，千方百计地试图拖我后腿。

他们不安是因为隐约明白，哪条路对，哪条路不对。您看看广告，任何合成食品都一定会拿来与天然食品比较。这样的模仿又是为哪般？显然是因为天然的更好。那为什么要生产合成品呢？总之，当您内心的怀疑消失以后，来自外部的反映也就不会再让您心烦了。

我与男朋友和他父母住在一起。我跟他在一起已经5年了，他什么都不想改变，他对一切问题的回答都只有一个："没钱。"厨房的门对我是关着的，我没有权力到厨房去，没权力做点什么，因此只好给什么吃什么。我不喜欢加工的饭菜，我也从来都不喜欢肉，我不想吃肉，喝酒也不想。了解到生食制以后我明白，这才是我想要的。可我男朋友说我不正常！他说大家都吃，问我有什么了不起！我对他说："我有权成为自己。"可他说："不，你蠢！"于是我只好吃死的食物，忍着。我们一起去商店的时候，我看到水果就说，我们买吧，可他说"没钱"或是"你不需要这个"。可他自己却买许多各种各样的恶心食物（买这个钱够）。离开他我做不到，因为我会失去工作和住处，会露宿街头。因此目前我还不是生食者，可我知道自己永远都不会拒绝这样做，我希望有朝一日成为自己。我没有时间等了。我不知道自己现在该怎么办！

这是我们教科书里的标准案例。您需要选择：是过那种您想过的生活，还是过那种别人迫使您过的生活。标准的阻碍，没钱，没地方去——您脑子里只有这些，而且仅仅因为您什么措施都没有采取，您只是干坐着，害怕，忍耐。实际上，任何阻碍都没有，如果不知道或不想它们的话。如果不去刻意想以何种方式能穿墙而过（当然不是字面意义上），穿墙而过反倒成为可能。应当做的就是行动，一切会自然而成。

不过，如果您真的非常害怕，那可以循序渐进地行动，按照我们教科书中教的方法行动：转动目标幻灯片，在幻灯片中您是自由人，已经安身立命，做您想做的事。到那时外在意图会把门打开。目前就先把自己租出去吧。但不要无所作为。

我食素三年，生食刚开始。决定生食与其说是因为身体的种种问题，不如说是因为幼小的儿子。我很想保障孩子的健康。家人认为我是“狂徒、离经叛道”。我只要一张嘴说想培养孩子习惯这样吃饭，丈夫就会怒发冲冠。我多少能跟他解释明白一点，“强人所难”，也能让气氛有所缓和，但这解决不了所有问题。这是绊脚石，许多父母中只有一方食用活食物的家庭都有这样的绊脚石。每个家庭解决问题的方式都不同，常常没有任何结果：孩子变成‘拔河用的绳子’，一方从他嘴里抢出一块肝，另一方立马给他吃肉丸子……

请帮我确定什么更重要。妈妈吃活的食物（与此同时继续为全家做普通饭菜），其他人全都熟鱼熟肉大杂烩，又抽又喝，这样的情况该怎么办？要知道，不管大人给什么，孩子全都会一股脑儿地往嘴里塞，他根本就不懂家里为什么会由于吃饭问题如此吵闹，有这么多矛盾和分歧。

我的意见是：在这种环境中是培养不出百分之百的生食者的，可养出一个心理有问题的孩子却是板上钉钉。我决定放手不管，只自己去做，不强迫别人，成为健康生活方式的活生生的榜样。等孩子长大一些，他会自己决定跟谁学。当然，我会尽量减少他食谱中的熟食，总是自己吃什么就让他吃什么，可是……这个决定执行起来很难，每当喂他吃熟食的时候，我都明白自己是在给他毒药，而且我觉得自己的决定不是明智之举，而是软弱。良心在受折磨，动机在消失，开始破戒。到底怎么了？我是太想当然了、在强人所难，还是我就该良心受折磨，“所罗门的决定①”不过是迎合变幻无常的世人的权宜之计？

如果家里就饮食问题达不成一致，需要做的就是别让任何人为难（包括孩子），只要以身作则即可。可遗憾的是，孩子更容易接受大人的坏习惯，因为死的合成食物是毒品。解释给孩子听您为什么要这样吃饭——这个可以做。不过由此挑起家里的战争不行，这样只会更糟。走自己的路，给孩子做出榜样，但不要强迫任何人听自己的，尤其是无知的成年人。时间会证明谁对。

对了，我的亲朋中没有一个生食的人。每个人都有自己的生活和自己的路。

---

① 圣经故事：两个妓女都说孩子是自己的，要所罗门判断。所罗门决定把孩子劈成两半，一人一半，假母亲高兴地同意了，而真正的母亲却哭着放弃了，由此真相大白。——译者注

该怎么做才不用在众人面前为自己辩解？有关活食物的问题该如何作答？你总不能用世界阴谋什么的来做解释，或是更糟糕的，说什么世界是个矩阵。人家会具体问：“为什么你吃生食？”您会怎么回答？

因为就该如此。在人前辩解的必要性仅仅在这样一种情况下才会出现：如果依然还存在对自己辩解的必要性。等您自己跟自己达成一致了，外部世界立刻就会接受您，您表现出什么样，它就会接受这个样子的您。

如果来了客人该怎么办？给他们上豆芽？

当然不。应该给客人吃他们习惯吃的东西。

如何回答请吃的提议，比如在咖啡店或饭店？

还是一样，需要与自己达成一致：您偏向什么，是只喝鲜榨果汁、吃生菜沙拉，还是例外一次，允许自己吃点禁食。如果是您的决定，而非别人的建议，则不管是前者还是后者，它们都对。

该拿生鱼怎么办呢？要知道，那些臭名昭著的寄生虫就可能在那里面呢，就不能做熟了吃吗？

如果同时食用像大蒜、洋姜、芥末、柠檬这样的抗寄生物植物，生海鲜是可以吃的。如果大部分食谱是由活的植物组成，那就更可以生吃海鲜了，因为这样做会在机体内创造出与寄生物的生命水火不容的条件。

该选择怎样的抗寄生物方法？在该主题浩如烟海的商业信息中不晕头转向是件非常复杂的事。

所有疗程都有其优点和缺点。您自己看书、选择合您心意的。重要的是，它得是一个体系，而非一次性的方法，似乎一次就可以解决一切问题。如果您决心急剧转向生食制，则有意义去做抗寄生物清理，这样做会帮助您承受危机期的困难。否则清理就根本没有意义了，因为您每天都会被寄生物污染。唯一可靠的摆脱寄生物的方法就是食用活的食物。等您逐渐转向生食制，入侵者自会逐渐离您而去。

活的食物为寄生物创造的是它们活不下去的条件。请您想象一下，假如自然界所有的水全都变成酸：河流、湖泊中是酸，天上降下的也是酸……所有的生灵全都会死绝。当人转向活的食物以后，机体内为寄生物创造的大概就是这样的条件，只不过体内环境正相反，它焕发生机，得到净化，变成碱性，氧气充足。对寄生物来说这根本无法忍受，它们只有在酸性、腐败的环境中才感觉好受。新鲜青叶菜、西瓜、甜瓜、柠檬汁和石榴汁、苹果醋、黄瓜、梨对让机体变得碱性化效果尤其好。如果每天再食用辣椒、大蒜、萝卜、洋姜、芥末（只是不要热心过度），那么，“客人们”与您同居的机会就一点都没有了。

还有必要特别说说麦芽，即芽长 1 ~ 2 毫米的麦粒。除了对机体一般的、在各个方面说都十分优良的作用以外，麦芽拥有最强的生物场，这种生物场能让人的能量正常化。如果提供模式混乱的生物场，就会呈现卷向某个方向的旋风。自主机体的旋风顺时针转，寄生物的旋风逆时针转。对于我们来说寄生物确实是异物。进入机体时它们会在周边制造变化：按照自己的方式旋转能量，许多局部病变由此出现，这些病变随之引发一连串的各种疾病。而麦芽恢复能量旋风的正确旋转方向，对于寄生物来说这又是无法忍受的。

还有，那些麦芽会让意识清明，把生物场拨转到更高频段，由此智力和创造积极性得到显著提高。前三卷思移力的书是在一年半的时间内完成的，在这段时间里我吃一杯麦芽以代替午饭。（这样的一杯麦芽完全可以替代午饭，而且，在没有可能或没条件制作您所需饮食时，这样做很方便。唯一的不足是需要长时间地咀嚼，要咀嚼半小时以上。嗯，也说不上太好吃。但是，对于饮食方式转向时期以及清理大脑而言，这样做却非常好。）那个时候我还没想过生食的事，但我的全部饮食已经不是那么混乱随意了，显然，这样做的作用显现出来了。

读了读有关寄生虫以及如何清除它们的书，给我留下的是非常负面的印象，主要是恶心。人人都有寄生虫，一直要灌肠，随时随地要灌肠，煮、灌肠，这才是您最好的朋友！我同意，这样的问题存在，可不能把自己和周围的人全都逼疯啊。您本人坐火车的时候灌肠吗？（请原谅我问这种隐私问题。）把周边的一切都用水煮？洗啊涮啊，不累吗？

我当然不会没完没了地洗啊涮啊，不打算把我的猫从家里赶出去，我也没有灌肠剂。与异物战斗一点意义都没有，因为您每天、几乎是每分钟都在遭受它们的攻击。哪怕是到街上随便走走，您都会通过空气染上寄生虫，要知道，比如，狗是到处遛的。您可以口罩不离身、搞卫生搞到洁癖的程度，您也可以跟自己的狗亲嘴，二者的结果是一样的。

只有在您急剧转向纯粹的生食制时，我才建议您进行抗寄生物清理，只有在这种情况下这么做才有意义。这样的转向有可能伴随着令人非常不快的危机现象，这些现象越难挨，说明机体被垃圾和寄生虫污染的程度越严重。因此，在决心急剧转向之前，最好先净化机体，还要经过一个抗寄生物疗程。

不过我要强调的是，把抗寄生物疗程看成对抗异物的方法完全没有意义。那样的话，这个疗程没完没了，亦即永远不会停止。您懂吗？难道这正常吗？当然不正常。

有意义的做法是在自己的机体内创造异物活不下去、繁殖不了的条件。以活的素食为主的饮食创造的正是这样的条件。异物受不了活的素食。植物是它们的主要敌人。独立存在的机体与指望靠别人活着的寄生物之间的战斗从地球上一有生命的时候起就开始了。在这场战斗中只有植物取得了或大或小的战绩。但我要再说一遍，是活的植物，不是煮熟的植物。

所以，如果您循序渐进地转向生食，那就在食谱中纳入更多的抗寄生物植物、更多的青叶菜吧。异物自己会逐渐离开您的，因为您的机体内创造出的是它们无法忍受的条件。

夏天，当水果和蔬菜丰富的时候，如果愿意，生食自然可以。放开肚皮吃吧，尽情欢乐吧。可是冬天临近，让人搞不懂的是，冬天怎么可能生食。因为蔬菜和水果没夏天那么丰富，如果去吃，那就全都是些外来的东西，况且对谁都不是秘密，全都是些沾满了化学物的东西。

怎么，在您看来，生食派只吃蔬菜和水果吗？如果您提出了这样的问题，那就说明您还没准备好转向纯粹的生素食饮食方式。如果我是您，我暂时是不会拒绝生的海鲜、蛋黄、油、奶酪、粗麦面包的。等您准备好了，该吃什么的问题就会自然而然地消失，因为到那时您已经会有自己的、而非别人的经验了。

我渴望转向活的食物，可是我住在西伯利亚，没有乡间别墅，冬天在超市购买的蔬菜水果都是外运来的，至于说活的谷物我更是哑口无言，这些东西压根儿就不往这儿运。

蔬菜和水果需要吃当季的，自然成熟的。冬天应该食用发芽谷物和豆类、坚果、干果、海洋植物，可以吃微咸的鱼类、蛋黄，如果需要，黄油和奶酪也可以不排除在外。干吗要到超市购买蔬菜呢？有自由市场啊。怎么，西伯利亚不长圆白菜、胡萝卜、萝卜吗？发芽用的谷物和豆类以及其他许多东西可以干脆通过网络订购啊。如果您想吃，什么都找得到。

我试图转向生食已经两年了。春夏秋三季还好，可一旦寒流来临（我们城里冬天的气温达到零下35℃～40℃），我就很难守住生食制了。冬天可供选择的活的食品锐减，寒冷时机体又干脆开始要求进食热的、饱腹的东西。总是有饥饿感。我用浓粥救命。该怎么办呢？我很喜欢成为生食者，如此轻松，甚至连大脑都清澈了。可冬天我会变得如同一头饥饿的野兽。

这就意味着不该急着转向纯粹的生食制。等您准备好了再转吧。机体需要时间以完成彻底的净化和改组。请关注一下系统化菜谱。

最近一段时间我的身体一直发冷，很有可能与生食有关。我只是不明白，这样是好还是不好？

为了让身体不发冷，您需要的是：

1. 恢复物质交换，形成天然微生物群。

2. 净化血管。

3. 恢复随着年龄增长不断减少的毛细血管的网络系统。活的饮食会让一切自行恢复、正常化，不过为此需要时间。因此我再说一遍，不要急剧转变饮食方式，一切都该有度、和谐。

我体重减了，把我的家人吓坏了。生食吃到第八个月的时候，我的机体开始拒绝任何食物。我做了决定：不干预机体的生化过程，它更清楚什么时候该减重，什么时候该增重。我的立场对吗？不过有一个事实让我警觉：30岁的我的身体就像青少年的身体一样。

这个要注意了！以为机体不要求食物、就不必给它东西吃，您这样的想法错了。在常年食用死的食物、急剧转向生食以后，您的机体完全糊涂了。应该有意识地、营养充分地喂它，哪怕不是很想吃东西。在这个“孩子”最终回归自己的自然状态、变聪明以前，需要时间。请您以系统化菜谱为基础吧。加上必要的运动、做操，提高身体素质。不负重肌肉会萎缩，因此体重会降低。应该特别关注拉伸练习。拉力器会很好地发展骨骼肌肉、增加肌肉重量。

您说人应该食用天然食物，这话我同意。因此我计划逐渐让自己习惯这样，直到完全放弃非天然的（熟的）食物。在这一点上我的灵魂和理性暂时还没有达成一致，不过我想，早晚会以这样或那样的方式达成一致的。因此，作为生食者，是否可以做健身运动，您是怎么想的？会长肌肉吗?

当然可以。比如，在快餐和活食饮食方式都得到广泛普及的美国有非常多的、做健身运动的生食者。只是不要急着转向纯粹的生素食饮食方式。可以从生海鲜、煮2～3分钟的豆芽开始。

我从事专业体育，生食3个月了。效果让我高兴，身体轻盈，跑起来轻松多了。只是目前没有足够的力量承受住长时间的训练和大的负重，比如举杠铃。看来，是食谱中的蛋白质不足。

转向阶段可以食用煮2～3分钟的豆芽、奶酪、蛋黄、生海鲜、发芽谷物制作的活粥。推荐运动员食用的还有花粉和香蕉。

我的食谱有了巨大的改变：青叶菜、水果、蔬菜、坚果、蜂蜜、枣变成我的饮食不可分割的组成部分，但马上转向健康的、活的饮食方式有困难，况且您所说的有关寄生虫的话让我感到不自在：如果急剧转向活的食物，是否存在从内部被吃掉的危险!? 情况真的那么严重吗?

“寄生虫从内部吃掉”的话是针对节食、而非生食说的。对于节食您要多加小心。

您建议说，就是要阅读，可我没有书，我只利用有声书，听很多遍，难道效果会不一样? 总的来说，每次听都似乎更明白，理解得更深。我发散健康气息，这很合我意。

阅读是另一种感知方式。您在听录音书时漏掉的许多东西阅读时会搞明白。

电活化之后我得到的水有絮状物。

那是硬盐。用来活化的水最好是用石英砂和活性炭泡过的蒸馏水。每次使用前要用刷子好好刷洗一下活性炭，不要放太多，免得让水过度矿化。

可以一直喝活性炭水和石英砂水吗?

活性炭主要是由碳构成的。刚切割下来的活性炭像煤一样可以划着火，因此第一次使用之前需要把石头好好刷洗干净。石英砂含有亿万年前死去的微生物沉积产生的有机硅。不管是活性炭还是石英砂，它们分离到水中的矿物质的量微小，因此不可能造成伤害。对此不必担心。您在城市的街道上转一圈从空气中吸入的物质要比水中的物质多得多，几乎涵盖整个门捷列夫元素周期表。

接触过您的制水工艺以后，我有些抓狂。过程太复杂了。

制水过程本身是不存在的。如果一切都准备妥当，要做的工作实际上就是把水从一个容器倒入另一个容器而已。如果这件事您从未做过，那您可能会觉得很复杂。实际上它不比制作一杯咖啡更复杂。

再说了，为了在技术文明中活下去，应该付出努力。这就像荒野求生一样。在这两种情况下都得付出努力。如果不这样做，那就得付出代价，以这种或那种方式付出代价，首当其冲的就是健康代价，随后就是其他各种代价。技术环境的攻击性从本质上说比生态环境的攻击性大得多，您从未想过这件事吗？

用冷水浸泡过的燕麦片是活的食物吗？

不是，任何来自超市的麦片都已经是死的了，因为热加工过了。

食用大量的生蔬菜没有害吗？要知道，就连自由市场的蔬菜和青叶菜中也几乎都有化学物质。煮过之后化学物质就无害化了，好像是这样……

做熟的过程中硝酸盐会转变成毒性更大的物质——亚硝酸盐。活的饮食不仅局限于生蔬菜，更别说“大量”食用了。活的食品实际上有很多，多得都数不过来。只是一开始会觉得除了水果和蔬菜似乎没什么可吃的。一旦入了门，您就会发现可吃的东西应有尽有，尝都尝不过来。

纯粹的生素食饮食方式、没有动物性食品是否可能造成伤害？

如果不走极端就不会有伤害。循序渐进地转向纯粹的生素食饮食方式会伴随微生物群变化，在此之后对动物性食品的需求就会消失。

可以吃蘑菇吗？如果可以，哪些可以，怎么吃？总的来说它们有好处吗？

蘑菇的蛋白质不容易吸收，而且什么好处都没有。因此，这恐怕算是用来猎奇的食物，或是再也没什么可吃了。

您在哪本书里都没写过海盐的情况，海盐应该是有益的，因为它不是精提炼产品，因此把它加到菜里只会有好处。

关于海盐不能说它哪里有益。动物机体没有吸收无机物的能力。植物有这个能力。因此才会存在食物链：植物靠矿物活，动物靠植物活。海洋植物是另外一回事。它们才真的非常有益。最古老的食物。我们的血浆就其成分来说甚至与海洋植物类似。

根据官方医学界的观点，生食总是缺这个少那个，您对此有什么看法？假如他们说的是缺少某些维生素，比如维生素 B_{12}，难道这是20世纪中期杜撰出来的又一只纸鸭子①吗？这样做的目的就是为了让人相信把罐装食品当作主要食品的必要性，以及形成这样一种思维的必要性，形成这样的思维就是为了让医生把这当成不可辩驳的结论来引用？如果他们说素食中缺失 B_{12}（按照他们的说法，素食中就是缺失 B_{12}），那对于这种看法就一点反驳的余地都没有？我的问题是：B_{12}、其他维生素以及不足的物质的实际情况究竟是怎样的？您服用维生素吗？

B_{12}的来源有：葡萄，海洋植物，苹果醋，花粉，蜂花粉，发芽谷物。必需的维生素还会生成，包括由肠道微生物群生成。但为此目的微生物群应该健康才行，不过，微生物群的组织结构发生改变很慢，这是最好不要立刻、而是循序渐进地转向生食的又一个原因。人造维生素是不能服用的。

干吗要跟医生辩论？最好去求助自然。难不成您以为自然忘了要用所有必需的物质保障食草动物的生命？人就其生理而言不是食肉性，也不是食草性。前者的犬牙发达，肠子短；后者的臼牙有力，肠子长。人没有表现出前者和后者的鲜明特征。肠子没有短到可以让肉食（尤其是熟的肉食）来不及腐败，也没有长到可以只消化草。人处于中间状态：他是食果（果实）动物。食果动物（比如，猴子，野猪）不只食草（不硬的叶片），而且吃蔬菜、水果、种子。差别就在这里。

有一种观点：人可以吃想吃的一切，没有害处，但只在一种条件下可以：灵魂与理性统一。如果是这样，那为什么许多的，更准确地说，是几乎所有吃肉、吃熟食、吃煎炸食品的人一边认为这样的饮食有益，一边生病？

---

① “纸鸭子”即不实信息。——译者注

首先，他们不认为这样的饮食有益，哪怕这种想法藏在灵魂深处。其次，世界由两个部分组成：物质部分和思想部分。假如不是这样，比如，要么只有前者，要么只有后者，那么，在第一种情况下思想不会有任何力量，而在第二种情况下正相反，不管你想什么，一切都会付诸实现。因此，不管你怎么想象自己的饮食，物质层面依旧早晚都会显示它的力量。您刷碗吗？何苦刷呢？试试用意念的力量让它干净，而且掉到地上的时候还不会碎。一切可都是由您掌控的呀。不是这样？

很想与您分享一下我有关天然饮食的理论。性成熟过渡时期的青少年都会开始承受粉刺和黑头之苦。我认为，这是因为被他们的父母用各种垃圾污染了十四五年的机体到了性成熟阶段在把这些恶心的东西往外扔。在这种情况下青春期只是个"引爆拉环"，而绝非长粉刺的原因。许多人用荷尔蒙失调以及诸如此类的原因来解释这一点。可却从未有人想过，原因其实简单、明摆着，那就是机体受到污染。也就是说，儿童机体沾染的全部恶心的东西恰恰从发育期开始通过某种方式被扔出去。而且粉刺、黑头不会随着青春期的结束而终结。它们可能还会在皮肤上"客居"很长时间，到 30 岁，还可能更长。可这一切都是反常。自然界中没有谁有这样的麻烦。银屑病也是机体受到污染，外加机体内有寄生虫。

完全正确。面部斑疹、过敏、癌症、糖尿病、艾滋病以及其他许多不久前还没有任何人有任何概念的现代病都是由机体污染和存在寄生虫决定的。可以观察到一种有趣的（更准确地说是顺理成章的）吻合：退化性疾病恰恰是在出现食物制作的新工艺时会明显增长，比如，先是罐装工艺、提炼工艺、精粉制作工艺，后是技术文明更为精致的种种发明。

我想，如果有人以追踪新的合成食品与新的疾病之间的相互关系为研究课题，那他会有很多惊天发现，肯定会通过博士论文答辩的。（不对，肯定不会通过，会被压制、被扼杀的。）

就在不久以前发现了一种有趣的现象，我称之为"石林儿童现象"。如果把一个用超市合成品养大的孩子从城里送到食物为天然食物的乡下，他身上立刻就会表现出过敏反应，因为机体猛然间回忆起自己是大自然的孩子，于是它就开始匆忙地把积攒的化学物质从体内吐了出来。尽管有人可能会以自己的理解阐释这种现象：显然，天然食物的危害如此之大，以至于让身体布满了疱疹。

您有关活的饮食的全部信息太有价值了。您没有像瑜伽古鲁（大师）那样隐修，而是开始直接帮助人们。我想，您终归还是有某种目的吧，全球意义上的目的。真有意思，您的信箱恐怕早就已经有密探监听了吧。(哈罗，密探先生。)

我没有任何全球意义上的目的。也没人“监视”我，因为矩阵的组织是它自身完成的，没有外部控制。亦即矩阵是在自我组织。机制简单、自然，就像无处不在的寄生物。身体和意识的寄生物（不是人，更不是机器和电脑）是矩阵真正的建筑师。净化身体和意识的逻辑就是由此而来的。该如何净化身体和意识呢？与二者被污染和混沌化的方法相反，通过直接进入我们体内的东西——水、食物、空气——来净化我们的身体，使意识清明。与把世界变成矩阵这种夸张的现象相比，这样的办法可能显得过于普通、过于简单。可关键就在于：在我们这个世界，普通的事物最容易被忽视。

附录5

植物及其素食的突出性能

几乎所有植物都有抗寄生物的性能。几乎所有植物都具有抗氧化性。几乎所有植物都能净化机体并使机体摆脱一系列疾病。哪怕用一部最宏大的书都无法涵盖大自然如此慷慨地馈赠给我们、我们却如此不珍惜的全部神奇宝藏，更别说用一个章节了。因此在此提供的仅仅是植物的一个有限的单子，是被最广泛地加以运用的（或是相反，不该被遗忘的）植物的单子，而且列出的只是该植物才有的个别（远非全部）突出的特点。谷物和豆类中被考察的只是活的发芽菜，因为首先，把睡眠中的、“灌封”状态中的果实作为食物加以利用没有太大的意义；其次，这样可以避开不发芽的转基因果实。关于治疗性能只是一带而过，因为食用活的食物本身已经能摆脱疾病了，因此治病变得不那么迫切了。对于活菜系的拥趸来说，只有植物的营养价值和净化性能才有兴趣去关注。

（按照汉语拼音排序）

保加利亚辣椒（柿子椒，甜椒）

维生素蔬菜。维生素C的含量超过柠檬和黑莓，β－胡萝卜素超过胡萝卜。还富含其他维生素和矿物质。强健血管，刺激头发生长，改善视力。刺激内啡肽合成，引起幸福感。促进总体张力的提高。

扁豆芽

富含容易吸收的蛋白质、微量和大量元素。建议体力消耗大的人员食用。

扁桃（大杏仁）

对大脑和视力有益。恢复脊髓液。富含蛋白质和矿物质，包括钾、镁、钙和磷。

菠菜

“蔬菜之王”。高级农作物。蛋白质含量非常丰富。维生素和矿物质含量只有荨麻可与之比拟。

薄荷

消除恶心，缓解痉挛，平伏、强健神经系统，解除心脏部位疼痛，消除哮喘，降低血压。

菠萝

含有几乎全部类型的维生素和主要的矿物质。有大量的膳食纤维。净化肠道。稀释血液，防止动脉粥样硬化、脑梗、心梗，促进血栓溶解。如果在大餐前吃它，可以消除胃胀，帮助消化蛋白质。

布鲁塞尔白菜（绿圆白菜）

以富含维生素 C 见长。钾含量丰富，但纤维素少。易消化。

草莓

富含维生素 C 和叶酸。有助于造血。强健血管。有多种治疗性能。矿物质丰富。有益于改善消化功能、预防心脏病。净化机体。提高潜能。改善情绪。提供健康、美容、年轻所需的各种营养。

车前草

伊·帕·涅乌梅瓦金院士说过：“今天的人类对于自己技术至上取得的成果感到非常骄傲。但与此同时，就完美性而言，这些成就中没有一项能与小小的、无可替代的植物车前草媲美。”关于车前草，有许多传说和神奇故事。它的叶子中蕴藏着一整座有益的生物活性物质的宝库。对大量疾病有疗效。是伤口愈合、止血、抗炎症的药物。疏通肝脏和肾脏堵塞，改善机体机能。刺激血红蛋白形成，有助于增加体重。

橙子

为机体提供膳食纤维、钾、维生素 C、β－胡萝卜素、果胶以及“女人维生素”叶酸。特别建议孕妇食用。威力极强的抗氧化剂。橙子中的钾和钠以理想的形式融合在一起。排出机体毒素和多余的胆固醇。抑制肠道内的腐烂过程。还含有肌醇，一种心脏和大脑正常活动必需的物质。

大葱

与大蒜一起构成埃及金字塔建设者的必备食物，目的是保持体力。强健免疫系统。含有维生素和矿物质，特别是钾。促进消化和物质交换。净化血液。对肝脏有好处。

大豆芽

对于进行节制饮食的人、运动员和重体力劳动者来说是非常有价值的食品。转基因大豆不发芽。

大麻油

与亚麻籽油一样，自古以来就是俄罗斯人的食品。对机体具有奇特的康复作用。含有抗氧化剂和多种有益的矿物质，包括钙、镁、硫、钾、铁、锌、磷。包含所有的 20 种氨基酸。含有 B 类维生素以及维生素 A、D、E。

大蒜

古罗马军人和角斗士用来强健精神和体魄的食物。效力极强的抗氧化剂。具有高效解暑、刺激各种功能、消毒、防腐作用。净化血液和淋巴。扩张血管。抑制肠道内的发酵和腐烂过程。免疫调节剂。改善整体状态的调补品。富含维生素、微量和大量元素，尤其是锗、硫、硒，蒜苗中这些物质的含量特别丰富。具有抗癌活性，改善血液循环，刺激心脏活动和消化，排出毒素。增强体力。帮助解毒。威吓、驱赶形形色色的“异物”（寄生虫）。

番石榴

营养价值高的食品。由于富含钾，因此对心血管系统非常有益。改善胃和肾脏状态。优良的造血药。

蜂花粉

蜂花粉是蜜蜂的食粮，是在蜂巢中经过酶化的花粉。蜜蜂靠吃它过冬。所有指标都超过花粉。是理想的食物。

蜂蜜

糖的自然替代品。富含必需的氨基酸、微量和大量元素。强健机体。疏通堵塞。剥离粘在胃壁和肠壁上的物质。清除黏液以及机体深层的积液。净化大脑。美容养颜。许多养蜂人都是寿星。增强体力，暖身，恢复记忆力，使物质交换正常化。唯一可以百分之百被吸收的食品。具有安神作用。刺激免疫系统发挥功能（免疫调节剂）。气候越严酷，蜂蜜的益处越大。北方的蜜蜂在短暂的夏季把最大量的酶存入蜂蜜，由此使蜂蜜的主要指标淀粉酶的值更高。好蜂蜜（比如普斯科夫州的蜂蜜）的淀粉酶值达到 30 左右，甚至更高。

麸皮

谷物加工后剩下的最有价值的东西。含有丰富的膳食纤维。对肠道有出色的净化作用。调节物质交换。改善微生物。排出胆固醇和毒素。富含钾、镁、磷、硅、维生素 B、A、E。

咖喱

“讨好众神的香料”——写于大约公元前 6000 ~ 4000 年的《梨俱吠

陀》中对咖喱有这样的说法。

海白菜（海带）

突出特点是含有大量矿物质和维生素，包括碘和维生素 B_{12}。蛋白质也非常丰富。排出毒素，通便。预防心血管疾病。改善皮肤状态和血液成分。冬季时是青叶菜最好的替代品。

黑胡椒

促消化，抗寄生虫。净化血管，改善血液循环。止痛。降低胆固醇。排除肺黏液。增强体力。

黑茴香

兴奋剂，抗氧化剂。加强机体内液体运动，提高智力、对世界的感知力，激发乐观情绪。

黑莓

维生素和健康的宝库。预防癌症、糖尿病、心血管疾病。阻碍老年智力水平减退。排出肾脏结石。强力的抗氧化剂。提高机体免疫力和抵抗力。全面强健机体的食物。治疗范围广泛。

红豆芽

营养非常丰富的食品。使消化道功能正常化。提高潜能，改善面色，有助于治疗肿瘤，疏通肝脏、肾脏堵塞。改善血液成分。

红辣椒

其他叫法有朝天椒、火烧椒、智利辣椒、墨西哥辣椒、土耳其辣椒、卡宴辣椒。抗寄生虫。排除机体垃圾和毒素。滋养血液、骨髓、神经细胞。刺激食欲和消化。强健免疫系统。提高总体张力。

红莓果（小草莓）

营养最丰富的浆果之一。对机体康复具有普遍作用。富含维生素 B、维生素 C、β－胡萝卜素、铁、钙、磷。具有广泛的治疗性能。威力极强的抗氧化剂。防止早衰。预防癌症。

胡卢巴（苦豆）

刺激心脏活动，助消化。蛋白质来源。建议刚刚生完孩子的妇女食用。迅速恢复体力。滋养血液、骨髓、神经细胞。

胡萝卜

可以食用的不仅有根，还有各种营养物质比胡萝卜本身丰富数倍的胡萝卜缨。富含各种胡萝卜素：α－、β－和 γ－胡萝卜素。改善视力。提高反应力。促进造血以及身体和智力发育。对儿童的正常发育而言非常有必要。对心血管系统、肝脏、肾脏正常发挥功能有益。胡萝卜中含有的生物类黄酮和类胡萝卜素预防癌症，中和自由基。胡萝卜汁含有大量钙、镁、铁，增强体力和生命活力。胡萝卜汁对病人和健康人，尤其是孕妇和哺乳期的母亲必不可少。

花菜

营养非常丰富，富含容易吸收的蛋白质。维生素 C 和无可替代氨基酸的含量超过其他许多蔬菜。在各个方面都很有益处。

花粉

蛋白质、酶、氨基酸、微量和大量元素含量高。几乎包含各种维生素。花粉蛋白质的成分和品质大大超过动物蛋白。比如，100 克花粉的效力超过半公斤肉或 7 个鸡蛋。大病和外伤过后花粉恢复机体功能。是抗氧化剂，天然抗抑郁剂。具有全面刺激作用。恢复体力和精神，提高工作效率，促进头脑清晰。使物质交换正常化，恢复机体各种功能间的平衡。花粉让瘦人长胖，胖人减肥。强健血管，使血管有弹性。很好地预防梗死。防止机体早衰。

黄瓜

主要价值体现在具有丰富的矿物质：钠、钙、钾、铁、磷、碘。对机体有碱化作用。促进食物更好吸收。改善心脏、肝脏、肾脏机能。刺激头发生长。强健神经系统、心脏和血管。阻碍动脉粥样硬化，改善记忆力。黄瓜中含有的绿原酸阻止碳水化合物转化为脂肪，因此会促进瘦身。排出机体垃圾和毒素。

蓟

“圣母玛利亚的礼物”。苏格兰国花。蓟具有奇特性能：恢复肝脏细胞，值得特别关注。含有奇特的生物活性物质：对许多疾病疗效显著的水飞蓟素。因此不可能把蓟归入任何一类药物。叶柄、蓟籽粉和蓟籽油可以食用。效力极强的抗氧化剂。强健心血管系统。排出机体毒素。建议有害作业的人员食用。提高机体抵抗力，增强免疫力。

蓟籽油

就治疗性能而言超过广为人知的沙棘油，但这一点却少有人知。威力极强的抗氧化剂。排出机体毒素。蓟籽油中的黄酮类化合物的抗氧化活性比“青春维生素”生育酚（即维生素 E）高近 10 倍。这种油药店有售，但对有的人来说是药，对有的人而言是食物。

姜

暖胃暖身。

姜黄

古时候用姜黄作护身符。天然抗生素。促进难以愈合的伤口愈合。减缓癌细胞生长。抗寄生虫药物。排出垃圾和毒素。抑制腐烂微生物，净化肠道黏液。促使物质交换正常化。改善消化。

芥末

排出肺叶中的黏液，祛除头痛，刺激血液循环，抗寄生虫。

橘子

引起兴奋和情绪高涨。提供机体维生素，帮助机体对抗传染病。冬季可以多少替代阳光的作用。净化体内死角。恢复体力，改善交换过程。刺激食欲和消化。

康乃馨

促进消化，防止恶心、呕吐、积食。

蓝靛果忍冬

不管是外表还是味道都无比优雅。含有许多 B 组维生素、类胡萝卜素、果胶、铁。强化毛细血管。威力极强的抗氧化剂。改善血液成分。净化机体。在各个方面都非常有益的浆果。

蓝莓

天赐北方居民的礼物。“肚里没病灾，挡住各种病，肝和肾都治，脑袋清又明，血液干净净”。强力抗氧化剂。富含果胶使蓝莓对肠道有良好的净化作用，排出毒素。有助于保护视力和记忆力。降低患心脏病的可能性。强健血管。帮助保持正常体重。为机体提供大量的维生素和矿物质。

梨

单宁对消化道具有强化作用。预防和治疗前列腺炎。果胶促进垃圾排出。碱化机体。使微生物健康化。特别建议孕妇和儿童食用。

李子

蕴含各种机体最需要的维生素和矿物质。排出胆固醇和毒素。改善物质交换。扩张血管，防止血栓形成。容易吸收。强健肝脏，净化血液。早晨空腹吃李子或喝果汁有助于清洁机体垃圾。

绿豆芽

富含微量和大量元素。供应身体能量，大力、全面（从过滤系统到细胞）净化机体。促进体重增加。

萝卜

长寿蔬菜。富含维生素和矿物质，尤其是冬末开春之际。高效抗菌、抗寄生虫食品。对消化系统有良好作用。防止脱发。排出毒素、结石和盐沉积。复苏肠道微生物。

南瓜

富含钾、铁和β-胡萝卜素。调节皮肤细胞更新，巩固视力。使物质交换正常化，排出机体垃圾。南瓜汁非常有好处，与胡萝卜汁搭配尤其有益。南瓜子含锌，抗寄生虫。提高潜能。

柠檬

“快乐头脑，治疗身体。”排出盐沉积、结石、毒素，使机体碱性化（酸最终变成碱）。抗寄生虫药物。强健胃，促进消化。是维生素C和维生素P的来源。机体对维生素C的需求占所需全部维生素的70%~80%。没有维生素C钙无法吸收。柠檬是活性的免疫调节剂和抗氧化剂，抗微生物、防腐以及全面强化机体的药物。净化血液。促进伤口迅速愈合。强健神经和血管。加速胶原蛋白的生成，因此对皮肤有美容作用。心脏和大脑非常需要。柠檬汁把垃圾和重金属盐从其他药物触及不到的机体角落排出去。

苹果

“An apple a day keeps doctor away!”每天一个苹果，百病全都没有。也许，这种说法有点夸张，但不是随便一说。苹果含有大量果胶。果胶降低血液中的糖和胆固醇水平，助消化，改善血管状态，净化肠道，排出毒素。

苹果醋

天然苹果醋比普通醋的价格高数倍。不要与普通的食用香醋或发酸的葡萄酒制造的廉价醋混淆。苹果醋浓缩苹果的所有有益性能。是由高浓度维生素、微量和大量元素、酶和果胶构成的真正的“鸡尾酒”。钾、镁、磷的含量尤其丰富，其中也包括维生素 B_{12}。天然抗生素和防腐剂。有助于维持肠道的健康微生物。清除机体垃圾和毒素，与蜂蜜一起食用效果尤其显著。恢复物质交换，强身健体，美容养颜。碱化机体（酸最终变成碱）。抗寄生虫食品。

蒲公英

由于对多种疾病具有疗效，古代的人把这种花叫做“生命的灵丹妙药”。预先用水浸泡过的叶子可以食用。辟邪。富含多种维生素、微量和大量元素、蛋白质。磷、碘的含量高。杀菌、抗菌药物。对肠道微生物具有良好作用。促消化。排结石。具有广泛的调补作用。净化机体、血管系统，改善血液成分。强健肝脏，提高免疫力。抗寄生虫。预防衰老和肿瘤疾病。刺激心血管系统的功能。愈合伤口，消炎药物。消除疲劳感。

葡萄

纤维素、糖、叶酸的丰富来源。维生素的含量不是十分丰富，但微量元素和大量元素却极为丰沛。含维生素 B_{12}。葡萄中的铁比苹果多一倍。紫葡萄中的黄酮类化合物是抵抗不正确饮食和老化引起的氧化反应的有益物质。高效排出毒素和盐沉积。提高血红素水平和红细胞的数量。对心血管系统有非常好的作用。

葡萄干

强健肺、心血管、神经系统。净化肠道。葡萄干保有葡萄的所有有益性能。最好、最有益的是深色葡萄干，是威力极强的抗氧化剂。

普通茴香

抗寄生虫。降低肠道内的发酵和腐败程度。抑制肿瘤生长。促消化。

荞麦芽

荞麦芽中蛋白质极易吸收，吸收充分。含有许多磷、钙、铁、锰、锌、铜，还蕴含维生素 B、P、PP、E。改善消化功能。强健心脏和血管。对甲状腺有良好作用。增强肌肉力量、耐受力。提高潜能。改善血液。荞麦苗也可以食用。

芹菜

抗寄生虫药物。提高机体抵抗力。改善呼吸和血液循环。强健神经系统。排出垃圾和毒素。提高机体总的张力。帮助更轻松地忍耐炎热天气。提高潜能。减缓体衰过程。净化血液。芹菜根包含大量矿物质，尤其是钠。芹菜叶更有价值。

肉豆蔻

具有刺激、暖身、滋补功效。对缓解消化紊乱有帮助。

肉桂

暖身，燃烧黏液。对体虚者和老年人有益。增加气力，强健心脏。改善物质交换。

沙棘

维生素的最佳来源之一。治疗多种疾病。迅速愈合伤口。对整个机体具有良好作用，包括对血管。对患心血管疾病的病人非常有益。高效抗氧化剂。促进潜能恢复。

山莓

天然抗抑郁剂。对工作与神经紧张有关的人有益处。强健毛细血管。促进造血。净化机体。特别建议孕妇食用。

生菜

含有许多调节物质交换的叶酸，参与神经系统的工作和造血工作。蕴含维生素 A 和维生素 C 以及矿物质钙、钾、镁、碘、铁。改善睡眠，刺激胆固醇排出。

石榴

最好的食用方式是鲜榨石榴汁。微量元素极其丰富。威力强大的抗氧化剂。净化血管，更新血液。使人年轻。提高潜能。抗寄生虫、消炎、杀菌。刺激免疫系统的活动。排结石。解决男性和女性问题。许多治疗性能尚未得到研究。

莳萝

与各种青叶菜一样，莳萝的各种维生素和矿物质含量非常丰富。对整个消化道十分有益。对心脏活动具有良好作用。扩张血管。促进睡眠。建议哺乳期妇女食用。

柿子

“众神的食物”。营养丰富。强力的抗氧化剂。净化机体。预防多种疾病，包括癌症。促消化。调补品，全面强身健体。对心血管系统特别有益。

水萝卜

改善消化功能，防止动脉粥样硬化。除各种维生素和矿物质外，富含蛋白质。水萝卜中的蛋白质含量比茄子多一倍。降低胆固醇，排除毒素。水萝卜缨的各种指标都超过水萝卜。

酸模（野菠菜）

含有大量有机酸和矿物质。改善肝脏和肠道功能。净化血液。调补品。

桃

富含果胶和多种维生素。有效净化机体。改善消化功能。强健免疫系统。中和压力，改善情绪。加速物质交换。促进造血机能。建议病人和体衰者作为营养和强身健体的药物食用。

甜菜

富含矿物质，尤其是碘。还含有心血管系统必需的氨基酸、让消化道功能正常的酶。全面改善消化功能和物质交换。所含叶酸会促进机体细胞年轻。净化肾脏和血液，促进肝脏净化。中和毒素，固定重金属盐。减缓恶性肿瘤的生长速度。改善血液成分。强健毛细血管壁。甜菜头的缨在各个方面都比甜菜头本身更有价值。

甜瓜

最易吸收的食物。甜瓜营养丰富，含有各种成分，包括钾、硅、铁、果胶。强化神经系统。促进血清素（5－羟色胺）——“幸福荷尔蒙”的合成。含有造血必需的各种酶。具有使机体年轻化的性能。东方有这样的说法：“甜瓜让头发闪光，让眼睛年轻，让嘴唇鲜艳，让欲望强烈，让可能变成现实，让男人随你所愿，让女人风姿绰约。”

芜菁

富含钙、维生素 C、糖和蛋白质。强健牙齿和牙龈。

西瓜

对机体碱性化有极好的作用。清洁肾脏，排出机体有毒物质。抗寄生虫药物。对心脏和神经系统特别有益。

西红柿

有非常丰富的维生素和矿物质。西红柿的成分中有高效抗氧化剂——具有奇特疗效的番茄红素。预防癌症。作为抗氧化剂的番茄红素效力比维生素 C 和维生素 E 大。西红柿还会降低心血管患病的风险。刺激血清素合成。是天然的抗抑郁药。改善消化功能和物质交换。帮助中老年人保持视力。

希腊坚果（核桃）

“国王的饮食”。在古巴比伦普通人禁止食用核桃。对于大脑非常有营养。外伤和术后恢复体力。对机体具有非常良好的作用。巩固情感并使其更强烈。不建议过多食用，每天不超过 10 颗。

西兰花

富含各种维生素，尤其是维生素 C、维生素 U 和 β－胡萝卜素。有丰富的矿物质，特别是钾、钙、磷、钠、铁。总之，富含各种生物活性物质。威力极强的抗氧化剂。强健骨骼，增强骨密度。在各个方面都有益处。

苋菜

“众神的食物”。值得特别关注。就其疗效来说恐怕只有人参和锦竹草可与之比拟。营养价值超过所有植物。是印加人、阿兹特克人、玛雅人的主要食用作物。可食的有叶、苋籽粉和油。强健精神和体魄。提高生命强度，改善情绪（含5-羟色胺）。净化机体，让身体放松。是自然界可能存在的威力最强的抗氧化剂。保持年轻（它自身就鲜明地表现出这一特点，因为终其一生这种植物的外观都一成不变地雍容漂亮）。苋菜蛋白质的质量和价值超过所有植物和动物的蛋白质。苋籽和叶都富含蛋白质。含有许多种维生素和矿物质，尤其是钙和磷。提高免疫力。排毒能力强，因此对于城市居民和有害作业的人员尤其有益。苋穗茶是万能的治疗和预防药物。

苋菜籽油

让机体年轻。治疗多种疾病。含纯度6%的角鲨烯。角鲨烯是已知抗氧化剂中效力最大的一种，主要从深海鲨鱼的肝脏中提取。角鲨烯也是人皮肤的天然成分。苋菜籽油具有抗癌功能。其中的维生素E以罕见的生育三烯酚形态存在，这种形态的三烯酚效果比普通三烯酚高40~50倍。苋菜籽油的价格很高，但值得使用。

香草

刺激和增强肌肉活动。

香葱（小葱）

对预防病毒性流感和感冒有极好的作用。富含钾、钙、磷、锌和维生素C。强健免疫系统、心肌和血管壁。提高潜能。对牙齿状态有良好影响。

香蕉

与甜瓜一样，香蕉是胃的最爱。各种丰富的酶使它成为容易吸收的食物。富含心脏、肝脏、大脑、骨骼、牙齿以及肌肉必需的钾。促进肌肉生长。天然抗抑郁药。提高生命强度、工作能力，集中注意力。特别推荐运动员食用。

香芹

排除肾脏和膀胱结石。含有大量维生素，尤其是维生素C，富含胡萝卜素、微量和大量元素，包括铁、钙、磷。改善消化功能和面色。是维持氧交换和大脑正常功能的必需品。强健血管。

小麦芽

理想的活食物。含有种类丰富的蛋白质，大量的氧、维生素、矿物质、酶。小麦的这些指标在所有谷物中可谓“纪录大王”。以细腻能量滋养机体，使机体的生物场和谐。麦芽的能量信息场刺激患病器官健康能量的恢复，抑制“异物”（寄生虫）的生物场。如果系统食用，麦芽会清洁其他药物抵达不了的机体死角。麦芽中已经完成了消化时需要完成的90%的生化变化过程，因此它们吸收起来容易、充分。是效力极强的抗氧化剂。除了生化能量，麦芽还向机体提供太阳能。碱化机体，使机体保持年轻状态。

小豆蔻（砂仁）

全面强身健体。给身体降温。

熊葱（野韭菜）

对健康非常有益的植物。净化血液。早春时节维生素和矿物质的真正宝库。抗寄生虫，全面强身健体。解除春困。

杏

长寿食物。营养价值高。几乎含有机体最需要的一切。钾、钙、铁、β－胡萝卜素含量尤为丰富。黄酮类化合物强健血管壁，使其年轻化。果胶排出毒素、放射性核素和重金属。磷和镁刺激大脑活动。视力、记忆力和皮肤状态也会得到改善。

雪松子

对大脑非常有价值的食品。富含维生素 B、E、F 以及微量和大量元素，包括磷和碘。卵磷脂含量不输大豆。有助于儿童的智力和身体发育。提高机体的保护能力、免疫力。

雪松子油

具有多种治疗性能。强健和恢复整个机体。在体力和脑力负荷高的情况下尤其有益处。促进慢性疲劳综合征的消除。维生素 E 和维生素 P 的含量非常高。排出重金属盐。富含无可替代的脂肪酸——亚油酸和亚麻酸。

荨麻

“顶七个医生”。从前用荨麻纤维做线、绳、结实的布、网，还用它制作护身符，消除邪毒。是非常有价值的食用植物，尤其是春天。值得重视。在困难年代拯救过许多人的生命。就维生素和矿物质含量而言可谓“植物之王”。就钙含量来说可谓“纪录王”。营养价值不输豆类。天然防腐剂（比如，可以用它包鱼保鲜）。有效恢复和净化血液。是杀菌、消炎、伤口愈合的药物。恢复重要器官的功能，提高抵抗力，促进整个机体的功能正常化。有助于哺乳母亲的奶水分泌。血液黏稠以及有肾病患者、孕妇以及经期妇女禁用。无论对于人还是对于飞禽走兽来说都是高品质的食用植物。

亚麻

新石器时期就已经开始被利用的植物。生物活性物质，康复机体的食品。除油以外可食用的还有亚麻籽。富含蛋白质、维生素和矿物质，包括钾和钙。净化肠道。就食用品质而言大大超过大豆。

亚麻籽油

不饱和脂肪酸的最佳来源：亚麻酸（Ω-3）的含量达到60%，亚油酸（Ω-6）的含量达到16%，油酸（Ω-9）的含量达到10%。这些都是机体不能合成、必须由外部提供的无可替代的脂肪酸。其质量大大超过鱼油和普通植物油（葵花籽油、大豆油、玉米油、橄榄油）。抗寄生虫药物。富含生物活性物质和维生素，包括维生素 F、A、E。排出机体垃圾，净化血管。滋养大脑，改善细胞交换。提高生命活力。防止血栓形成。预防梗死。

燕麦芽

肺叶和消化器官中存在缺陷时有益处。对机体的净化能力和强健能力比干燕麦制作的食物强许多倍。促进整体康复。既是食物，又是药物。

芫荽（香菜）

给身体降温。增强消化道腺体的分泌功能。促进受损组织更新。增进食欲。

洋葱

增强体力、提供能量。改善脸色和睡眠。杀菌、抗寄生虫药物。是万能的健康食品。含有黄酮类化合物、钾盐、铁、磷。疏通堵塞。促进心血管系统和肠胃消化道的活动。

洋姜

抗寄生虫。刺激食欲，激活生命力。暖身。是天然抗生素。强健免疫系统。改善消化功能。维生素 C 非常丰富。对癌症有出色的预防和治疗效果。长期食用，对机体的作用类似人参。

野玫瑰果

维生素 C 和果胶王。富含微量和大量元素。果胶净化胃肠道，使其功能正常化。全面强身健体。使血管富有弹性。建议有亚健康综合征的人食用。增强体力、提高工作能力和机体抵抗力。

罂粟籽

富含蛋白质。平复神经。重要的是，罂粟在所有植物中钙含量最高（比芝麻和荨麻的含量高一倍）。困难仅是需要把罂粟籽嚼碎，整颗的罂粟籽不消化。芝麻和亚麻籽有类似的问题。可以使用专门的磨来解决这个问题。

樱桃（粉红色）

稳定神经系统和心血管系统。富含钾。预防突发性心脏病。含有稀有物质——调节物质交换的肌醇。强健血管壁。有效的抗氧化剂。纤维素和果胶促进机体净化。特别推荐有害作业的人士食用。

樱桃（深红色）

强力抗氧化剂。由于含有果胶，故可以清除机体垃圾和毒素。稀释血液。强健血管。预防心血管疾病。改善物质交换和消化。是天然抗抑郁剂。

柚子

让肝脏功能正常化。改善消化。恢复机体力量。预防动脉粥样硬化。提高食欲。强化神经系统。富含维生素 C、β－胡萝卜素、纤维素、果胶。净化机体。柚子，尤其是红肉柚子含有许多抗氧化剂。是天然的抗抑郁药。果汁非常有益，特别适合在潮湿的阴雨天时饮用。

圆白菜（白圆白菜）

富含维生素和矿物质，尤其是钙和维生素 C。含有大量正常消化和净化机体所需的膳食纤维。降低患癌症的风险。强健神经系统和免疫系统。提高抗压能力。白菜心和菜帮中含有让物质交换和血液循环正常化的叶酸，因此不要把它们扔掉。对血管有良好影响。应该清楚的是，在酸白菜中硝酸盐已经完全没有了，它们被中和了。

月桂叶（香叶）

促进消化。使神经活动正常化。抗抑郁药物。排出盐沉积。

芸豆芽

富含蛋白质。提供能量，对肝脏有良好作用，排出胆红素凝结。对机体有普遍良好作用。强健胃，增加潜能，溶化结石，对肺脏有益。

藏红花

藏红花被称作“香料之王”。藏医学中称之为“热草”。对于男人和女人来说是爱神香和最好的兴奋剂。具有美容养颜性能。解酒。强健神经系统。改善物质交换，刺激整个机体的机能。

榛子

高卡路里食品，富含蛋白质和矿物质，包括磷、钙、铁。对发育中的机体和成年人的机体非常有益。排出肝脏垃圾，防止肠道内腐烂过程。帮助消除亚健康状态，强健心脏，提高潜能。

整杏干

东方穆斯林认为杏干是真主阿拉的馈赠。“美丽果”。改善容颜，防止脱发，美容肌肤。泡水饮用。其治疗性能超过无核杏干。是水果中的钾含量大王。强健血管，清除堵塞。杏核也非常好吃、有益。

芝麻

富含锌、磷、维生素 E，钙含量非常丰富。恢复体力，净化肠道，强化大脑功能，增强潜能，美容皮肤。对所有人有益、不可或缺，尤其是老年人和体虚的人。

芝麻油

高浓度的芝麻油包含芝麻中所有的全部有益物质。含磷和钙。帮助瘦人增重、胖人减肥。强健机体。具有抗氧化作用。